W0229542

Seit Jahren streift Gabriele Goettle – mit einem Tonbandgerät bewaffnet – durch Deutschland, um der heimischen Lebensform, den Menschen und Geschichten, den Mißständen und Ungeheuerlichkeiten auf die Schliche zu kommen. Sie registriert mit scharfem Blick, schnappt in Gesprächen leise, aber demaskierende Zwischentöne auf, wittert, wo im Kleinen oder Großen etwas faul sein könnte – und geht dem nach. Nicht die außergewöhnlichen Begebenheiten, Skandale, Affären sind ihr Thema, sondern ihr Interesse gilt den scheinbaren Nebensächlichkeiten, der peinlichen, verdrängten, oftmals vertuschten »Kultur minderer Güte«. Ob sie den Umgang der Gesellschaft mit Alten und Kranken beschreibt, das Werbefernsehen, Postwurfsendungen und Versandhauskataloge als Indikator für den Zeitgeist untersucht, in den Kinderzimmern die Abdankung des Teddy Bären zugunsten der Masters of the Universe konstatiert oder ob sie die Schattenseiten der deutsch-deutschen Vereinigung beleuchtet und über die jüngste Euthanasiediskussion berichtet – immer wird in ihren nüchternen Bestandsaufnahmen deutlich, wie grotesk und skurril, ja verstörend die deutsche Gegenwart zuweilen ist.

Zu Gabriele Goettles beiden Büchern *Freibank* und *Deutsche Sitten* schrieb Frank Schirrmacher 1991 in der *Frankfurter Allgemeinen Zeitung*, sie seien »ein geradezu spektakuläres Dokument und eines der intelligentesten und spannendsten Prosawerke dieses Herbstes.«

Gabriele Goettle, geboren 1946 in Aschaffenburg, lebt als freie Autorin in Berlin. Sie war Herausgeberin der Zeitschrift *Schwarze Botin* und schreibt regelmäßig für die *tageszeitung*, in der ein Teil dieser Texte zum erstenmal veröffentlicht wurde. Ein weiterer Band mit Sozialreportagen Gabriele Goettles liegt im Fischer Taschenbuch Verlag unter dem Titel *Deutsche Sitten – Erkundungen in Ost und West* (Bd. 11790) vor.

Gabriele Goettle
Freibank

Kultur minderer Güte
amtlich geprüft

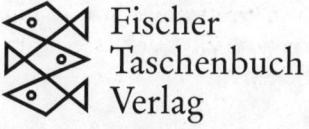

Fischer
Taschenbuch
Verlag

Veröffentlicht im Fischer Taschenbuch Verlag GmbH,
Frankfurt am Main, März 1995

Lizenzausgabe mit freundlicher Genehmigung der Edition Tiamat, Berlin
© Edition Tiamat, Verlag Klaus Bittermann, Berlin 1991
Gesamtherstellung: Clausen & Bosse, Leck
Printed in Germany
ISBN 3-596-12006-3

Gedruckt auf chlor- und säurefreiem Papier

Dialog zwischen Kapitän und Co-Pilot
unmittelbar vor dem Absturz

CP. Mir scheint, da stimmt was nicht…
K. Doch, doch, alles ok!
CP. Nein, da stimmt was nicht… oder vielleicht doch?
K. Ich weiß es nicht.
CP. Komm vorwärts, kletter doch!
K. Ich leg einen zu, ganz einfach!
CP. Wir stürzen ab…
K. Ich weiß!

Kontingenz und Inkontinenz
Lebensabend in Deutschland

Die Altersgrenze setzt der Lebenszeit ein Ende, und wer sie erreicht, hat mit bestimmten Folgen zu rechnen, von denen Ruhestand und Altersruhegeld noch die harmlosesten sind. In der Altersforschung wird das Alter als ein Zustand definiert, der sowohl statisch ist als auch in einem »anderen Seinsbereich mit anderen Gesetzmäßigkeiten« sich manifestiert. In diesem anderen Seinsbereich vollzieht sich eine irreversible »Veränderung der Substanz als Funktion der Zeit«, die Gesetzmäßigkeit des »Gestaltwandels«, dem das Leben am Ende unterliegt, das Altern, Vergreisen und Sterben.

Der Lebensabend bringt, besonders wenn ihm nur geringe finanzielle Mittel beschert sind, eine starke Einbuße an »Lebensqualität, sozialer Interaktionsfähigkeit« sowie Fragen nach dem Sinn des Lebens mit sich. Der daraus oftmals resultierenden Lethargie und Verwahrlosung der Alten will die »Gero-Hygiene« vorbeugen, indem sie zu gesunder Lebensführung, geistiger Betätigung und körperlichem Training ermuntert. Mit »optimistischer Grundhaltung« sei, zum Beispiel mittels »Pflege eines Steckenpferdes«, mehr »Elastizität und Spannkraft« erwerbbar. Diese wiederum führen zu sozialen Komplikationen, denn wegen der enormen Zuwachsrate an »Lebenserwartung«, im Vergleich zu unserer vorindustriellen Gesellschaft oder den Entwicklungsländern, staut sich ein immer bedrohlicher werdender »Altenberg« auf. Er wird gerade deshalb immer »kostenintensiver«, weil der allgemein gute Gesundheitszustand einen baldigen Tod der

»Ruheständler« nicht in Aussicht stellt, welche erst nach langjähriger Inanspruchnahme sozialer »Dienstleistungen als Schwer- und Schwerstpflegefälle« versterben.

In den letzten fünfunddreißig Jahren hat sich die Zahl der Fünfundsechzigjährigen mehr als verdoppelt. Das wird als belastend empfunden. Die um viele Jahre verlängerte »altersspezifische Sterblichkeit einer örtlich und zeitlich begrenzten Bevölkerung« läßt nicht nur immer wieder die Frage nach den geplünderten Rentenkassen aufkommen, sondern auch den Unwillen der Erwerbstätigen gegen die jahrelange Belastung mit hochbetagten und begriffsstutzigen Gehbehinderten.

In einer Gesellschaft, in der »Sozialisation des Individuums« primär darauf aus ist, es auf eine normale Entfaltung seiner »Kreativität und Leistungsmotivation« zu konditionieren, bedeutet Ruhestand am Lebensabend, eine asoziale Existenz zu führen. Alter und Altern werden zur pathologischen Variante der Norm menschlichen Verhaltens.

Unter Intellektuellen hierzulande ist das Alter kein Thema, Hinfälligkeit ist nicht gefragt, weder die allgemeine noch besondere und schon gar nicht die mögliche eigene. Allenfalls wird diskret über zu erwartende Falten, Pensionen und abnehmende Attraktivität gesprochen. Ist man nicht gerade Mediziner, Soziologe, Gerontologe oder mit greisen Eltern behaftet, erinnert nichts an das, was unweigerlich kommen wird.

Überhaupt scheinen die, die nicht der Norm entsprechend funktionieren: Krüppel, Irre, Gebrechliche und Asoziale, aus dem modernen Straßenverkehr ebenso weggesäubert zu sein wie aus dem gesellschaftlichen Bewußtsein. Das physische Verschwinden Hunderttausender aus dem öffentlichen Blickfeld und ihr Wiederauftauchen »im Grünen« – jenseits urbanen Lebens – werden mit derselben Diskretion besorgt, mit der man eine Leiche abtransportiert.

Sich mehr auf Verderb als auf Gedeih in der »öffentlichen Hand« zu befinden, ist aber – wie fälschlicherweise vermutet wird – nicht nur Schicksal »sozial Schwacher«, sondern betrifft mittlerweile alle Staatsbürger, wenn auch vorerst in unterschiedlicher Weise. Der totale Sozialstaat gibt mit dem scheinbar gerechten Prinzip von »Leistungsgesellschaft und Versorgungsgemeinschaft« keine Garantie auf jeweils individuelle und souveräne Inanspruchnahme der »erworbenen Leistungen« durch den berechtigten Bürger. Das erwirtschaftete Gnadenbrot darf nur der in relativer Sicherheit verzehren, der dazu auch ohne fremde Hilfe in der Lage ist. Tritt irgendeine chronische gesundheitliche Irritation auf, so wird der Beamte des gehobenen Dienstes mit Versorgungsbezügen von mehreren Tausend Mark, ebenso wie die Rentnerin mit 470 Mark Witwengeld, zum kostenaufwendigen Pflegefall, dessen Bearbeitungsgebühr von den Siechenhäusern erhoben wird. Pensionär und Witwe werden gleichermaßen zum Objekt purer Verwahrung und Grundversorgung degradiert.

Die auf dem Verordnungsweg im Wohlfahrtsstaat erlassenen und durchgeführten Hilfsmaßnahmen ziehen die Entmündigung des Betroffenen nicht nur nach sich, sie setzen sie auch voraus. Den Nachweis seiner Hilflosigkeit muß er durch lückenlose persönliche Unterlagen erbringen. Der Vorgang ist entwürdigend und drängt den Ansuchenden in die Situation des Schmarotzers, der sich materielle Vorteile erschleichen will. Hilfe wird als Stigma zugeteilt.

Nur der davon Betroffene erfährt als Betrug, was die mitten im Leben stehende Bevölkerung als Solidarität des »sozialen Netzes« preist. Er ist in ihm gefangen und ruhiggestellt, Renitenz gegen das erlittene Schicksal kann der »Fall« nur noch individuell entfalten und gerät damit zugleich in die Akten als unliebsamer Querulant. Jede kollektive Erhebung gegen soziale Ausgrenzung wird durch die bürokratische Erfassung und Minimalversorgung der Hilfsbedürftigen bereits im Keim erstickt. Das ist auch die Aufgabe von Sozialpolitik seit Bismarck, Not soll verhüllt und jedem Revolutionsimpuls das Wasser abgegraben werden. Die staatliche »Daseinsvorsorge« enthält das vom Volk erarbeitete Vermögen, der Staat teilt es den Anspruchsberechtigten mit dem Gestus desjenigen zu, der aus eigener Tasche spendet und dafür Demut, Unterwerfung, Dankbarkeit und Ruhe erwarten darf.

Wo die noch Jungen sich in der Hoffnung wiegen, ihre Notlage sei nur vorübergehender Natur, da ist für die Alten, die ihre Zukunft hinter sich haben, der Zustand endgültig. Die Erfahrung der eigenen Dekomposition erweitert sich um die Erkenntnis zu »veralten«, eine Synthese von Zerfall und Abfall zu sein. Ihnen sind die von den unternehmungsfreudigen Wohlfahrtsverbänden, Kirchen und Privatleuten bereitgestellten »Seniorenwohnanlagen und Altenpflegeheime« zugedacht. Diese gewinnträchtigen Alten- und Sterbesilos ermöglichen, das sinnlose Zirkulieren der Alten im öffentlichen Leben zu unterbinden, wozu ohnehin die notwendige Spannkraft und ökonomischen Mittel fehlen.

Diese Alten sind heute die stummen Verlierer. Sie haben das Ende des Kaiserreichs, zwei Kriege, die Entnazifizierung, Wiederaufbau, fette Jahre und Rezession mitgemacht. Sie haben mehrmals Hab und Gut anderen genommen oder selbst verloren, ebenso mehrere politische und geographische Heimaten, Arme, Beine, Söhne, Gatten, Töchter und den existenziellen Zusammenhang. Ihr Fall ist extrem – aber durchaus von allgemeiner Verbindlichkeit –, denn auch sie waren ihr Lebtag durchdrungen von der Gewißheit, ein, wenn auch nicht vorwiegend glückliches, so doch eigenes und unaustauschbares Leben zu führen. Daß sich ihre Lebenszusammenhänge eines Tages in ein beliebiges Nichts auflösen, war nicht vorgesehen.

Spätestens mit der Einlieferung ins Siechenheim, nachdem auch die Wohnung von einer Firma »besenrein« aufgelöst wurde, geht den Alten das nie Vermutete in seiner ganzen Bedeutung auf: Sie sind verwechselbar, austauschbar und unerheblich. Bei genauerem Hinsehen, zu dem es in der Regel keinen Anlaß gibt, erweist sich, daß die schnell einsetzende und fortschreitende »Verkalkung des Pflegefalles« kein zerebraler Durchblutungsmangel ist, sondern wahrheitsgetreuer Ausdruck der Situation. Gedächtnisverlust ist angeraten, wo das Vergessen ganzer Jahre von gleicher Relevanz ist wie das Verleben dieser Jahre. Identität und Erinnerung, von der man nicht weiß, warum sie sich an die chronologische Biographie eines Lebens halten soll, das sich als kontingent erwiesen hat, ist nicht länger von Nutzen. Diejenigen, die »weggetreten« sind, wissen, daß sie nie irgendwo wirklich waren, und so geben sie über das eigene Alter, den Ehestand, die Anzahl der Kinder, den Namen des Mannes oder den früheren Beruf jeden Tag eine andere Auskunft oder keine. Und tatsächlich ist ja die Identifikation mit einem läppischen Dasein als Gattin, Mutter,

Hausfrau, Vater, Soldat und Schutzmann absolut hinfällig angesichts der anonymen Beisetzung ins Pflegebett. Wo sie sind und weshalb sie da sind, wissen sie besser als das Pflegepersonal und der Arzt, von dem ihnen »persönlichkeitsfremde Handlungen und auffallende Zeitgitterstörungen« in die Akte geschrieben werden. Angehörige, die zu Besuch kommen, sind ratlos darüber, daß sich die ehemalige Mutter oder der Vater als nicht haltbar herausgestellt haben und ohne Wiedererkennungsfreude mit eisiger Undankbarkeit die mitgebrachten Süßigkeiten verzehren, während alle auf einen Blick oder ein Wort warten. Besorgt über die auffallende Veränderung, fühlen sie sich bestärkt in der Gewißheit, daß es »so« zu Haus ohnehin nicht gegangen wäre.

Sie sind Hinterbliebene, noch zu Lebzeiten des Trauerfalles. Der jahrelang Sterbende erstickt jedes Mitgefühl im Keime, denn die Umständlichkeit seiner Fortexistenz unter menschenunwürdigen Bedingungen erregt schnell Mißvergnügen und auch Grauen vor seiner gleichzeitig unbegreiflichen Dauerhaftigkeit. Dabei wird übersehen, daß sich die Anstrengung eines physischen Todes – angesichts der Agonie inmitten sachlicher Alltagsroutine der Apparatur – kaum lohnt. Die geregelte Aufrechterhaltung des Stoffwechsels und hygienische Entfernung seiner Produkte sind – ebenso wie die prophylaktisch verabreichte Letzte Ölung – unter Dach und Fach. Mehr ist von einer fortschrittlichen humanen Zivilisation nicht zu erwarten.

Das Leben zwischen den beiden Abhängigkeitsphasen Kindheit und Greisenalter hat sich also als ephemer erwiesen, das Altern selbst als unheilbar. In allen kritischen gutmeinenden Berichten über die Zustände in den Alten- und Pflegeheimen finden sich immer die gleichen Beschreibungen der Mißstände, denen die Alten erbarmungslos zum Opfer fallen und die es gelte zu beseitigen, um »der Würde auch dieser Menschen« Rechnung zu tragen. Nun ist aber der Mißstand die Institution selbst und das, was sie zur Folge hat; in ihr ist die Würde des Menschen nicht nur antastbar, sondern auch unmaßgeblich, Requisit eines vergangenen Privatlebens.

Nirgendwo aber ist etwas zu lesen darüber, daß die Pflegefälle nicht nur die resignierten und apathischen Opfer sind. Die Alten bilden unter den Bedingungen dieses Ortes und seiner minimalen Möglichkeiten die vielfältigsten Formen subversiven Widerstandes aus, der unsere ungeteilte Aufmerksamkeit erzwingen sollte. Gerade weil in ihren Handlungen und Monologen die negative Dialektik einer kompromißlosen Existenz geäußert wird.

Am deutlichsten sichtbar wird dieser Widerstand in der Verweigerung der Selbstkontrolle, die ihnen in der Kindheit mit vielen Versprechungen abgerungen wurde, die sich allesamt als Betrug herausgestellt haben. Auf das Versprechen hin, daß sie »später, wenn sie groß sind«, alle Früchte eines gesitteten Verhaltens bekämen, haben sie sich überreden lassen, Eltern und Verwandte wiederzuerkennen, den Schließmuskel zu beherrschen, Autorität anzuerkennen, Ich zu sagen, sich selbst zu erkennen – oder zu erkennen zu geben, selbständig zu essen, reinlich zu sein, sich vor Fäkalien zu ekeln, feste Zeiten einzuhalten usf. Als sie dann groß waren, hatten sie vergessen, was sie einmal – und besonders wofür – bekommen sollten. Wo aber den Konventionen der soziale Zusammenhang unumstößlich entzogen ist, erweisen sie sich als unhaltbare Farce. Dies sehr wohl erkennend, weigern sich die Alten, sauber und ordentlich unterzugehen. Ihr Widerstand wird allgemein ignoriert und als Persönlichkeitsverlust interpretiert, als altersbedingtes Versagen der Kontrolle über Körper und Geist: als Harn- und Stuhlinkontinenz der Verkalkten. Der einzige soziale Kontakt, den der Pflegefall auf der Siechenstation noch erfährt, kommt in Begleitung von sanitären Maßnahmen, die das Pflegepersonal an ihm ausführt. Diese Begegnungen strukturieren fast ausnahmslos Tage, Wochen, Jahre. Der Dienstplan erfaßt und bemißt das Quantum der Zeit von vierundzwanzig Stunden, in dem die jeweilige Schicht jeweils acht Stunden lang »Patienten fertigmacht«, was darin besteht, auf möglichst rationelle Weise mit den Grundbedürfnissen der anfallenden Körper umzugehen.

Innerhalb der starren Ordnung dieses rein praktisch orientierten Systems besteht der einzige Handelswert, den die Alten noch haben, in ihrem Körper und dessen Produkten. Dieser verursacht Arbeit, für deren Erledigung Erwerbstätige Lohn und Brot bekommen. Das Essen, das man den Pflegefällen gibt und das sie einnehmen, und die Fäkalien, die sie geben und die man fortnimmt, bestimmen die hauptsächlichsten Tätigkeiten sowohl des Personals als auch der »Bettlägerigen«. So heißt dann auch folgerichtig der Job des Altenpflegepersonals im Jargon »Essen- und Scheißefahren«.

Entsprechend störend nehmen sich auf einer solchen Station die sogenannten Aufstehpatienten aus, jene, die gut bis mühsam gehen können, die selbständig und im richtigen Moment die Toilette aufsuchen, selbst essen und sich waschen. Ihnen kommt zwar der geringste »Pflegeaufwand« zu, dafür müssen sie aber ständig im Auge behalten werden, damit sie nicht fliehen. Wenn sie »unruhig« sind, bindet man sie am Stuhl fest, und wenn sie zu sehr stören, werden sie in der Psychiatrie medikamentös »eingestellt« auf unauffälliges Verhalten. Was ihnen fehlt, zeigen sie in eindrucksvollen Pantomimen. Sie verschleppen Geschirr und Wäsche, wienern den ganzen Tag die Naßzelle oder fahren um den Gegenwert des Knopfes, den sie sich vom Kleid abgedreht haben, und mit Hilfe eines gütigen Busfahrers in die Stadt, um dort, so lange, bis sie aufgegriffen werden, Weggeworfenes aus Papierkörben und Abfalltonnen liebevoll zu sammeln.

Die Mehrzahl der Alten auf der Pflegestation ist aber bettlägerig. Sie werden rund um die Uhr sechs- bis siebenmal »gewindelt und trockengelegt«, viermal gefüttert und getränkt, dreimal gebettet, zweimal gewaschen und gekämmt und einmal vom Arzt flüchtig mit dem Blick gestreift. Sie liegen in Zwei- bis Fünfbettzimmern, hinter eisernen Bettgittern, in einem sanitär verchromten, verstellbaren und fahrbaren Krankenhausbett, zu dem ein passender stoß- und kratzfester Nachtschrank mit integriertem schwenkbaren Tablett gehört. Neben dem Bett befindet sich ein Klingel- und Lichtanschluß, mit Hilfe von Kabel und Schaltknopf kann man ein freundlich verblendetes Neon-Leuchtelement am Kopfende betätigen und das Personal herbeirufen; weshalb die Klingel in der Regel aus der Reichweite des Patientenarmes entfernt wird.

»Langzeitbettlägerige« sind, wegen in der Hektik manchmal vergessener Nahrungszufuhr, oftmals abgemagert und haben meist einen Decubitus (einen Druckbrand vom Wundliegen), von dem es dann in der Akte heißt, er habe »(...) einen sauberen Wundrand mit einem Durchmesser von ca. 3½ Zentimeter«. Dieses

typische Pflegefall-Leiden, bei dem der Betroffene schlechtestenfalls lebendigen Leibes verfault, entzieht sich hartnäckig
eventuellen Heilungsversuchen. Das pflegerische Handwerk bestünde eben gerade in der Verhinderung des Wundliegens. Unter
diesen Bedingungen und in diesem Zustand liegen die Alten oft
jahrelang, ruhig oder brüllend, lallend oder gichtig. Sonntags
dröhnt der Radiogottesdienst über Lautsprecher an den tauben
Ohren vorbei und denen, die noch hören, aufs Trommelfell; das
Äußerste an Unterhaltung, die geboten wird.

Diese Alten gelten durchweg als »nicht mehr ganz da«, wofür am
deutlichsten die Art sprechen soll, in der sie alles Erreichbare mit
ihrem Kot beschmieren. Sieht man aber einmal von der Mühe ab,
die die notwendige Reinigung zweifellos macht, so ist das ja
durchaus ein sprechender Beweis für adäquates Verhalten. Denn
wie als Kinder einstmals sind sie beschränkt auf ein Gitterbett,
über das sich ab und zu ein mehr oder weniger bekanntes Gesicht
neigt. Das einzige, das sie noch selbst hervorbringen, behandeln
sie wie der Feudalherr den Schatz: Sie verzehren ihn, verprassen
ihn, stellen ihn zur Schau und verteilen ihn großzügig. Aber
listig, wie sie sind, wenden sie ebenso die »bürgerliche« Variante
des Umgangs mit dem Schatz an. Sie investieren ihn berechnend
in den Erwerb von Anerkennung und Lob: Sie machen in den
Topf. Das kleine und große »Geschäft«, das in jeder Version
noch einen Handelswert hat, weil mit ihm Besitz oder menschliche Zuwendung gewährleistet ist und erkauft werden kann, ist
das einzige, das sich im Gitterbett machen läßt. Die Zweiund-
neunzigjährige, die der Schwester ein abgezweigtes und liebevoll
geformtes Scheißkügelchen in die Hand drückt mit den Worten:
»Das ist für Sie, Schwester, für Ihre Mühe«, ist sich klarer über
die Grundlage des Verkehrs zwischen der Schwester und ihr als
diese, die sich empört entfernt, obgleich ihr kotbeschmierte
Hände längst Routine sind.

Aber auch dieses letzte Eigentum läßt sich mit jener schlafwand-
lerischen Intuition, die hartgesottenes Pflegepersonal oft aufweist, enteignen. Beliebte Methode in den Pflegesilos ist, der jeweils nächsten Schicht – in der Regel der Nachtwache – den
kompletten Stuhlgang zuzuschieben, was durch möglichst späte
Eingabe von Abführmitteln an alle erzielt wird. Diese Inflation

führt zu besonders grober und unerquicklicher menschlicher Zuwendung.

Die subversive Kraft, die aus dem atomisierten, isolierten und desillusionierten Individuum spricht, bleibt ungehört und ungesehen. Sie ist eines der letzten unerkannten und unerforschten Gebiete, eine terra incognita, der nichts zu entreißen ist als die unvorstellbare Wahrheit. Beckett ist wahrscheinlich der einzige Autor, der diesen Zustand beschrieben hat. Da für Becketts Helden »(...) nicht nur dieser oder jener Gegenstand, sondern die Welt als Ganze nicht da ist, lassen sie sich auf sie eben gar nicht mehr ein. (...) Aus dem Schema der bürgerlichen Gesellschaft herausgefallene Wesen; Kreaturen, die nichts mehr zu tun haben, weil sie nichts mehr mit ihr zu tun haben«, so Günther Anders.

Was auf der Bühne den jovialen und noch rüstigen Kunstkenner erfreut, ereignet sich in den Pflegeheimen tagtäglich, und wie das kunstsinnige Publikum alles Gefährliche absorbiert und entschärft, so geht in der sanitären Betriebsamkeit des Siechenheimes jedes Aufblitzen der Wahrheit als Akustik und unzusammenhängende Rede unter. Einige Beispiele seien hier zitiert:

Frau, 84 Jahre alt, drei Jahre im Gitterbett:
»Wie spät, Schwester?«
»Halb elf«, antwortet die Schwester.
»Morgens oder abends?«
»Abend isses, Frau Helm.«
»Heute abend oder morgen abend?«

Frau, 80 Jahre, blind, zwei Jahre im Gitterbett:
»Wo sind wir denn hier, Schwester?«
»Na, im Altersheim!«
»Weshalb... bin ich denn alt?«
»Was weiß ich, wie alt sind Sie denn?«
»Achtzig bin ich wohl schon.«
»Na sehn Sie, das ist alt.«
»Aber ich hab ja noch nicht mal Kinder!«
Bettnachbarin murmelt: »Ja, ja, der Krieg...«

Frau, 92 Jahre, seit fast vier Jahren im Gitterbett, gelähmt. Sie
betastet nach dem Aufwachen in hellem Entsetzen ihren zahn-
losen Mund:
»Nun sehn Sie mal, Schwester! Alles weg, nichts mehr, nichts…
wo sind denn meine Zähne?«
»Die gibts morgen zum Frühstück, wie alle Tage!«
»Aber ich war doch gerade schwimmen, ich bin zwanzig…
wieso…?«
»Nu schlaf man weiter, Omchen, und träum was anderes…«
»Ach so, ich träume!«

Teddy Bär contra Masters of the Universe

·

Je mehr die Artenexplosion der Plüschtierwelt fortschreitet, desto verzweifelter klammern sich Erziehungsberechtigte beiderlei Geschlechts an anachronistische Vorstellungen von einer »kindgerechten« Spielsache. In nostalgischer Verklärung wird nun der Teddybär als Symbol einer ehemals heilen Kinderwelt gefeiert. Im Theater, in Filmen, der Werbung und in Zeitschriftenartikeln wimmelt es von Bärenbekenntnissen und Teddy-Reminiszenzen. Talk-Show-Entertainerinnen schreiben für *Brigitte* über ihre vergebliche Suche nach dem verlorenen Bären, und die Zeitschrift *Natur* brachte einen achtseitigen Bericht über Werdegang, Werk und Wirkung des Teddybären. Es kursieren diverse Theorien über das Stofftier, auf Auktionen erzielt es hohe Preise, und auf Hochschulen werden wissenschaftliche Arbeiten zum Thema eingereicht.

Seit Richard Steiff 1903 zur Leipziger Messe einen Stoffbären präsentierte, sitzt dieses bürgerliche Spielzeug in den Kinderzimmern herum. Heute, nach über 80 Jahren, gibt es zwar eine Flut von Bären in allen Größen und Farben, aber nicht mehr den alten Teddy. Dieser zeichnete sich aus durch pralle Füllung (Holzwolle, handgestopft), einen schütteren Webpelz, schmale und lange Nase, linsenförmige Glasaugen, Nähte auf Bauch, Rücken und Kopf, drehbare Extremitäten und tiefes Brummen, sobald man ihn in Rückenlage brachte. Bei festem Druck knisterte die Holzwolle vertraulich, auf die Schnauze war mit dickem Zwirn die Nase aufgestickt. Dieser Bär war eine dauerhafte

Herausforderung zu Zärtlichkeit und Gewaltanwendung. Unzählige von aufgeschlitzten und wiedervernähten Bäuchen, von herausoperierten Brummvorrichtungen, ausgerissenen Armen, Beinen, Köpfen und Augen zeugen von den gemischten Gefühlen, die der Teddy erweckte.

Vielleicht hat das Kind noch deutlicher gespürt als die gerührten Eltern, daß man ihm da eine miniaturisierte Jagdtrophäe vorgesetzt hatte, ein Opfer erfolgreich unterworfener Natur, ihm selbst sehr ähnlich.

Der Name Teddy leitet sich angeblich vom Spitznamen des passionierten Bärenjägers und Trophäenbesitzers Theodore Roosevelt her (amerikanischer Präsident von 1901 bis 1909). Das ist der Bär, an den sich heute so viele um die Vierzig liebevoll erinnern. Er ist passé, ebenso wie sein wilder Vorläufer. Schon Anfang der 70er Jahre sanken den Teddys aus unerfindlichen Gründen die Schnauzen ein und wurden rundlich-dick. Auch die Füllung verlor an Festigkeit, sie wurde im Handumdrehen superweich, das Fell plüschig. In einer knallhart werdenden Erwachsenen- und Kinderwelt wurden »kuscheln« und »flauschig-weich« zu den Lieblingsbegriffen in Werbung und »Beziehungskiste«. Gefragt war alles, in das man sich zu Hause hineinsinken lassen konnte, sei es nun in die vom Polstermöbel weit entfernte »Sitzlandschaft« oder ins Schlaftier aus »hautsympathischem Plüschgewebe«.

Seit ein paar Jahren gibt es den »Bären-Rucksack zum Wenden«. Unlängst kamen die pastellfarbenen »Hab-Dich-Lieb-Bärchis« auf den Markt, »aus hochwertigem Plüsch, weich gestopft«, sowie als besonderer »Renner für die Kleinkinder der Heart-to-heart Bear«, mit »Klopfherz, Klopffunktion wird durch liebevolle Umarmung ausgelöst (ohne Batterie: 44,99 DM)«.

Aber das Herz der lieben Kleinen zwischen vier und zwölf Jahren schlägt für die Produkte der Firma Mattel: für »Masters of the Universe«. Mit diesem »Spiel« liegt die Firma, nach dem jahrelangen Erfolg der »Barbie-Puppen«, nun ganz vorn im Rennen um die Käufer.

Zur »Welt der Giganten« gehören Bücher und Kassetten mit Geschichten, Spielanleitungen und Dialogen der über 50 Protagonisten samt Zubehör. Das alles ist so konzipiert, daß eigentlich nur der richtig mitspielen kann, der eine möglichst vollständige Ausstattung besitzt für ca. 2500 Mark. Es lohnt sich, einen genaueren Blick in diese Welt der Giganten »auf einem geheimnisvollen Planeten in der unendlichen Weite des Universums« zu werfen, denn so weit ist dieses »Universum« nicht, und die Welt ist weniger fern als behauptet.

Die Spielfiguren sind ca. 15 cm groß, aus Hartplastik und kosten zwischen 15 und 20 Mark das Stück. Auffallend ist ihre merkwürdige Körperhaltung: Sie stehen breitbeinig geduckt, mit vom Körper abgewinkelten Armen. Die Hände sind halb zur Faust geballt oder auch zupackend geformt. Körperhaltung und Gestik wirken steif und verzerrt, zudem sind sie dermaßen mit Muskelbergen überladen, daß man seinen Augen nicht trauen mag. Ansonsten hat man sich beim Herstellungsprozeß jede überflüssige Mühe erspart. Aus allen Hüften ragen dieselben feisten und kraftstrotzend gekrümmten Beinchen hervor, immer gleiche aufgeschwollene Arme kommen aus den schwellenden Brustkörben heraus. Lediglich die Köpfe unterscheiden sich ein wenig voneinander. Neben zahlreichen Monstern zweifelhaften Geschlechts gibt es auch zwei weibliche Figuren, eine gute und eine böse, beide im »Body-stocking«, schmalschultrig und breithüftig.

Zum Spiel gehört die genaue Kenntnis der »Geschichte von Eternia«, sie gibt sich historisch, und auf ihr bauen in zahllosen Varianten die Geschichtchen auf, in die das Kind sich mit den Figuren verstricken soll. Es versteht sich von selbst, daß die Namen in Englisch ausgesprochen werden.

»Steig ein in die Welt der Giganten!« In dieser Imperativform wird das »Kombi-Set« präsentiert, bestehend aus »He-man«, dem guten weißen Helden, »Skeletor«, dem bösen farbigen Widersacher, und einer 45 Minuten langen Kassette, damit das Kind weiß, was es zu tun hat. Erst dann ist es »zu Hause in der Welt der Giganten«. Diese »Welt« ist imperialistisch in vor- und nachindustrieller Weise. Eroberungskämpfe bestimmen die Spielhandlung. Auf »Eternia« gibt es keine Kinder, keine Alten und Gebrechlichen, keine Krankheit, keine Arbeit, keine pflanzliche Natur und – wie gesagt – nur zwei Frauen. Die Hochburg des Imperialismus ist »Castle Grayskull«, ein aufklappbares bläulich-graues Plastikschloß, der Herrensitz von »He-man« und seinen Kämpfern. »Wie unbeschwert könnten die Bewohner von Castle Grayskull leben, gäbe es nicht böse Widersacher, die immer wieder mit List und finsteren Plänen versuchen, die Macht auf Eternia an sich zu reißen.« Die Firma Mattel jedenfalls lebt mit List und Tücke unbeschwert von den bösen Widersachern.

Im Spiel geht es um zwei zentrale Begriffe, um Macht und Herrschaft. Sie stehen den Weißen zu, die »heroische Verteidiger« ihrer Ideale sind. Die Feinde, allesamt »machthungrige Bösewichter« und »Herrscher der Unterwelt«, sind »gefährlich«, aber fehlfarben. Ihr Anführer ist »Skeletor«, ein blauer Muskelprotz mit gelbem Totenkopf. In seinen »Reihen« gibt es »Dämonen und finstere Monster«, die jede Anweisung bedingungslos ausführen. Zum Reich des Bösen gehört natürlich auch eine Zentrale, von der aus die Drahtzieher operieren. Das ist »Snake-Mountain«, ein grün-violett-verfärbtes Anwesen, ebenfalls aufklappbar und mit Verlies. Die »Dämonen des Bösen« bedienen sich ausschließlich unseriöser Kampfmethoden wie: Unterwanderung, Propaganda, Nacht-und-Nebel-Angriff und Gaskrieg.

Da ein solcher Feind auf Dauer den Spieltrieb erlahmen lassen könnte, hat Mattel vorsorglich die »Evil-Horde« mit hinzugegeben. Ihr Anführer »Hordak« strebt selbstverständlich auch nach der Macht über »Eternia« und versucht mit Tücke und wechselnden Bündnispartnern aus beiden Lagern ans Ziel zu kommen. Seine »Horde ist arglistig, gefährlich, dämonisch und grimmig«. Es handelt sich fast ausschließlich um unterentwickelte Mischwesen aus Mensch und Tier, von denen eines – stellvertretend für alle – ohne fremdes Zutun enorm vermehrungsfähig ist, d. h. die Zusatzteile müssen natürlich käuflich erworben werden. Jüngste Fernsehwerbung: »Noch wildere Gesellen bei der Horde.« Auch diesem Feind steht natürlich ein Herrensitz zu, die »Fright Zone«. Burgruine mit Verlies, stimmungsmäßig aufgeladen durch einen abgestorbenen Baum, auf dem drei Aasgeier sitzen. Bei der »Horde« ist alles knapp wie in der wirklichen 3. Welt, besonders natürlich Wasser und Nahrung. Helfen kann da nur »Leech, das gefährliche Saugmonster«, mit seiner Fähigkeit, Quellen aus dem Fels zu saugen. Und »Modulok«, der oben erwähnte Vermehrungskünstler, sorgt durch seine eigene Vervielfältigung für die Bevölkerungsexplosion.

Diese Mattel-Welt ist eine wüste Mischung aus Science-fiction, Mythologie, alttestamentarischen Anleihen und den Prinzipien der amerikanischen Außenpolitik. Das Reich des Bösen, im Bündnis mit den Unterentwickelten, kämpft gegen das Prinzip des Guten und seine Inkarnation »He-man«, der natürlich alles daransetzt, um »Frieden und Freiheit auf Eternia zu sichern«. Nichts fehlt, Kampf und Vernichtungswerk werden als »Arbeit« bezeichnet, für ein bißchen Ausrottung ist auch gesorgt: »Hatten sie sich bis vor kurzem noch mehrfach in der Minute verdoppelt, so schrumpft ihre Zahl nun mehrmals in der Minute auf die Hälfte. Schließlich bleiben nur noch zwei Moduloks übrig.«

Das alles, so behauptet Mattel, gebe es zum »Taschengeldpreis«. Man hat sich zuvor in den Statistiken sachkundig gemacht. Nach ihnen bekommen die Kinder und Jugendlichen in der BRD jährlich insgesamt 35 Milliarden Taschengeld. Das entspricht etwa der Verschuldung eines kleinen Entwicklungslandes. Bei solchen Summen lohnt sich der Kampf um die Marktanteile. Ein Vertreter der Spielwarenindustrie lobte unlängst auf der Spielwarenmesse das »extrem hohe Markenartikel-Bewußtsein bei unseren Kindern«.

Wodurch aber unterscheidet sich diese Art des Spielzeugs von dem angeblich pädagogisch wertvolleren, mit dem früher gespielt wurde? Gut, es »konditioniert für brachiale Konfliktbewältigung«, vermittelt »Freude an Gewalt- und Machtphantasien« und »stumpft jede schöpferische Kreativität ab«, wie kritische Eltern und Pädagogen es formulieren. Dasselbe läßt sich auch von den Zinnsoldaten, Rittern, Plastikcowboys und Indianern sagen, mit denen die Eltern spielten. Haben nicht Dampfmaschine, Märklin-Eisenbahn, Kaufmannsladen, Puppenstube und Lego-Baukasten ebenso hinterhältig auf bürgerlich angepaßtes Denken und Besitzstreben hingezielt? Waren nicht Reifen, Kreisel und Peitsche, Murmeln und Schaukelpferd gedacht als Übungsgeräte für Geduld und Gehorsam unter den Bedingungen eingeschränkten Bewegungsdranges?

Doch das, was die Eltern beispielsweise an »Masters of the Universe« so erschreckt, ist nicht so sehr die martialische Spielkonzeption, wie die Eltern behaupten, sondern das Verhalten der Kinder. Daß die sich derart begeistert den autoritären Herstelleranweisungen unterordnen, während die Autorität der Eltern ganz nebensächlich wird, offenbart das Ausmaß einer Manipulation, gegen die mit Erziehungsidealen nicht mehr vorgegangen werden kann. Die Eltern selbst, im Gegensatz zu vorangegangenen Elterngenerationen, sind weit entfernt davon, souveräne Bürger zu sein, Garanten für Sicherheit, Kontinuität und Lebenserfahrung. Sie sind deutlich erkennbar ungesichert, provisorisch und von zweifelhafter Qualität. Im Gegensatz zu den »heroischen Helden«, die Ideale haben und keinen Kraftakt scheuen, um sie zu verteidigen, sind die Erwachsenen konfliktscheu und wirken aus der Perspektive des Kindes furchterregend in ihrer Schwäche und verachtenswert indifferent. In diese labile Familiensituation hinein schiebt Mattel sein Identifikationssystem.

Zudem bereitet dieses Spiel – und das trifft wohl auf fast alle modernen Spiele zu – auf ein Leben mit ausgedehnter Freizeit vor, auf konsumfreudiges Verhalten gegenüber einem wuchernden Unterhaltungsmarkt. Mit dem verkleinerten Modell lassen sich die endlosen Varianten von Seifenopern ebenso zur lieben Gewohnheit machen wie die Überraschung, daß es auch ohne Natur noch eine Menge Spaß geben kann. »He-man« ist einem amerikanischen Catch-Star und Volkshelden nachgebildet, was bei uns freilich keine Rolle spielt, aber die Botschaft, daß dem Tüchtigen die Welt gehört und Privilegien Resultat dieser Tüchtigkeit sind, wird im Kinderzimmer wohl vernommen.

Wenn bis zum Jahr 2000 die meisten Arbeitsvorgänge von computergesteuerter Technik übernommen sein werden, dann müssen diejenigen, die nicht »auf der Strecke« geblieben sind, sich mit Unterhaltungselektronik und Animationstechnik durch die 3. industrielle Revolution retten. Das Überlebenstraining beginnt bereits heute im Kinderzimmer.

Nice Equipment
Observationen am Rande der Heimatfront

Seit Ende der 70er Jahre wohnt der Colonel mit Gattin und Sohn in einem Bungalow hier in der Nachbarschaft. Vor der Tür stand zuletzt ein blausilberner Dodge, neben dem unsere Autos sich ausnahmen wie sonst Autos aus dem Ostblock neben unseren. Im Garten vor der Garage war ein kleines Kajütboot aufgebockt, an dem man den Colonel ab und zu arbeiten sah. Es gab wenig Auffallendes am Haus dieser amerikanischen Familie, bis auf die Fliegengitter an den Fenstern, eine alljährlich bombastischer werdende Weihnachtsdekoration und die unbegreifliche Angewohnheit, sogar in den Sommermonaten im ganzen Haus tagsüber das Licht brennen zu lassen. Mit zunehmendem Wohlstand allerdings haben die Einheimischen weihnachtsdekorationsmäßig kräftig nachgerüstet. »Merry Christmas«-Reklame blinkt unterdessen hinter fast jedem Fenster, und auch der Stromverbrauch scheint auf der Höhe des Fortschritts zu sein.

Die Haltung des Colonel schien allzeit tadellos. Er wechselte permanent die Garderobe, schlüpfte von der Dienstuniform in einen azurblauen Jogginganzug, und nach dem Lauf trug er eine sandfarbene leichte Tropenuniform, von der aus er vermutlich zu einem tarnfarbenen Schlafanzug überwechselte. Durchs unverhüllte Fenster bot sich die traute Familie allabendlich den Blicken der draußen Vorübergehenden. Sie saßen zusammen unter einem wuchtigen Ölgemälde, das den Seekrieg zwischen zwei Schlachtschiffen inmitten schäumender Wellen darstellte. Man sah sie mäßig gestikulieren, lesen, fernsehen, und des öfteren saßen uniformierte Besucher lässig in den weißen Sesseln. Eine Zeitlang sah man den Colonel sogar in Begleitung eines Schwarzen joggen, der das Ritual ebenso ernst zu nehmen schien, es aber wesentlich eleganter absolvierte. Vielleicht hatte das dazu beigetragen, daß diese Kombination wieder aufgegeben wurde. Es gab Zeiten, zu denen der Colonel straff und militärisch wirkte, und dann gab es Momente, in denen deutlich ein krummer Rücken und sein breites Gesäß zu sehen waren. Plötzlich verschwand auch der regelmäßige Lauf von der Tagesordnung, und statt dessen ging er bedächtig dahin und zog einen grotesken, kaninchengroßen, weißhaarigen Hund hinter sich her, der unentwegt in den schrillsten Tönen bellte. Unter diesem Trommelfeuer und dem beschwichtigenden: »Good boy, good boy…« umkreiste er das Karree.

Er war ein derart gewohnter Anblick, irgendwie ganz Militärperson und dennoch unscheinbar, daß sein plötzlicher Auszug vor einem Monat die ganze Nachbarschaft in leichte Aufregung versetzte. Leute, die sich sonst lediglich grüßten, sprachen sich gegenseitig auf der Straße an und fragten nach dem Verbleib des Colonel und seiner Familie. Aber niemand weiß zu sagen, ob sie nun nach Amerika zurückkehrten oder nicht. Sie waren verschwunden, unter Hinterlassung der Fliegengitter und eines großen Containers voller Sperrmüll, aus dem, ungeachtet der bürgerlichen Gegend, nach und nach Schränkchen, Teppiche, Geschirr, Gardinen usw. weggetragen wurden. Auch ich habe einen wahren Schatz gerettet: zwei schwere Kartons voll mit Zeitschriften, Katalogen und militärischen Handbüchern, Karten von Vietnam und einem Bombentestgelände in den Bergen bei Las Vegas, Anweisungen zur Dekontamination von Mannschaft und Gerät, Lehrbücher zur genauen Berechnung des taktischen Vorgehens nach der Zündung einer Atombombe.

Die Lektüre des Colonels, seiner Frau und seines Sohnes liegt – bis auf die Zeitungen – versammelt in diesen Kartons, und die Vorstellungskraft sträubt sich ein wenig, Leser und Lektüre zusammenzubringen. Aber wahrscheinlich macht sich der Zivilist grundsätzlich ein falsches Bild vom Militaristen, oder besser gesagt, er macht sich gar keins. Beim Blättern, Lesen und Betrachten erschließt sich allmählich eine fremde Army-Welt, ein geschlossenes System, das selbst dann noch martialisch auftritt, wenn es um harmlose Beschäftigungen geht.

Die Leidenschaft des Colonels gehört offenbar den Waffen, was eigentlich seltsam ist, denn einen Chirurgen, der in der Freizeit wie besessen operiert, würde man ja auch nicht für normal halten.

Da gibt es die Zeitschrift *Guns & Ammo* für Freunde von Jagd- und Sportwaffen, *Shooting Times* heißt eine andere, *American Handgunner*, *Petersens Handgun*, *Gun World*, *Combat Handguns*, *Special Weappons And Tactics For The Prepared American*, *Shotgun News*.

Eine der meistgebrauchten Aufforderungen lautet »Survive!«. Was dazu angeblich notwendig ist, umrahmt den alarmierenden Ruf: »tactical penetration«, »live saver«, »9 mm Parabellum, 15 shot – double action«, denn Gewalt und Untergang lauern überall. Deshalb gibt der Soldat oder Jäger am sichersten vorsorglich »Feuer«.

»Whaw! ABB Machine Gun shooting 3000 BB's per minute! What more entertainment could any adult want?«

Shot Gun news bietet auch ein Poster mit einer Nackten, die Handgranaten an ihre Brüste preßt. Ebenso ein »Kamikaze Head Band«. Im Angebot ist auch ein polierter Edelholzkoffer mit einem japanischen Tretminen-Set zum Üben. Anleitungsbuch zum Verlegen und Bergen liegt in Englisch und Japanisch bei.

Und damit keine Verwechslungen aufkommen: »Tell the world you served! Army-Navy, Marines, Air-Force«. Ein Ring mit blutrotem Stein soll diese Aufgabe übernehmen.

»Shoot like the devil!« mit einer israelischen *Uzi MP*, lautet ein Angebot. Und ein paar Seiten weiter kann man »Marches and War songs« der Waffen-SS auf Schallplatte bestellen, »all songs translated« inkl.

Es gibt, ganz aus Schlangenhaut, eine »Baseball Cap with Head & Rattle, (open Mouth only)«, alles aus Klapperschlange.

Das »Nicaraguan Guerilla Training« ist wesentlich billiger als die »Anatomy man Comb at Silhouette Target« mit Einteilung in Ziel- und Todesfelder. Aus allen Rohren wird gefeuert, oft von zigarrenrauchenden, sonnenbebrillten, übergewichtigen, älteren Herren mit Cowboyhüten. Offensichtlich ist die Zigarre geheimnisumwitterte Trophäe. Zum erstenmal kam mir die Idee, daß zigarrerauchende Männer einen starken Kastrationswunsch haben könnten, der sich auf all ihre Feinde richtet. Und dann stieß ich auf eine Werbung. Die Zigarren lagen wie Patronen nebeneinander im Holzkästchen, ein ganzes Dutzend: »You Dont Need Castro's Permission to smoke Cuban-Seed Handmade Cigars!«

Dem auftrumpfenden Text folgt kleingedruckt der Hinweis, daß die Havannas auf »traditionell kubanische Art« in Honduras hergestellt waren.

Outdoor life ist nicht etwa eine Anleitung für Obdachlose, sondern für Leute, die mehr als ein Dach über dem Kopf haben wollen. Etwas für »Stalker« und »Hunter«, die keine Ursache haben, am Zubehör zu sparen.

Bären, Wildgänse, Auerhähne, Hirsche, Hasen, Enten sind farbenfroh neben der zugehörigen Munition abgebildet, sogar verschiedene Waffen stehen zur Auswahl. Und damit »The fun doesn't stop when the hunt is over«, gibts ein Gourmet-Kochbuch für »drinnen und draußen«, Räucheröfchen, Grillroste, Kochtopfsets, Tranchiermesser, Enthäuter usf.

Ferngläser, Nachtgläser, Restlichtaufheller, Zielfernrohre, Tarnkleidung mit super-wärmeisolierender Eigenschaft sorgen dafür, daß das anvisierte Wild absolut chancenlos durch sein Revier und in den sicheren Tod tappt.

Wenn das dem Jägersmann immer noch nicht reicht, dann kann er ein *Original pair of WW II* aufsetzen, die *Rommel Goggles* und *Wehrmacht Offiziers Hat* mit Emblem.

Landesübliches gibt es aber auch, wie Pfeil und Bogen und die schönsten Tomahawks, Bärenfelle und Mokassins. Selbst auf echt indianische Friedenspfeifen muß der Kombattant in Wald und Feld nicht verzichten.

Die Lektüre des etwa vierzehnjährigen Sohnes scheint vorwiegend aus Computermagazinen, Comics und dem *Scouting Magazin* bestanden zu haben.

Die Scouts tun im Prinzip das, was sie sonst in der Army lernen müßten und wonach auch der reifere Mann sich verzehrt: Sie lernen den Pfad zu finden, zu überleben in der feindlichen Wildnis und Gutes zu tun für ihren Körper und andere.

Sie haben eine »helping hand for Mother nature«. Sollte aber ansonsten mitten im paramilitärischen Drill ein kühner Scout einmal fragen: »Why do I need a uniform?!«, so wird ihm die alles erhellende Erklärung zuteil: »...the uniform gives a special place to boast the symbols of his advencement.«

Auch andere Fragen rund um die Wehrtüchtigkeit werden geklärt. »Maj. Tom Sawner is a top Air Force fighter pilot...« und weiß, daß alle kleinen Scouts gern Kampfflieger werden wollen wie er. Aber dieses Ziel, so erklärt er, erreicht nur eine kleine Elite ».. the career in flying was like climbing on of those ancient Babylonien Pyramides...«

Es gibt ja auch noch die Infanterie. Daß die kleinen Scouts frühzeitig schießen lernen, dafür sorgen u. a. die Büchsenmacher. Das Magazin wimmelt von Anzeigen. Eine davon faßt den Sinn des Scoutcamps treffend zusammen. Unter dem Bild eines Knopfes und einer Nähnadel steht:

»Your mother can help you sew it on.

We can help you sew it up.«

Die Gattin hingegen, zuständig für Aufmöbeln zu Hause, hat *IC Penney* Kataloge gehortet, *Lands End*, *Talbots*, *Williams-Sonoma*, und die Zeitschrift *Health*.

»Look like a winner!« lautet die Parole auch hier. Bewaffnet mit den neuesten Lidschatten, Büstenhaltern, Antifaltencremes, Haarfarben; mit Monatsschutz, Reizwäsche und modischem Chic, steht sie ihren Mann auch noch als Spätgebärende und in der Menopause.

Für wen von den beiden Gatten »*Dog Fancy*, Magazine for the responsible dog owner« abonniert wurde, bleibt offen. Adressiert sind die Hefte an ihn, und vielleicht hat er es wirklich einmal genau so gesagt wie die Werbung: »I love my Doggie Waterbed!!«

Würde man sich nicht von Vorurteilen den Blick verstellen lassen, dann wäre es gar kein Wunder, daß in einer Kombattantenbrust für mehr als zwei Seelen Platz ist. Für eine davon ist wohl folgendes Angebot aus dem *Sportsman's Guide* gedacht:

»*Revencher*. Puts an Entire Audio Arsenal At Your Fingertip. Death Ray... Grenade Launcher... Front Machine Gun – I wonder which one I should use on that expensive German Sedan that just cut me off?«

In den Handbüchern steht dann die ernste Variante auf dem Lehrplan. Den Soldaten von *Army* und *Air Force* sollen *Field Hygiene and Sanitation* nahegebracht werden. Auch Anlage und Aufbau eines Kriegsgefangenenlagers will gelernt sein. Das Bewachungspersonal muß geschult sein in seinen Rechten und Pflichten, muß die Vorschriften über Häftlingsausstattung und notwendige Einrichtungen kennen. Ein anderes Handbuch gibt einen Überblick über »Organization and Equipment of the Soviet Army«.

Ein umfangreiches Werk lehrt *Chemical, Biological and Radiological (CBR) Decontamination.* Es gibt eine *Fallout Prediction* vom Headquarter. Mittels präziser Berechnungen soll ermittelt werden, wo und wie groß die Fallout-Felder sind, an denen vorbei die Bodentruppen mit möglichst kleiner Strahlendosis nach vorn vorstoßen können, um den gelähmten Feind zu schlagen. Das dazugehörige Heft *Operational Aspects of Radiological Defense* beschäftigt sich ebenfalls mit der Berechnung von Windverhältnissen, Fallout-Feldern, Strahlendosen nach der Explosion taktischer atomarer Waffen, dem korrekten Ausfüllen umfangreicher Meldeformulare, den verschlüsselten Kontaminationswarnungen für andere Truppenteile usf.

Was das Los des Infanteristen ist, zeigen die Handbücher für den Umgang mit Waffen, Geräten, Ausrüstung, ihre Pflege, die Art, wie alles der Vorschrift entsprechend zu schleppen ist und was der Soldat macht, wenn er Blasen am Fuß hat. Das Basteln von behelfsmäßigen elektrischen Zündern wird ebenso gelehrt wie das Aufspüren, Bergen und Unschädlichmachen von Minen und Sprengkörpern anderer Art. Das Anlegen von verschiedenen Latrinentypen wird in Zeichnungen dargestellt und auch der Bau von Duschen, Öfen, Räuchergruben, Unterständen, Baumnestern und Brücken.

Wer all das nicht – oder nicht mehr – erlebt, aber dennoch vor Sehnsucht nach solchen Erfahrungen vergeht, für den bringt der Katalog *U.S. Cavalry, World Finest Military and Adventure Equipment* etwas Linderung.

Seitenlang abgebildeter Rambo- und Vietnamkitsch. T-Shirts, Wandbehänge, Kaffeetassen, Schlüsselanhänger.

»Proclame with no shame! Vietnam remembered T-Shirt's« mit z. B. der Aufschrift: »Next Time let's win it!«

Dann gibt es den *Official Vietnam Veteran Stainless Steel Ring*.
Auch Macheten, Beile, asiatische Messer und Schwerter. Killer-
ausrüstungen für lautlose Aktionen im Dschungel.
Es gibt Nylon-Handschellen in rosa namens *Quick* für $ 7.95.
Survival-Ausrüstungen, versteckt in Spazierstöcken, Krawatten,
die vom Hals fallen, sobald ein Angreifer daran zieht, Stahl-
keulen namens *No Alibi* zum Erschlagen von Haien, CN-Gas-
granaten und täuschend echt wirkende Handgranaten. Sogar ein
achtteiliges chirurgisches Feldbesteck mit Skalpell und Ader-
klammern, Pinzetten und Scheren, Nadel und Faden wird empfohlen, samt Anleitungsbuch für etwas über $ 50.
Das für den ungebildeten Laien Lächerlichste aber ist die
Camouflagewut der Krieger.
»It's a bush? It's a shrub? No! It's Bill Hoffmann«, erklärt uns
der Katalog, obgleich wir ihn, trotz geflecktem Umhang, zwischen dem Buschwerk deutlich erkennen. Es gibt mindestens
zwei Camouflage-Varianten: *Desert* und *Jungle*. Die Wüsten-
version kennen wir alle seit einiger Zeit aus dem Fernsehen, die
Dschungelversion ist den älteren unter den Fernsehzuschauern
noch vom Ende der 60er, Anfang der 70er Jahre in Erinnerung.
Man soll nicht glauben, was alles getarnt werden soll. Es gibt
Camouflage-Unterwäsche, Schminke, Socken, Einlegesohlen,
Uhrenarmbänder, Füllhalter, Bucheinbände, Geldbörsen.
Daß der amerikanische Oberbefehlshaber Schwarzkopf in Wa-
shington vor der versammelten Presse und in seinem Büro ein
Camouflage-Hemd für die Wüste trägt, mag dem Militaristen
vielleicht tadellos vorkommen, ist aber vollkommen widersinnig,
denn wenn schon, dann müßte es ja etwas sein mit Aktendeckeln
darauf, Papieren, Stiften, Fernsehkameras, um zu tarnen.
Aber auch im Katalog wird vor nichts haltgemacht. Da gibt es
einen *Camouflage Personal Computer Cover*, die Uniform für
die Technik, »protect your equipment from dust, coffee spills or
other environmental hazards!!«
Auch im Kinderzimmer darf es an Sicherheit nicht fehlen. »Each
is equipped with a dog tag and chain, woodland camo fatigues
jump boots. They'll by your best buddies through thick and thin.
They make good allies day or night and you'll sleep securely...
The Bear Forces Have Landed!«

Theaterpremiere

Schauplatz
Ein deutsches Staatstheater
Der Vorplatz
Der Innenraum
Personen
Premierenbesucher
Kartenverkäuferin

I. Akt

Ein Abend im Herbst. Das Theatergebäude wirkt, als stünde es in Flammen. Hinter der Fassade scheint der Brandherd im Foyer golden aufzulodern. Gottlob sind noch keine Gäste im Hause.
Auf dem Rasen vor dem Portal stehen mannshoch und ebenfalls rotglühend sechs Lettern nebeneinander: STALIN. Die umstehenden Hochhäuser treten vor so viel Widerschein aus der lodernden Kulturstätte ins Dunkel zurück. Lediglich ihre Neonreklamen schimmern noch matt mit einem: Osram, AEG, Telefunken, IBM.
Inmitten von menschenleeren Straßen, Geschäftsgebäuden, Autosalons, Schaumstoffsupermärkten und Teppichwelten steht das Theater und lockt mit Flutlicht, so als kämen dann die Besucher, wie Insekten angelockt, über große Distanzen hinweg herbeigeeilt. Von weitem, wie gesagt, wirkt es wie ein Großbrand oder bestenfalls wie ein festlich beleuchteter Schauplatz, von nahem hingegen ist all das Licht nicht imstande, die ernüchternde Kahlheit ringsum zu besänftigen.
Hinter der geschwungenen Eingangstür liegt die leere Vorhalle, dahinter die teppichbelegte Wandelhalle. Setzt man sich auf eine der steinernen Stufen in der Vorhalle, so hat man einen ausgezeichneten Blick über die fadenscheinige Festlichkeit. Der Boden ist mit großen beigen Steinplatten ausgelegt. Deutlich sind die parallel verlaufenden Streifen vom morgendlichen Sauberma-

chen zu sehen unter dem Glanz. Steht man, so ist nichts davon sichtbar.

Die beiden sich gegenüberliegenden Kassen sind verglast, die rechte ist besetzt. In der Enge beugt sich eine Kartenverkäuferin über die Ablage und bündelt grüne Eintrittskarten, zählt Geld und ordnet die Programmblätter. Auf der Glasscheibe, die offensichtlich dem Reinigungspersonal entgangen ist, sind noch die Fingerabdrücke des Publikums vom Vorabend zu sehen.

Links neben den Eingangstüren befindet sich eine Art Buffet, hinter Glas liegen Bonbons, Nüsse, Schokolade und etwas für den guten Atem, aber auch, entsprechend der kultivierten Atmosphäre dieses Ortes, einige Lachsbrötchen unter Klarsichtfolie zu stark übertriebenen Preisen. Wer dennoch nicht zurückschreckt, kann auch noch mit einem Piccolo dazu anstoßen. Die Buffetkraft ordnet ihr Angebot und öffnet dann eine Tür mit rundem Guckloch, um einen Stapel Plastikbecher herauszuholen. Früher befand sich an dieser Stelle ein Telefon für eifrige Kritiker und Besucher. Alles ist ein wenig gealtert und verändert worden im Laufe der Zeit.

Draußen vor dem Theater, etwas erhöht stehend, ergibt sich ein Rundblick über Hochhausfassaden, Banken und den Straßenverkehr. Unentwegt rollen auf sechs Spuren die Fahrzeuge vorbei, als führen sie im Konvoi. Unglaublich, daß sie alle zu unterschiedlichen Zeiten, aus verschiedenen Gründen und in verschiedenen Orten aufgebrochen sein sollen, um sich dann hier wie zufällig zu begegnen und gemeinsam weiterzufahren. Nur wenn man herumsteht und wartet, kann man Beobachtungen dieser Art machen.

An der Außenwand des Theaters hängen in blankpolierten verglasten Messing-Schaukästen Szenenfotos der Aufführungen oder Proben. Die Bilder wirken wie Schnappschüsse, die jemand zur Überraschung der Abgebildeten gemacht hat. Die sind mitten in irgendeiner weitausholenden Bewegung erstarrt. Jemand befindet sich offenbar in einer Krise, blickt mit allen Anzeichen des Zorns vor sich hin, ein anderer zeigt anklagend nach oben oder liegt auf dem nächsten Bild am Boden. Derart erstarrt in den Posen, ergeben die Gesten zwar keinen Sinn, sind aber dennoch vielversprechend und laden zum Augenschmaus ein, ähnlich jenen Bildern, die vor den Nachtbars hängen und mit gut imitierten Ekstasen locken. Hier wie dort wird dem Voyeur etwas Intimes geboten, der Blick ins Unverhüllte, auf Leidenschaft oder Verzweiflung. Andeutungsweise hat die ganze Atmosphäre auch etwas Sanitäres, vielleicht ist das der Grund, weshalb sich die Eingangshallen von Theatern und Wannenbädern mitunter sehr ähneln.

II. Akt

Die Premierengäste treffen ein. Sie kommen mit dem Taxi, manche, wenige nur, zu Fuß von der nahegelegenen U-Bahn. Damen werden in Mittelklassewagen die Auffahrt herauf, direkt vor den Eingang chauffiert. Dort warten sie fröstelnd auf den Gatten, ziehen ihre Stolen und Abendjäckchen vor der Brust zusammen, statt hineinzugehen. Dynamisch wirkende graumelierte Herren unterschiedlichen Alters nehmen je zwei Stufen auf einmal, öffnen, sofern vorhanden, ihren Begleiterinnen formvollendet die Tür und sind nie außer Atem. Damen in kurzen oder langen Abendkleidern schreiten graziös auf hohen Absätzen ins Foyer. Wenn da bei einigen nicht dieses merkwürdig unsichere An-die-Brust-Pressen des Abendtäschchens zu beobachten wäre, man könnte sie allesamt für routinierte Theatergängerinnen halten. Unkonventionell gestylte Mittdreißiger federn heran. In ihren großkarierten Kaschmirjacketts fühlen sie sich schon deshalb sicher und dem Anlaß gewachsen, weil die Kostspieligkeit dieser Garderobe allgemein bekannt ist. Wie auf Verabredung tragen alle ihre Brillen an fein gedrehter Kordel um den Hals gehängt. So bekommen sie das Aussehen von interessanten Leuten, die ununterbrochen entscheiden müssen, ob sie nun fehlsichtig ihre Umgebung mustern, blasiert die Brille sinken lassen oder durch sie fachmännisch Kunst und Kultur taxieren. Ankommende Bekannte werden, sobald sie identifiziert sind, mit übertriebener Freude in die Arme geschlossen und geküßt, worauf man unmittelbar in hektisches Geplauder verfällt.
Kleine ältere Frauen mit altmodisch imposanten Büsten unter

der Seide treten energisch näher und bahnen für sich und den unscheinbaren Gatten einen Weg durchs Gedränge zur Kasse hin. Einige sorgfältig gekleidete alte Herren in dunklen, schweren Wintermänteln nehmen noch draußen auf der Treppe ihre Hüte ab. Sie stehen abseits, lesen im Programm und reichen bei der Garderobe höflich Mantel, Hut und Schal über den Tisch. Vielleicht sind diese Herren Witwer.

Eilig nähert sich ein Mittfünfziger. Zum dunkelbraunen Anzug trägt er eine jägergrüne Krawatte und hellbraune Schuhe. Sein Gesicht ist breit, wirkt bäuerlich gesund, und die Wangen sind vom Laufen gerötet. Er tritt auf eine Gruppe zu, die in vorschriftsmäßiger Garderobe flaniert, und fragt mit osteuropäischem Akzent, ob dies das Schiller-Theater sei. Die Gruppe bejaht diese seltsame Frage, lächelt mokant und wandelt weiter. Einige Schwierigkeiten hat ein älterer übergewichtiger Herr mit den Treppen. Dreimal sinkt er, beim Versuch, die erste Stufe zu erklimmen, wieder zurück, schwankt, sucht Halt mit dem Stock. Endlich erbarmt sich ein Paar, faßt ihn unter die Ellbogen und führt den Angetrunkenen hinauf.

Vor den Eingangstüren hin und her gehend, versucht ein junger Mann unentwegt zwei Eintrittskarten zu verkaufen. Wortlos, aber vielleicht eine Spur zu flehentlich, hält er sie den Ankommenden entgegen. Niemand scheint Bedarf zu haben, auch nicht der gerade nähertretende Mittvierziger und seine Begleiterin im Glockenrock mit weißen Birkenstock-Sandalen.

Zwischen den Besuchern läßt sich ein verschollen geglaubter Frauentyp ausmachen. Diese Frauen haben etwas Klassizistisches in ihrer Körperhaltung und Physiognomie, sind weißhäutig bis zur Blässe. Das dünne, meist brünette Haar tragen sie in einem bauschigen Knoten aufgesteckt. Sie wirken mit den leichten Schatten unter den Augen, als seien sie unendlich ermattet und lebensmüde.

Die Besucher drängen sich nun in der Eingangshalle, plaudern, lachen, rufen sich etwas zu bei bester Akustik. Der kahle Raum hat plötzlich durch die vielen gutgelaunten Leute etwas Atmosphäre bekommen. Die Wartenden sind ungeduldig, fast alle haben ein Programmheft und den Zettel mit dem Konterfei des Autors. Der blickt ernst, saturiert und reichlich frisiert. Ganz zufällig entdecke ich, daß durch doppeltes Falten des Zettels und langsames Öffnen sich ein haltlos albernes Lächeln ins Gesicht des Autors knicken läßt.

Als es scheppernd läutet, bricht keineswegs Hektik aus. Ganz allmählich lösen sich die beieinanderstehenden Gruppen auf, und die Menge schiebt sich an den Einlasserinnen vorbei in den Wandelgang. Ein schwerer süßlicher Geruch bleibt zurück und schwebt in Brustbeinhöhe durch die verwaiste Vorhalle.

III. Akt

Die Menge teilt sich, schreitet durch den rechten oder linken Wandelgang. Immer noch plaudernd und sich Zeit lassend, treten Paare und Gruppen in den spärlich erleuchteten Theatersaal ein und halten Ausschau nach ihren Plätzen. Routiniers erreichen ihre Sitze umstandslos, andere suchen in der falschen Reihe nach ihrer Nummer, nehmen da erleichtert Platz, bis die echten Anwärter kommen, mit ihren Karten fuchteln und ungeduldig warten, bis sie sich endlich setzen können. Die Vertriebenen zwängen sich mit eisigen Mienen durch die Reihen, nun ihrerseits alle zum Aufstehen nötigend – wobei einige keineswegs den Vorschriften des guten Benehmens entsprechen und sich mit dem Rücken zu den Aufstehenden durch die Reihe drängeln. Ein Herr ist bereits sehr wütend und beansprucht einen besetzten Platz mit dem Argument, er säße »schon immer da« und nirgendwo anders. Es nutzt aber nichts, seine Karte weist ihm einen anderen Sitz zu, und der zu Unrecht Beschuldigte möchte jetzt, nachdem er diese unfreundlichen Anwürfe erlebt hat, natürlich in keinem Fall tauschen.

Nach einer Weile haben schätzungsweise achthundert Besucher Platz genommen, darunter, wie bei Premieren üblich, eine nicht geringe Anzahl von Staatsdienern und ähnlich Privilegierten, die ihr Kartenkontingent in Anspruch nehmen, dann natürlich noch die Kritiker und eine kleine Gruppe von Freunden und Bekannten des Autors, des Regisseurs, einiger Schauspieler und zusätzlich, wahrscheinlich als Beobachter, eine vierköpfige Delegation von der russischen Militärmission (die später in empörte Buhrufe ausbrechen wird).

Die Theaterkritiker haben leuchtende Kugelschreiber und halten ihre Notizblöcke auf dem Schoß. Nur »die Stimme der Kritik« sitzt gelassen, kann auf Schreibzeug verzichten und trägt Arbeitskleidung (ein Jackett aus englischem Tuch, konservativ, kleinkariert), schließlich ist der Anlaß nicht festlich. Wie gewohnt seit 1946, wird sie am morgigen Sonntag im RIAS mit stakkatoartigem Wortschwall die Aufführung loben oder tadeln, woraufhin eine dreißigtausendköpfige Theatergemeinde das Stück besuchen oder meiden wird.

Inzwischen hat es zum drittenmal geläutet, der Theatersaal verdunkelt sich, und kaum sind die Lampen erloschen, erhebt sich, mitten in der erwartungsvollen Stille, ein immer lebhafter werdendes Husten und Geräusper, das die folgenden drei Stunden nicht abbrechen wird. Es sind fast ausschließlich Männer, denen plötzlich der Hals zu eng, der Mund zu trocken wird.

Vielleicht ist es auch die Tatsache, daß sie schweigen müssen, jedenfalls bellen sie, wie die Rüden in einem südländischen Dorf sich in der Nacht überbieten, bis alle endlich eingeschlafen sind vor Müdigkeit.

Während der Vorhang sich hebt, beginnt man draußen die Abendkasse zu zählen.

Eigentlich sollte das ja ein Bericht über Gaston Salvatores interessantes Stalin-Stück werden, nun ist es aber anders gekommen.

Ware Heimat

Die Vorliebe der Jugendlichen von heute für Möbel, Mode und Musik der fünfziger Jahre ist denen, die damals Jugendliche waren, ziemlich unverständlich. Und umgekehrt verstehen deren Kinder die hingebungsvolle Liebe zum abgebeizten Küchenschrank oder der gediegenen altdeutschen Schrankwand nicht. Letzten Endes ist Verständnis füreinander aber auch gar nicht vonnöten, denn insgeheim verfolgen alle den gleichen Zweck: 1987 kann der Nierentisch in all seiner Nachkriegsverlogenheit denselben notwendigen Trost spenden wie ein Biedermeierstuhl. Sie repräsentieren das Vergangene, suggerieren Erinnerung an verlorengegangene Kontinuität und Überschaubarkeit. Und die fünfziger Jahre zudem etwas verzweifelt Schrilles, eine betäubende Leidenschaft fürs Außergewöhnliche.

Aber trotz Rock'n'Roll, Stöckelschuh und Aufbruch in eine neue Zeit hatten die Fünfziger noch etwas von jenem gleichmäßig bürgerlich braven Pendelschlag einer Standuhr, zu dem man kurz vorher noch Todesurteile unterschrieben und Deportationslisten aufgestellt hatte. Das stumme Verfliegen der Zeit auf einer batteriebetriebenen Quarzuhr, so wie heute allerorten zu sehen, lag damals noch in weiter Ferne. Die eigentliche Zäsur hatte, trotz Massenvernichtung und Krieg, noch nicht stattgefunden im Gemüt. Man lebte noch in der Kontinuität der 30er Jahre, mit ähnlichen Werten, Gewohnheiten, Waren und Empfindungen. Zerstört wurde diese deutsche innere Idylle eigentlich erst von der 68er Generation, die, in ihr aufgewachsen und durch sie geprägt, ihr zu entfliehen suchte. Das Aufreizen von Staat und Gesellschaft bis aufs Blut hat aber letzten Endes zu einem Modernisierungsschub geführt und bei den 68er Kämpfern zu einem Trauma und weitgehender Unterwerfung.

Zwanzig Jahre später läßt sich ein seltsames Phänomen registrieren. Die ehemaligen Aufrührer ähneln ihren Eltern mehr denn je. Zwischen ihnen und den Jüngeren klafft ein Abgrund. Bereits einem Fünfunddreißigjährigen läßt sich nicht mehr vermitteln, wie das damals war mit der Studentenbewegung und weshalb es zu anderen Konsequenzen geführt hat als erwartet. Was die in den vierziger Jahren Geborenen ihren Eltern so ähnlich werden ließ, ist ihre Prägung, die sie im Nachkriegsdeutschland erhielten. Je älter sie werden, je mehr sie sich den Fünfundsechzig- bis Fünfundsiebzigjährigen verbunden fühlen, weil sie bei ihnen auf Verständnis hoffen können, um so verwirrender wird eigentlich die eigene historische Zugehörigkeit. Ist man nun 35 oder 45 geboren? Mit den Alten teilt man Erinnerungen, die den Jungen nichts sagen, sogar Erinnerungen – oder besser gesagt, ein Gefühl für Zeiten –, die man selbst gar nicht erlebt hat.

So merkwürdig es scheinen mag, aber die heutigen Mittvierziger sind die klassischen Konservativen. Überfordert vom brachialen Fortschritt, überrollt und ruhiggestellt vom Wohlstand, sehnen sie sich nach Ruhe, unverfälschter Natur, einem guten Buch, freundlichem Gedankenaustausch und Erfolg für die Kinder. Sie leiden unter dem unvermeidlichen Streß und fühlen sich von einer Dynamik mitgerissen, die jede eigene Aktivität überflüssig zu machen scheint.

Scheinbar beruhigend wirkt bei solcher Überforderung die Erinnerung an die Kindheit, an eine Zeit und Umgebung, mit der man sich noch identisch fühlte, als ein einziger Tag sich dahinzog wie heute ein ganzes Jahr nicht. Aber das Schwelgen in Kindheits- und Jugenderinnerungen hat auch seine Tücken. Unversehens nämlich, gerade, wenn man glaubt, einen Geruch oder Geschmack wiedergefunden zu haben, einen ehemals vertrauten und vergessenen Gegenstand, dann taucht irgendein Markenname auf, wird schmerzhaft deutlich, daß alles Heimatgefühl eine Mischung aus Erziehungsregeln, Warenkonsum und architektonischer Stadtentwicklung ist.

An den eigenen Erinnerungen, läßt man sie in unordentlicher Zufälligkeit hervorkommen, wird das eigentlich Unpersönliche bereits deutlich. Mögen andere Mittvierziger die ihren damit vergleichen.

Eine bestimmte Straße in meiner Heimatstadt, durch die ich als Kleinkind getragen wurde und später zur Schule ging, kann ich mir gar nicht in Erinnerung rufen, ohne zugleich den Sarottimohr im Schaufenster des Pralinengeschäftes vor Augen zu haben. Solch ein Anblick prägt. Wie dieser Mohr da im Schneidersitz saß, sein Mohrenkopf unter dem Turban vielsagend nickte, das konnte man nicht genug betrachten. Schaurig und schön zugleich war dieser Anblick.

Dann die breit grinsende bauchige Kaffeekanne über dem Eingang von Kaisers-Kaffee-Geschäft, von der man auch nie so recht wußte, wie sie es meint. Die ganze Anzüglichkeit, mit der die Warenwelt inszeniert wird, fällt in ihrem Ausmaß wohl nur dem Kind auf. Der kleine Analphabet nimmt das alles ganz persönlich. Waren, so lernt er, sind prägender Bestandteil der Welt, sie werden vertreten durch sprechende Bilder, ausdrucksvolle Darstellung, grimassierende Haushaltsgegenstände. Sie sind eine ernstzunehmende Instanz, bestehend aus Persönlichkeiten mit Namen und unaustauschbaren Funktionen. Das Kind, der spätere Kunde, lernt Treue zu halten, sagt, auch dann, wenn es längst irgendein x-beliebiges Zellstofftaschentuch in der Hand hält, es sei ein »Tempo«, und ebenso ist »Nescafé« ein Synonym für löslichen Kaffee.

»Imi« und »Ata«, nicht wegzudenken aus dem Bad für die Wäsche und vom Abwaschbecken als Scheuersand, sind längst aus der Mode. Andere Markennamen haben die Haushalte erobert. Aber, unvergessen, haben sie ihren Platz in der Erinnerung, schon wegen dieses perfiden Kinderspruches: »Imi und Ata, die gingen data, wo gingen sie hin?« Das Geheimnis dräut eigentlich bis heute, obgleich unterdessen längst bekannt ist, daß sie zu »Vim« gingen, einem konkurrierenden Scheuersand, bis heute erfolgreich im Geschäft.

Ganz besonders einprägsam und zeitlebens unvergeßlich sind die Werbemaßnahmen immer dann, wenn sie in gereimter Form auftauchen. Ich habe einmal erlebt, wie der Religionswissenschaftler Klaus Heinrich an der FU Berlin seine Vorlesung wegen eines lang anhaltenden Lachkrampfes unterbrechen mußte. Es ging um einen Reklamespruch, der in Nazideutschland überall zu lesen stand: »So wichtig wie die Braut zur Trauung, ist Bullrichsalz für die Verdauung.« Heinrich, ein überaus seriös wirkender Herr, kam zitierend nur bis zur Braut, jeder Wiederholungsversuch hatte dann zur Folge, daß er sich um so schmerzlicher in Lachkrämpfen wand. Das Lachen erfaßte auch die Studenten, und vielleicht wären alle miteinander übergeschnappt, aber aus unerklärlichen Gründen hörte es nach einiger Zeit wieder auf.

Auch in unserer Straßenbahn gab es Bullrichsalz-Werbung und gleich daneben, im Nazikriegsdeutschland eine Selbstverständlichkeit, folgenden Spruch: »Plagt Dich ein Tier? Ruf 824!« Das »Tier« war faustgroß abgebildet. Die an den Kammerjäger delegierte Ausrottungswut geistert bis heute durch die Erinnerungen, in Form von »Flit«-Spritzen und »Cubrixlösung« gegen Kopfläuse. Die Schädlingsbekämpfung und der dazugehörende Ausrottungsjargon haben sich dann sehr bald aus dem Privathaushalt in die Prospekte der Pharmakonzerne zurückgezogen, da wird dem Landwirt bis heute im Stürmerstil saubere Ausmerzung versprochen.

In einer merkwürdig selbstverständlichen Form war der Faschismus noch anwesend, waren die Erwachsenen weitgehend unerschütterlich geblieben und die Warenwelt die alte. Das Kind bekam Stimmungen mit, die Atmosphäre, und zwar viel deutlicher, als es ihm irgendeine Erklärung vermitteln könnte. Und die Stimmung Anfang der 50er Jahre war so, daß die Erwachsenen irgend etwas nachzutrauern schienen. Beispielsweise war da der rätselhafte Vorgang am 2. Sonntag vor dem 1. Advent. Nach dem Dunkelwerden stellte man grüne Kerzen ins Fenster und zündete sie an. Wegen der »Gefallenen«, die im »Krieg geblieben waren«, »Verluste für das deutsche Volk« usw. hörte man reden. Weil aber allerorten Gardinen, Wohnungen und ganze Häuser bei diesem Brauch in Flammen aufgingen, hat man den Kerzenbrauch am »Volkstrauertag« wohl allmählich abgeschafft.

Zum Krieg selbst befragt, haben die Erwachsenen eher ein sportliches Bild entworfen, besonders natürlich die Männer. Auf ihren Kreppsohlen drehten sie quietschend Kreise, streckten die Arme aus und imitierten die Motorengeräusche von anfliegenden Bomberverbänden und »Stukkas«, beschrieben »Christbäume«, legten die Hände vor den Mund und ahmten das Geräusch von Sirenen und pfeifenden Geschossen nach. Alle nach dem Kriege geborenen Kinder konnten bereits im zarten Vorschulalter täuschend echt eine Geräuschkulisse des gerade vergangenen Krieges vorspielen.

In Trümmern und Ruinen, deren Betreten Kindern streng verboten war, spielten sie das, was der Vorstellung nach Krieg gewesen sein mußte. Plakate, auf denen in leuchtendgelbem Explosionsblitz ein bezopftes Mädchen und ein Junge in kurzen Hosen davongerissen wurden, waren so etwas wie eine Garantie für die reale Gefahr, die an diesen Spielplätzen noch lauert. Gewarnt wurde vor dem Spiel mit gefundener Munition. Daher suchten alle Kinder eifrig unter verbogenen Eisenträgern, an denen noch die ehemalige Wohnzimmertür oder Holzdielen herabhingen. Wir gruben den Boden auf, um Munition zu finden und von einer großen grellen Explosion zerrissen zu werden. So wirken farbenfrohe Warnplakate.

Die Erinnerung an erstes großes Fernweh ist untrennbar mit einer Käsesorte verbunden. Deren Name ist mir zwar entfallen, dafür aber keineswegs das Bildchen auf der Schachtel. Darauf war ein ziemlich minderjähriger Knabe zu sehen, der mit Wanderstab, umgehängter Brottrommel und großen Schritten gerade dabei ist, sich im Panorama zwischen Berg und Tal zu entfernen. Vom Suchen der blauen Blume früherer Wandervögel, über die Hitlerjugend bis zu den Pfadfindern werden hier alle dementsprechenden Triebe der Wandergermanen transparent, selbstverständlich auch die eigenen. In jenen Jahren unmittelbar nach dem Krieg war man sehr umtriebig, die Trümmer wurden eilends beseitigt, eine erste Ordnung und Übersicht hergestellt, so gut es ging. Man wandelte viel herum auf den Straßen, die Familien mit den Kindern, die Ehepaare mit ineinander verschränkten Armen. Alles, was irgendwie sehenswert war, wurde betrachtet, besonders natürlich die Schaufensterauslagen. Unentwegt lüfteten einander begegnende Herren mehr oder weniger devot voreinander die Hüte, beugten die Köpfe leicht zum Gruß, mitunter lächelten sie und sprachen sich mit Namen an. Man grüßte den ehemaligen Kreisleiter, Sturmbannführer, Gauleiter, Kriegskameraden mit dem alten zuvorkommenden Respekt.

Für das Kind waren die Rituale ein gewohnter Anblick. Es führte merkwürdige Sprüche im Munde, deren Sinn erst viel später klar wurde, so z. B. den: »Gestatten, von Thadden. Vertreter für Hängematten.« Bei »Hängematten« machten die Kinder eine Geste, so als würden sie imaginäre Brüste hüpfen lassen. Faschistische Anspielungen, die von ahnungslosen Kindern hinausgekräht wurden, hatten fast immer eine obszöne Komponente, so auch das »Die Fahne hoch!«, bei dem den Mädchen die Röcke hochgerissen wurden. Daß bei der Anspielung statt der »Reihen« die Beine »fest geschlossen« bleiben sollten, amüsierte den ehemaligen SA-Mann immer aufs neue.

In der Warenwelt wiederum gab es eine Kontinuität scheinbar neutraler Werbe- und Verkaufsartikel, so beispielsweise im Schuhgeschäft der Firma Salamander, bei dem das Kind beim Schuhkauf ein Comic-Heftchen mit den Abenteuern des Feuersalamanders »Lurchi« geschenkt bekam. »Lurchi« gabs früher auch schon für den kleinen Hitlerjungen und das brave deutsche Mädel. Und heute gibt es den unsterblichen Salamander immer noch, sogar im Bildschirmtext *22252, wo er mit grünem Tirolerhut und deutschem blauen Auge als eckiges Computerbild agiert.

Nicht minder eindrucksvoll war ein Geschenk der Firma Erdal – die eben noch Wichse herstellte für SA-, SS- und Wehrmachtsstiefel, für Führer, Volk und Vaterland. Beim Kauf einer Büchse Schuhkrem konnte man mit einigem Glück den begehrten »Erdal-Frosch« geschenkt bekommen. Er war sehr primitiv, aber wirkungsvoll. Sein Rücken sozusagen war aus gestanztem Blech, froschartig gewölbt und bemalt, an der Bauchseite drückte man das elastische Federblatt gegen einen Teerklumpen, der dort haftete, dann setzte man den Frosch auf den Boden und wartete, bis sich die Feder vom Teer löste und der Frosch hoch in die Luft katapultiert wurde. Der Vorgang verlor deshalb nie an Spannung, weil nicht vorauszusehen war, wann der Frosch jeweils springt und wohin. Schließlich bestand eine gute Chance, daß er Vater, Mutter oder einem der Geschwister mitten aufs Auge prallte. Er ist leider aus der Mode gekommen wie auch die abscheulich langschädeligen Köpfe aus weißem Plastik, die man über einem Taschentuch zum Kasperlespiel auf den Finger steckte, oder jene Bäume, Zäune, Radfahrer, Tiere und Bauernhäuser, die, ebenfalls aus weißem Plastik gemacht, in der Manier von Zinnfiguren, zum Würfel »Sanella«, zu Nudeln, Haferflokken oder Zwieback dazugelegt wurden.

Das war, von heute aus gesehen, ein weitblickender Brauch mit diesen Zugaben für die Kinder. Sie haben sich mehr in Erinnerung eingefressen als Eltern, Großeltern oder sonstige nahestehende Personen. Mit der Magie, die beispielsweise von so einem wie »Lurchi« ausging, konnten langfristig nicht mal die eigenen Spielzeuge konkurrieren. Zumal, wie mir gerade einfällt, beim Schuhkauf noch hinzukam, daß es Hassenswerteres als neue Schuhe kaum geben konnte. Dem Einwand, daß diese und die nächsten und auch alle anderen anprobierten häßlichen Schuhe nicht passen, folgte der Gang zu einem Holzkasten. Unten mußte man die Füße hineinstellen, und oben auf der Mattscheibe sah man die Zehenknochen sich frei in den genau passenden Schuhen bewegen. Das Ganze auch noch in einem schaurigen Gelbgrün. Um Strahlenbelastung beim Röntgen machte man sich damals anscheinend keine Gedanken.

Offenbar hing das noch mit einer gewissen Abhärtung durch den Krieg zusammen, daß man sich generell viel weniger vor realen oder eingebildeten Gefahren fürchtete, als es ein paar Jahre später der Fall war. So wars z. B. üblich, daß die Fahrgäste von der Straßenbahn auf- und absprangen, bei Überfüllung draußen auf den Trittbrettern hängend mitfuhren, Radfahrer rollten lange Strecken neben Lastwagen mit, indem sie sich hinten an der Seite festhielten. Durch die Straßen liefen herrenlos große und kleine Hunde, von irgendwem gefüttert, irgendwo zu Hause, sie gehörten zum Straßenbild wie die Kinder, die auf den Trottoirs »rollerten« und im Rinnstein spielten.

Auch um die Kinder sorgte man sich nicht im entferntesten so wie später. Sie schweiften draußen umher, unbeaufsichtigt und wild. Der Schulweg war oft weit. In den Sommerferien strömten ganze Heerscharen aller Altersgruppen zu den Rheinstrandbädern, wo man von morgens bis abends blieb, die Kleineren in

Begleitung, die Großen allein. Wahrscheinlich ahnten die anwesenden Erwachsenen nichts von dem, was so alles passierte bei den Kindern. Bereits Acht- bis Zehnjährige sprangen in den damals noch sauberen Rhein, schwammen zu den Schleppern und Kähnen, kletterten hinauf und fuhren ein Stück flußaufwärts mit, um dann wieder abzuspringen und zurückzuschwimmen. Pubertierende übten sich in der Mutprobe, unter den langen Kähnen hindurchzutauchen, immer gewärtig, zu langsam zu sein und die Schiffsschraube auf sich zukommen zu lassen. Im Strandbad plantschten die braveren Kinder mit Wehrmachtsgasmasken auf dem Kopf. Solche mit und ohne Rüssel, von den Vätern irgendwie zu einer Art Tauchermaske umgebaut. Groß und Klein lungerte auf prall aufgeblasenen schwarzen Gummischläuchen aus Lastwagenreifen herum, die reifere Jugend tummelte sich mit Ringtennis auf den Wiesen oder rollte, so als ob sich seit 1936 nichts geändert hätte, im Rhönrad vorbei. In den Kabinen, hinter den schwarzen von Karbolineum getränkten Brettern, wimmelte es von Gucklöchern, durch die so manches zarte Kind zum ersten Mal ein vollentwickeltes Genital sah oder seinerseits von lauernden Spannern beäugt wurde, wenn keine lohnendere Nachbarschaft in Sicht war.

Aber es gab in diesen Jahren auch besorgte Eltern und übertriebene Furcht, und zwar in bezug auf phantomhaft im Dunkel agierende Mörder. Kindesmörder und Frauenmörder lauerten in der Phantasie der Erwachsenen hinter jedem fremden Gesicht, jedem bonbonverteilenden Onkel, an düsteren und einsamen Orten, wobei düster und einsam damals jede beliebige Straße wurde, nach Einbruch der Dunkelheit. Statistisch gesehen gabs keine auffallende Zunahme an Mördern. Die in der Statistik natürlich nicht geführten Mörder und Mitmörder konnten wohl insgeheim die Panik vor der im Nachkriegsdeutschland zu erwartenden Vergeltung nicht loswerden. Wirklich sicher sein konnte man eigentlich nur zu Hause, im Schutz der Familie.

Das Zuhause war dann in vielen Fällen auch der Ort, an dem sich die Zeit schneller änderte als draußen im Stadtbild oder in den Institutionen. Mit zunehmendem Wohlstand in vielen Haushalten verschwanden die Wohnungseinrichtungen der 20er und 30er Jahre. Sie landeten auf den schnell wachsenden Müllhalden und machten einer neuen, nie gesehenen Möbelgeneration Platz. Merkwürdig spreizbeinig standen sie im nicht mehr wiederzuerkennenden Wohnzimmer. Auf dem Vorhangstoff am Fenster tummelten sich die Formen und Muster der eben noch entarteten Kunst, biegsame Tütenlampen spendeten schlechtes Licht, und auf dem Nierentisch standen Salzstangen und Chianti bereit, wenn Besuch angesagt war.

In den Küchen prangte vielerorts auf dem neuen Küchenschrank der »Star-Mix«, eines der vielen Wunderwerke aus Amerika, die dem deutschen Menschen ein vollkommen neues Lebensgefühl und rasches Vergessen der steinzeitlichen Vergangenheit bescherten. Er brachte vollkommen veränderte Eßgewohnheiten mit sich. Die ganze Familie – samt Vater, weil das »Kochen« ja hier mit Technik verbunden war – bereitete nach den Rezepten des mitgelieferten Heftchens pikante Brotaufstriche, Mayonnaisen, Pastetenfüllungen, Saucen, Milchmixgetränke und Rohkostsalate zu.

Merkwürdig ist, wenn ich es heute bedenke, daß die Erwachsenen – wohlgemerkt, vom kleinbürgerlichen Mittelstand aufwärts – sich ständig anhand von Büchern darüber orientieren mußten, wie man kocht, ißt, trinkt, unter vier Augen liebt, wie man sich also zu benehmen hat in allen in Frage kommenden Lebenslagen. Was zuvor Tradition war, selbstverständliche Routine und Sachkenntnis der Hausfrau, schien nun anrüchig geworden zu sein. Hier setzte man brachial mit der Korrektur an und ließ die eigentlichen Schuldzusammenhänge ungeschoren.

Ohnehin machte das Durcheinander von alt und neu einen betäubenden Eindruck. Der Hausvater im Buschhemd rauchte seine Overstolz – die ihm dann auf Dauer doch lieber war als eine Lucky, verrenkte sich die Augen nach wasserstoffsuperoxydblonden »Sexbomben« mit dem hypermütterlichen »Atombusen«, schüttete sich aus vor Lachen über die Kannibalenwitze in den Illustrierten und träumte von einem Mercedes. Die Kinder ließen große »double-bubble«-Kaugummis vor ihrem Mund zerknallen, aßen zum Frühstück »Kellogs Cornflakes« und wollten statt des Schulranzens lieber eine Collegemappe mit Reißverschluß. Die Hausfrau zuletzt rieb sich zwar immer noch nach dem Geschirrspülen die Hände mit Kalodermagelee ein, enthaarte sich die Oberlippe mit Pilkacreme und spülte den Mund mit Odol, dafür wurde sie aber entschädigt durch den neuen Hooverstaubsauger, den sie nun statt der saugschwachen Vampyrette zur Verfügung hatte. Beschwingt und heiter, zu den Klängen des Werbefunks, gab sie dem Heim Ordnung und Sauberkeit und sorgte fürs leibliche Wohl ihrer Lieben.

Dennoch scheint in all der Idylle aus Tüchtigkeit, sich vermehrendem Wohlstand, Sicherheit und Frohsinn immer noch die traumatische Kränkung vorzuherrschen, die der gestrauchelte Übermensch hat erleben müssen. Man will das nicht noch mal durchmachen und achtet nun rechtzeitig auf den notwendigen Halt. Die Spreizbeinigkeit der recht mobilen Möbel kann ja nur bedeuten, daß man sich einen weiteren »Zusammenbruch« nicht erlauben wird. Auf schwankenden Böden jedenfalls bieten sie dem Hineinsinkenden Halt, der womöglich notwendig sein könnte im nächsten Katastrophenfall. Das Vorbeugen durch Vorwegnahme und Imitation fand seinen Höhepunkt wahrscheinlich in der langanhaltenden Vorliebe für verformte Aschenbecher, Gläser und Vasen. Sie sahen aus, als hätte man sie aus dem Schutt abgebrannter Häuser geborgen, wo sie in der Glut interessante und vielsagend-bizarre Formen annehmen mußten.

Die Zauberworte der Zeit, mit denen für die verschiedensten Produkte geworben wurde, waren jeweils mit einem »garantiert« versehen: »abwaschbar, knitterfrei, bruchsicher, reißfest, pflegeleicht, dehnbar, geruchsfrei« usf. Aus den schmierigen und schleimigen Substanzen, ehemals Abfallstoffe der Industrie und im Krieg als Grundsubstanz für alle möglichen Ersatzstoffe entdeckt, wurde nun der Kunststoff zur Fabrikation von Friedenswaren eingesetzt. Lastex-Hose, Nyltesthemd, Trevira-Anzug, Tüllgardine, Perlonstrumpf usw. schweißen die ehemalige Volksgemeinschaft nun zur Konsumentengesellschaft zusammen.

Dem Thema entsprechend habe ich nun impulsiv und etwas weitschweifend versucht, Erinnerungen in eine Ordnung zu bringen. Dabei wurde deutlich, daß sich weder auf die eigene Kindheit noch auf Heimat ein persönlicher, unverstellter Blick werfen läßt. Sie sind in einem undurchdringlichen Gewirr aus kolportierter Geschichte, aus Geschichten, Waren, Innenwelt und Außenwelt verfilzt. Die eigenen Erinnerungen sind mehr daran interessiert, wie die Schultasche roch, wie der Pelikanfüller aussah und was man so gesehen und gelesen hat im Laufe der Zeit, als an familiären Ereignissen und Eigenarten. Für eine zeitliche und gefühlsmäßige Orientierung darüber, was wann so ungefähr war, sind die Waren die einzige Rettung. Ihre Namen haben sich festgefressen, ihr Aussehen, ihr Verwendungszweck, und sofort erscheint aus dem anfänglichen Nebel auch das zeitlich dazugehörige Drumherum, die Großmutter, der Vater, ein Winterabend, vergessene Freunde. Schöne Erinnerungen, die man vielleicht vergessen hätte, wäre da nicht Imi, Ata, Geha, Zelluloid, Nappo und Fox, die tönende Wochenschau.

Ist Kohl komisch?

Zu den Klängen einer Big Band, die den eigens für den Anlaß komponierten Kanzlermarsch spielt, schreitet der »Dirigent des Aufschwungs«, die »Zukunft mit dem menschlichen Gesicht«, durch den »Schicksalswahlkampf«. Mit dem Charme einer Tränengasgranate inszeniert er seine Auftritte, getreu dem Vorbild seines geliebten Hans Albers: »Hoppla, jetzt komm ich! Alle Türen auf, alle Fenster auf…«

Im Hubschrauber beantwortet er dem Reporter Roman Brodmann einige persönliche Fragen nach kulturellen Neigungen: »Es gibt… eh… Bücher… eh…, die ich immer wieder lese… eh… wenn ich mich mit… eh… politischen Biographien, Geschichtsdarstellungen, Darstellungen etwa aus meiner Generation, Kriegserlebnisse so etwas… eh… wo Hoffnung rauskommt, und dann natürlich Bücher, die zum Glauben hinführen.« Aber er liest noch mehr: »Ja, ich bin eine ausgesprochene Leseratte. Ich bin sicher einer der Haupt… eh… unter den Abgeordneten des Deutschen Bundestages, einer von… eh… der aus der Gruppe, die am meisten eine Bibliothek nutzt, die vorzüglich ist, und… eh… ich habe eine Praxis, daß ich neben meinen Geschäften im Alltag… immer… eh… stöbere, ganz andre Dinge. Und ob das dann Unterschiede und andre Meinungen, ist nicht mein Problem! Wenns anregend und interessant geschrieben ist, ist nicht mein Problem.«

Seit dieser Mann 1976 ins »Rampenlicht der Öffentlichkeit« trat, braust ein Sturm der Heiterkeit durch die Lande. Von links bis rechts lacht man gutmütig über die Tölpelhaftigkeit seiner Reden und Auftritte. Einem »Endgültigen Satiremagazin« verdanken wir die Entdeckung, daß Kohls Kopf nicht x-beliebig, sondern birnenförmig ist. Seitdem begleitet es ihn Jahr um Jahr auf dem Weg durch die Fettnäpfe. Aber was den französischen Satirikern während der Juli-Monarchie gerade recht kam, bleibt heute nichts als billig. Wo jedes revolutionäre Echo fehlt, verhallt das Lachen in der Beliebigkeit des Augenblicks. Wie sehr diese politische Satire ihren Zweck verfehlt, zeigt sich darin, daß die CDU den populären Scherz dankend für sich nutzt. Ihre Wahlwerbung im *Spiegel* zeigt Kohl, eine Birne essend, unter folgender Überschrift: »Die Deutschen haben ein Recht zu lächeln.« Aber nicht nur seinetwegen, sondern, wie man dem danebenstehenden Text einer englischen Wirtschaftszeitung entnehmen soll, weil die »Westdeutschen« nach allem, was sie wirtschaftlich geleistet haben, und nach 40 Jahren der Scham wieder das Recht zum Lächeln hätten. Die Gestaltung der Anzeige sagt aus, daß die angeblichen Fettnäpfchen der Kern des politischen Programms sind. Aber seis nun das Motto der Veranstaltung: »Bringt die Birne aus der Fassung« oder die jüngste Osram-Werbung für eine neue Leuchte: »Die Birne ist reif«, über die Grenzen aller Parteien und Interessengruppen hinweg gibt es einen Birnenkonsens.

Was ist denn nun eigentlich so komisch an Kohl? Die beliebtesten Anlässe für herzliches Lachen sind seine Ungeschicklichkeit in Fragen der Etikette, sein Unvermögen, den Politjargon in überzeugendem Tonfall vorzutragen, und die Unfähigkeit, seine Gesichtszüge, Blicke und Gesten in Ordnung zu halten. Daß er überdies außerstande ist, den simpelsten gedanklichen Inhalt logisch zu formulieren und die einfachste Konstruktion durchzuhalten, sorgt ebenfalls für Belustigung. Nur, was da fürs erste zum Lachen reizt, ist ja die uneingestandene Übereinkunft des Lachenden mit einer Norm, die vorgibt, wie man zu sein hat, wenn man Kanzler ist. Um nicht deplaziert zu wirken, muß er Seriencharakter aufweisen und Politikerattitüden routiniert beherrschen. Aber gerade dieses zähe Unvermögen Kohls, sich souverän der Kamera zu präsentieren, sich nicht linkisch zu bewegen und synchron zu den Worten mit den Augendeckeln zu klappern, ist stärker als er; es widersetzt sich dauerhaft der Korrektur und enthält jenen Rest von unkultivierbarem Widerspruch, der anderen nur noch als Lapsus linguae entfährt. Das wirkt entwaffnend und läßt Kohl harmloser erscheinen, als er ist.

Der Kanzler geht durch die politische Landschaft wie der Kaiser mit den neuen Kleidern, dem man es schon gesagt hat. Er ist die tragikomische Figur, die aber dennoch funktioniert im Machtspiel. Das ist sicherlich einer der Hauptgründe für seine Popularität. Wo er auftritt, gibt es keine Parteien mehr, sondern Identifikation – sei es nun positiv oder negativ. Als Inkarnation eines in der feindlichen Welt herumtaumelnden Pechvogels, der außerstande ist, sich der geforderten Norm anzupassen, bewirkt er Wiedererkennungsfreude, denn wem ginge es nicht mehr oder weniger ähnlich. Hinzu kommt, daß von dieser Unsicherheit der Impuls angeregt wird, auf ihn achten zu müssen, sein großer Kopf, die blinzelnden Augen, der sackartige Körper mit den unkoordinierten Bewegungen und immer Hunger... sind, laut Konrad Lorenz, Signale, die Fütter- und Beschützerinstinkte ansprechen. Die CDU und ihre Psycho-Profis jedenfalls wissen längst, daß Kohls Mangelhaftigkeit ihn den »Menschen draußen im Lande« nähergebracht hat.

Henryk Broder sagte unlängst in einer Talk-Show: »Ich bin ja ein großer Kohl-Verehrer, ich finde, er ist ein Naturtalent für Komik. Er hat so was von Buster Keaton.« Hier wird übersehen, daß die meisten tragikomischen Helden sich als einflußlose Individuen in der Tücke des Alltags verstricken. Chaplin hätte seinen Film »Der große Diktator« mit Sicherheit nach 1945 nicht mehr gedreht. Das subalterne Lachen und die Schadenfreude über die Ungeschicklichkeiten eines Kohl blenden aus, daß gerade er mit für den Schaden sorgt, der den Lachenden schon getroffen hat. Weshalb haben eigentlich all diejenigen, denen die politische Realität widerstrebt, den Nerv, sich ausgerechnet über die Slap-Sticks jenes Mannes zu amüsieren, der die reaktionärsten Ziele verfolgt?

Merkwürdigerweise stimmen zunehmend auch Leute, von denen man es eher nicht erwartet, in ihrem unstillbaren Drang zur Heiterkeit mit zentralen Ambitionen der CDU/CSU überein:

Die »Schwarzmalerei« soll endlich aufhören, und man möge die Dinge nicht so eng und verklemmt sehen, sondern »positiv« denken. Pessimismus, gar Kulturpessimismus, ist unter Linken und Alternativen ebenso verpönt wie bei den Rechten.

Bei aller Verwechslungsfreudigkeit Kohls besteht aber nicht die geringste Hoffnung darauf, er könne sich auch in der Bedeutung von Eigentums- und Herrschaftsverhältnissen vertun. Er unterscheidet mühelos Eliten von Versagern und loyale Bürger von Chaoten. Die Treue, die er der Demokratie geschworen hat, hält er eisern den dafür zuständigen Unternehmerverbänden. Sorgen wird er auch weiterhin dafür, daß Demokratie und Sozialstaat gleitend den Erfordernissen für höhere Wachstumsraten der Wirtschaft angepaßt werden. Dafür, daß den veränderten Verhältnissen dann auch die entsprechende Rechtsgrundlage zur Wahrung des sozialen Friedens untergeschoben wird, wird alles getan werden. Teilnahme an Demonstrationen in Innenstädten oder vor Bauzäunen kann dann um so umstandsloser die Pflegebedürftigkeit im Krankenhaus folgen, und ob dann dafür noch die gesetzlichen Krankenkassen aufkommen, ist sehr zu bezweifeln.

Wir haben Zeiten, in denen das notwendige Geld zu verdienen nicht mehr ungeliebtes Schicksal Besitzloser ist, sondern Privileg, das seinem Besitzer außer der obligaten Arbeitskraft auch noch nimmermüde Kompromißbereitschaft abverlangt. Das verursacht Panik, und wie Kohl im Wahlkampf davon profitiert, zeigt die Art und Weise, in der er den noch Verdienenden nahelegt, durch den Schaden klug zu werden, den die ohne Arbeit bereits haben. Jungen Arbeitslosen, die ihn während einer Rede auspfeifen, ruft er zu: »Sie gehören zu jener glücklichen Altersgruppe, die noch alles bestreitet, aber nicht den eigenen Lebensunterhalt.«

Eines kann man dem Kanzler nicht vorwerfen: Unaufrichtigkeit. Jeder Gedanke liegt ihm fern. Er spricht alles frisch heraus. Von Bitburg bis zu den Konzentrationslagern in der DDR hat er alles genau so gemeint wie gesagt.

Seine reaktionären Vorstöße zielen aber nicht nur, wie der *Spiegel* schrieb, auf die Stimmen »am rechten Wählerrand«, sondern decken offensichtlich ein Bedürfnis der sogenannten breiten

Masse ab. Bisher Unsagbares kann wieder unbefangen ausgesprochen werden, es herrscht Aufbruchstimmung aus einer Vergangenheit voll überlebter Selbstbezichtigungen. Dieses Bedürfnis nach Veredelung der Heimatkunde erfaßt allmählich alle Gruppen der Gesellschaft. Die einen beschließen, aus dem Schatten der »Braunen Vergangenheit«, die anderen aus dem der »Roten«, herauszutreten.

Manche auf den ersten Blick etwas stupiden politischen Meinungen, denen man zunehmend auch bei alten Bekannten begegnet, erweisen sich beim zweiten Hinhören als vollzogene Anpassung an Verhältnisse, die ihnen unveränderbar zu sein scheinen. Aber der Einfluß braver Konformität auf die Verhältnisse ist nicht minder fatal für diejenigen, denen Widerstand immer noch sinnvoll scheint. Kohl, der das Ungleiche sich gern gesellen läßt, gibt der Vereinheitlichung entsprechende Anreize. Es ist kein Zufall, daß er in seiner diesjährigen Neujahrsansprache nicht mehr den »Zivildienstleistenden« dankte wie noch im Vorjahr, sondern »Unseren Polizeibeamten, die den Frieden im Innern schützten«.

Wir werden das Lachen von der Pike auf verlernen müssen.

Benefizveranstaltung bei Porsche

Unter dem Motto »Special Sunday« lädt das »Porsche Zentrum« in seine Räume ein. Bei freiem Eintritt werden Show-Programme und Versteigerungen geboten. Der Erlös, auch von »Kuchen-Bar« und Getränkeverkauf, soll ungeschmälert – wie es ausdrücklich auf dem Einladungszettel heißt – der AIDS-Hilfe zufließen. Nach amerikanischem Modell haben sich mehrere Firmen, Hotels, Restaurants, Luxusläden, Künstler, Barbesitzer usw. zusammengetan, um ihre Wohltätigkeit werbewirksam zur Schau zu stellen. Sie bestücken die Sammlung, die nun zur Versteigerung steht, mit kostspieligem Edelnippes, vom »echtsilbernen Sektkübel« über einen Designersessel bis hin sogar zum »Original von Hildegard Knef« usw. Eine (mir) unbekannte Modefirma führe, wird versichert, ihre »exklusiven Modelle für Bad und Freizeit« vor.

Viel Publikum hat sich anlocken lassen. Auf der Straße draußen muß der Verkehr bereits von der Polizei geregelt werden. Innen herrscht Gedränge. Neugierige Normalbürger in Straßenkleidung halten Pappbecher mit Bier in der Hand, Neureiche, die so neureich sind, daß sie sich für diesen Anlaß in große Robe geworfen haben, stehen broncefarben herum und prosten sich mit Sektkelchen zu. Das ist vielleicht noch das Sympathischste an Berlin, daß alle sich danebenbenehmen.

Unentwegt tauchen Ordner mit laut quasselnden Sprechfunkgeräten auf und sehen nach dem Rechten, z. B. ob sich vielleicht schon wieder eine der Damen im Abendkleid auf das rotlackierte

51

Luxusmodell gesetzt hat und womöglich Kratzer und Beulen...
Sicher bereut man längst, nicht auch diesen Wagen, wie die anderen Ausstellungsstücke, in den Hof hinausgefahren zu haben. Das Informationsmaterial, am Eingang auf einem Tisch ausgebreitet, erfreut sich hingegen so gut wie keiner Aufmerksamkeit. Der junge Mann mit dem rosa gefärbten Haar bekommt ab und zu eine Spende in den gläsernen Sammelbehälter gesteckt, das ist alles.

Plötzlich schallt ohrenbetäubende Musik durch die Halle, weht den Leuten das Wort vom Munde weg. Es scheint kein Versehen zu sein, der Geräuschpegel bleibt unverändert. Die Leute stehen herum und warten, pressierte Hochstimmung herrscht, und dann beginnt ein Drängen und Schieben in die Nebenhalle, zu der man durch einen schmalen Gang gelangt.

Hier ist es bedeutend leiser. In dieser Halle stehen werktags die Facharbeiter und reparieren Porsche. Von der Decke hängen dicke gerippte Absaugschläuche, auf den Werkbänken liegt kein einziges Werkzeug, man hat offensichtlich an alles gedacht. Tatsächlich sind die Gäste bereits in die abgesperrten Bereiche hineingeschlüpft und sitzen auf großen Aluminiumkisten, zum Verdruß der Ordner, die sich immer noch um einen andeutungsweise höflichen Ton bemühen.

Die Werkstatt ist gerammelt voll, irgendwo in der Mitte scheint die Modenschau stattzufinden, lachsrote Federn wippen vorbei zur Musik von Ravel, Applaus plätschert vor sich hin. Auch in der unmittelbaren Umgebung kann ich manch modische Details studieren. Sorgfältig gezogener Lippenstift scheint eine Selbstverständlichkeit zu sein, Lidschatten, künstliche Wimpern, der ganze Krempel, führt ein zähes Leben in den Gesichtern der Frauen. Ohne blondierte Strähnen ist kein Auskommen. Irgendwie wirken die Damen und Herren merkwürdig angestrengt, in ihrem Bemühen, unablässig Lebhaftigkeit zu signalisieren.

Die Modenschau scheint bereits zu Ende zu sein, denn die Halle beginnt sich zu leeren. Der Blick wird frei auf einen improvisierten Laufsteg. Drum herum, auf Klappstühlchen, sitzen noch vereinzelte High-Society-Imitatoren (und Imitatorinnen). Einer aufgenordeten Blondine mit dunklen Brauen sitzt ein silbergrauer Mops im Schoß und stiert mit hervorquellenden Augen ins Nichts. Hinter ihr steht ein labil aussehender Mittfünfziger im langen beigefarbenen Staubmantel und langweilt sich blasiert zu Tode hinter seiner Porsche-Sonnenbrille, plötzlich blickt er sich um und nimmt Platz, der Raum füllt sich wieder, die Scheinwerfer über dem Laufsteg gehen an.

Der Herr mittleren Alters in bodenlangem Lurexkleid wird auf den Steg gehoben, weil das Kleid zu eng ist zum Besteigen der Treppchen. Er wedelt mit seiner Federboa, schüttelt die blonde Langhaarperücke und marschiert auf roten Stöckelschuhen auf und ab. Nun reißt er die braunen Arme zur Begrüßung hoch, im Achselhaar funkelt der Flitter. In tuntenhafter Stimmlage läßt er einen aggressiven Redeschwall, voller Beschimpfungen und Beleidigungen, über das Publikum los.

»Heute haben Sie das besondere Glück, daß ich nicht singe«, und, zu einer Dame sich niederbeugend, ruft er erstaunt: »Sag mal, sehn Sie mich denn überhaupt durch die schmutzige Brille?« Noch bevor ihr die Schamröte so richtig ins Gesicht steigen kann, geht es schon weiter. »Sehn Sie, so schnell kann einem der Tag verdorben werden, aber machen Sie sich nichts draus, ich habe auch keine Lust, hier zu sein!« Er geht hin und her, präsentiert ein hübsch behaartes Bein, das Publikum applaudiert ein wenig zu heftig, wohl im Glauben, daß, wer beim Klatschen gesehen wird, mit Schonung rechnen kann. Aber weit gefehlt. »Na, und Sie junger Mann? Hübsche Zähne hat er ja, aber sonst… Also meine Zähne hat man gestern auch bewundert. Eine halbe Stunde lang habe ich sie überall herumgereicht… das interessiert Sie vielleicht weniger, man ist ja immer mehr an sich selbst interessiert, Sie zum Beispiel, ja, Sie dort! Sie sind auch ganz gut gepolstert, das muß ich schon sagen, haben Sie denn gar keine eigenen Schultern?« Die Angesprochene versucht gute Miene zum Spiel zu machen, ihr Gesicht verdüstert sich aber zusehends, als das wiehernde Gelächter ihres Begleiters gar nicht enden will. »Ist ja gut, der Herr, Sie lachen sich ja um Kopf und Kragen!« droht der Unterhalter, »nein, was ich Ihnen eigentlich sagen wollte, damit Sie mich ein wenig kennenlernen und wissen, weshalb ich so bin, wie ich bin, ich habe eine ganz klassische Karriere hinter mich gebracht. Zwei Jahre auf den Pforzheimer Festwiesen, Kindertravestie.« Das sind vertraute Töne, das Lachen kommt den Leuten ganz entspannt von den Lippen. »Komisch finden Sie das, was? Und Sie dort, gleich lacht man über Sie, denn ich frage Sie, sind Sie als Fußball verkleidet, so ganz in Leder? Eine wirklich schöne Idee. Na sehn Sie, alles lacht! Und Sie dort, wirklich, Sie sind mir schon die ganze Zeit aufgefallen, die Mami hat so schön gestrickt, all die kleinen Maschen, eine neben der anderen, was für eine Arbeit, wie reizend! Schämen Sie sich gefälligst nicht, wollen Sie sich für die Arbeit schämen, die andere gemacht haben für Sie? Pfui, wie undankbar. – Na jedenfalls, um zum Thema zurückzukehren, dann arbeitete ich im Trapez, meine Damen und Herren, zwei Jahre lang im Trapez, wissen Sie, was das bedeutet? So hieß das Lokal, in dem ich Morgen für Morgen geputzt habe… aber das war es eigentlich auch nicht, was ich Ihnen erzählen wollte. Was haben Sie denn für einen Hund da, um Gotteswillen?« Er beugt sich zur Dame mit dem Mops hinunter, »passend zum eigenen Gesicht die Falten. Vom übrigen schweige ich lieber höflich.« Die indignierte Dame lacht verkrampft und versetzt den Mops in leichtes Beben.

»Und so kommt jeder mal dran, jetzt Sie! Sie lachen und haben die Haare nicht gewaschen, denken, weil Sie den Hut aufhaben, sieht man es nicht, dabei hängen die fettigen Strähnen doch überall heraus, tut mir leid, wirklich, ich kann ja nichts dafür, daß es so ist… O Gott, passen Sie auf Ihren Schließmuskel auf, mein Herr, wenn Sie so haltlos über die arme Dame lachen, außerdem gehört sich so was nicht, das sollten Sie längst gelernt haben, ja ist denn hier heute nur der Pöbel erschienen, und das bei einer Firma wie Porsche, da muß man sich schon wundern, auch das Programm ist ja ausgesprochen geschmacklos… Also, was ich eigentlich sagen wollte, ich präsentiere Ihnen jetzt die Frisuren-Show von Bauer, Horst Bauer, nie gehört? Also dieser Bauer zeigt Ihnen Machbares und auch Tragbares aus Haar, und er, der Horst Bauer, legt Wert darauf, daß ich Ihnen mitteile, daß alles, was Sie sehen werden, aus *echtem* Haar ist.«

Während die Haarkreationen präsentiert werden, ebbt das Publikum langsam aus der Halle und flutet in den Nebenraum, wo bereits die Versteigerung vorbereitet wird. Offenbar hat man einige Schwierigkeiten, das System zu erläutern. Man versucht zwar alles nach amerikanischem Vorbild zu machen, aber weder ist das Publikum mit dem Selbstverständlichsten vertraut, noch wissen sich die Veranstalter entsprechend zu benehmen.

»Es werden hier gleich unsere Damen und Herren mit weißen Plastikeimern herumgehen und die Gebote einsammeln, die von Ihnen gemacht werden, das heißt, immer gleich, wenn Sie etwas gesagt haben, müssen Sie das Geld auch hergeben, so wird das gemacht, wir kassieren also jedes Ihrer Gebote, und zwar unabhängig davon, ob Sie nun was ersteigern oder nicht, also unabhängig vom Erfolg, ich hoffe, ich habe mich verständlich ausgedrückt, und seien Sie nicht kleinlich, es dient einem guten Zweck, die AIDS-Hilfe braucht Ihr Geld, vergessen Sie das nicht, und deshalb sind wir ja letzten Endes heute alle da...«

Angeboten wird das »Original von Hildegard Knef«, ein kleines, naives, farbenfrohes Nichts im Spannrahmen, das, so der Auktionator, »unter einigen Tausendern nicht zu kriegen ist, normalerweise.« Nach langem Hin und Her zeichnet sich ab, daß es auch für einige Zehner niemand haben will, »das letzte Angebot war 30, bietet keiner mehr... äh... dann ziehen wir jetzt erst mal das Bild zurück... äh... vielleicht möchte ja später jemand das Gemälde erwerben...«

Nun versucht eine Dame von Porsche, die Rolle des Auktionators besser auszufüllen als der Kollege, das Publikum ist störrisch und unaufmerksam.

»Also ich werde jetzt die weitere Versteigerung leisten, eh, leiten... als nächstes gibt es den begehrten Sektkübel, echt Silber, hier unten soll irgendwo ein Stempel sein, und wie ich das gesehen habe, trinken ja eine ganze Menge hier Sekt... also, 100 Mark für diesen wunderschönen Sektkübel, der kostet vom Wert her mindestens das Zehnfache... also 100, wer bietet mehr, ich bitte um Handzeichen, also bitte meine Herren, nur Mut, 100 Mark ist das Gebot, jetzt kommt der Sommer meine Damen und Herren, und Sie wissen ja, der Mumm schmeckt viel besser, wenn er gekühlt serviert wird... und wir machen das ja nicht für uns hier, sondern für einen guten Zweck...« Der Kübel geht nach zähem Ringen für 450 Mark weg, eingenommen hat man, da immer in Fünfzigersprüngen gesteigert wurde, 2100 Mark. Und so gehen auch noch zu Niedrigpreisen (für den, der den Zuschlag erhält) Kerzenleuchter aus irgend einem Sowiesostudio, der Sessel, eine

Wagenfeldlampe, und anderes. Der Versuch, das Knefsche Original noch einmal anzubieten, mißlingt. Man ist nicht gerade zufrieden auf der Veranstalterseite, aber die Herrschaften, die eine gute Gelegenheit beim Schopf gepackt haben, sind hocherfreut und machen sich langsam auf den Heimweg.

Drüben in der Werkhalle sitzt der Filmemacher Rosa von Praunheim inmitten einer kleinen Gruppe und berichtet über AIDS und AIDS-Hilfe, hier und in Amerika. Sein ewiges Konfirmandengesicht würde ja auf viele Leute seriös wirken, wäre da nicht die schwarze Lederkluft mit der seitlich zu schnürenden engen Lederhose, die geradezu Zeugnis ablegt von der persönlichen Anwesenheit des Erzählers in all jenen »Darkrooms«, in denen man sich AIDS und noch Schlimmeres holen kann. Letzten Endes macht es Rosa dann aber doch sehr schlecht, indem er nicht durch unterhaltsame Horrorgeschichten die Leute zum Sprechen anregt, sondern ihnen durch Betroffenheitsangebote die Laune versaut. Man geht.

Alles in allem sind keine 30 000 Mark zusammen gekommen, von den zweieinhalbtausend Leuten, die da waren. Ich habe mich am nächsten Tag erkundigt. Man wird wohl nicht so schnell wieder wohltätig sein, zumal auch der rote Flitzer einen sehr unschönen, absichtlich gemachten Kratzer aufwies.

Postwurfsendungen für die Lebenden und Toten

»Hilfe bringt Farbe in ihr Leben«, teilt bereits der Briefumschlag dem Adressaten mit. Daß nicht sein Leben gemeint ist, geht aus der innen liegenden Drucksache hervor. Die Hilfe wird erwartet. Der Adressat ist datenmäßig erfaßt als in Frage kommender Spender, seit er einmal irgendwo arglos seine Adresse angegeben oder etwas bestellt hat. Der Überweisungsauftrag für die Bank ist bis auf Summe, Kontonummer und Unterschrift bereits ausgefüllt und liegt bei, ebenso der Brief mit ganz persönlicher Anrede. Zum Beispiel bittet der Präsident des Roten Kreuzes, unterstützt von Peter Scholl-Latour, Dagmar Berghoff und Robert Lembke – alle aus dem Fernsehen allgemein bekannt –, den sehr geehrten Herrn Dr. Hartung um eine »Jubiläumsspende«. Mit dieser Spende soll »Menschen, die unverschuldet von Not und Elend betroffen werden«, Farbe ins Leben gebracht werden. Ein Faltblatt berichtet über die diversen Hilfseinrichtungen des Roten Kreuzes, dokumentiert in winzigen Schwarz-Weiß-Bildchen den Moment, wo das Leben von Hilflosen farbenfroh wird: Surfer werden aus Seenot gerettet, eine bettlägrige alte Frau gepflegt, und ein schwarzes »Hungerkind« nagt an einem Prügel Zuckerrohr. Damit aber auch der Spender nicht zu kurz kommt, ist er mit seinem Einzahlungsschein automatisch an einem Gewinnspiel beteiligt. Als erster Preis lockt eine achttägige Reise durch Usbekistan, beim zweiten Preis gewinnt man nur ein Wunschkonzert mit Peter Alexander, und der Dritte besteht aus einem Exemplar des Buches »Unser Jahrhundert im Bild«.

Die Galerie Brusberg schickt Herrn Dr. Hartung eine Einladung: »Bitte kommen Sie mit Ihren Freunden zur Vernissage der Ausstellung am Samstag, dem 28. Mai 1988 von 10–14 h«. Der Japaner Kumi Sugai – von dem es im Text heißt, er »ist ein Maler, der emotional wie intellektuell kultiviert ist und zudem weltbewandert«, so als rechne man mit dergleichen bei Japanern nicht – sei, so verspricht der Galerist, persönlich anwesend.

Vom Schwarzwaldsanatorium kommt ein Hochglanzfarbprospekt in Din-A3-Format. Ehemalige Patienten werden davon in Kenntnis gesetzt, daß nun das Ehepaar Rübartsch die Geschäftsführung übernommen habe. Herr Rübartsch, vormals 17 Jahre lang Direktor im Hotel »Europäischer Hof« in Heidelberg, schreibt, im Tonfall des Hoteliers »…würde ich die ehemaligen Patienten gern als Gäste unseres Hauses begrüßen«. Geboten wird allerhand, es könnte »getankt« werden, was vonnöten sei, »neue Lebenskraft« zum Beispiel. Dazu gebe es Therapien an Gefäßen, Muskeln, Sehnen und Bändern, unterstützt durch Fasten, Wandern, Schwimmen, durch Thymustherapie und die Verabreichung diverser Seren. »Jeder hat die Chance, alt zu werden und dabei jung zu bleiben«, lautet der Wahlspruch des Chefarztes, der auch zugleich seinen volkstümlich gehaltenen medizinischen Ratgeber feilbietet, für diejenigen, die es diesmal zu Hause versuchen möchten.

Der Pressedienst des Hanser Verlages informiert Herrn Dr. Rudolf Hartung auf einer schlichten Fotokopie darüber, daß der Autor Milorad Pavic im Literaturhaus Berlin lese, am Mittwoch, dem 26. 6. 88, um 20 Uhr.

Zuletzt dann noch wird Herrn Rudi Hartung von der Süddeutschen Klassenlotterie seine »ganz persönliche Glücksnummer« zugeschickt. Im Begleitbrief versichert ein Herr Wesel, staatlicher Lotterieeinnehmer aus Kassel, er habe, höchstpersönlich, für Dr. Hartung ein Los mit der Nummer 0044 105 / 033 907 reserviert. Ein aufgedruckter Scheck, der auf den Namen Hartung und die Summe von zwei Millionen DM ausgefüllt ist, unterstreicht vermeintlich glaubhaft den ersten Satz des Briefes: »Eines Tages könnte es auch für Sie soweit sein, daß ein unauffälliger Herr bei Ihnen klingelt…«

Herr Hartung ist einer von Millionen Bürgern, die unschuldig auf irgendwelchen Mail-Listen gelandet sind, die sich mehr oder weniger obskure Firmen und Organisationen auf undurchsichtigen Wegen besorgen. Mit einigen der Absender hatte er persönlich zu tun, von anderen hat er nie gehört. Als ehemaliger Leiter der *Neuen Rundschau* gibt er eine ökonomisch lohnenswerte und überdies leicht zu erhaltende Adresse ab. Für alles Mögliche kommt er in Frage, als Kunstfreund, Spender, Gewinner, Patient, als Rezensent eines Hanser-Autors.

Aber Rudolf Hartung reagiert nicht. Er ist tot. Seit dem 19. Februar 1985. In der FAZ schrieb Reich-Ranicki einen Nachruf und zitierte darin einen Hartungschen Satz, den jener seinerseits in einer Rezension...:»Nachdem er lange geschwiegen hatte, verstummte er.‹ Das gilt nun auch für ihn selber: Von einer schweren Krankheit geschlagen, mußte er seit Jahren schweigen.« usf.

Um die Ursachen des Schweigens kümmert sich keiner der Absender. Sind die Daten erst einmal im Computer gespeichert, gibt es bis zum Löschen kein Entrinnen mehr. Gnadenlos werden Lebende und Tote – letztere gehören zur Fehlerquote – gleichermaßen als Hoffnungsträger für den Umsatz zusammengefaßt. Rein rechnerisch ist eine gewisse Rücklaufquote garantiert. Wie altmodisch erscheinen da Zeiten, wo man noch auf die Reaktionen achtete wie ein Psychologe. Das Zeitalter der Karteileiche ist vorbei. Es wäre teurer, einzelne Namen aus dem Programm zu löschen, als ihnen regelmäßig Post zugehen zu lassen. Heute schlägt das Mißverhältnis zwischen der Haltbarkeit des Adressaten und seiner Adresse nur noch für ihn selbst zu Buche.

Groteskerweise führt diese Praxis vollkommener Gleichgültigkeit über den Zustand des Empfängers zu einer – wenn auch kleinen – Verminderung der sozialen Kälte.

In meinem Fall z. B. wirkt sich das so aus, daß die tägliche Leerung des Briefkastens oft mit der Erinnerung an Rudi Hartung verbunden ist. Ich sehe ihn vor mir, wie er auf dem Weg von der Gartentür bis zum Haus die Post sortierte, um all das in den Mülleimer zu werfen, was nun immer noch für ihn ankommt. Ironischerweise erhält der Tote, drei Jahre nach seinem Hinscheiden, immer noch mehr Post als seine Witwe.

Und damit wäre die andere Seite dieser Postwurfsendungen berührt, die ihrer Attraktivität. Sie basiert auf dem Mangel vieler

Leute an persönlicher Post oder an Post überhaupt – gäbe es nicht die Werbung. Diesem Symptom der Einsamkeit widmen sich vorzugsweise die Gestalter der Werbebroschüren mit großer Einfühlsamkeit. Die namentliche Anrede auf dieser Massendrucksache verblüfft. Sie steht gleich mehrmals in dem Begleitbrief, dem anderen Material usw., auch der Hinweis »für Sie persönlich!« tut offenbar seine Wirkung und ebenso die schwungvolle Unterschrift in Blau, die gedruckt ist, als wäre es Tinte. Alles wird eingesetzt, um im Empfänger den Eindruck zu erwecken, er bekäme einen Brief, beziehungsweise eine persönliche Zuschrift. In diesem isolierten Niemand wittert man wohl zu Recht brachliegende Kauflust. In solchen Karteien ist der Prominente, der versehentlich hineingerutscht ist, ohnehin eine Niete, sei er nun am Leben oder nicht.

Die Treffer hingegen sind diejenigen Leute, die im eigenen Briefkasten nicht mehr so sehr die Post selbst suchen, sondern eher danach, ob sie überhaupt noch eine Adresse sind. Denn ganz im Gegenteil zu solchen Leuten, die auch noch über den Tod hinaus mit Zuschriften und Einladungen bedacht werden, ist es für die anderen so was wie eine Bestätigung des sozialen Todes, wenn sie zwar einen Briefkasten haben, in den aber nichts für sie eingeworfen wird.

Was für eine soziale Wüste herrscht, mitten in der miteinander verkabelten Kommunikationsgesellschaft, sieht man schon daran, daß selbst die belangloseste Werbebroschüre dem alten Mütterchen noch vorgaukeln kann, es gäbe da jemanden, der an sie denkt in der Außenwelt. Angesichts eines solchen Mütterchens wirkt der – zu Lebzeiten postmäßig reich gesegnete – Rudolf Hartung erst nach seinem Tode ähnlich arm wie dieses, das zwar lebt, aber sozial so gut wie tot ist.

Dieser ganze Trick mit der persönlich adressierten Werbung basiert auf einem Einverständnis zwischen Betrüger und Betrogenem, auf einer vollständig anonymen Ebene. Erst wer durch eine Bestellung Kunde wird, kann sicher sein, etwas wirklich Eigenes geschickt zu bekommen gegen Bezahlung. Und im Geschäftsverkehr, zwischen Bestellung und Reklamation, liegen dann für den kontaktfreudigen Kunden einige Möglichkeiten der Korrespondenz. Offenbar haben zu viele Kunden davon Gebrauch gemacht, denn seit einiger Zeit haben die Firmen das sogenannte »Dankeschön-Geschenk« erfunden. Es wird als Gratiszugabe zum Bestellten mitgeschickt und ist, wie gesagt, ein »Dank« an den Kunden, doch fragt man sich, wofür. Funktionieren jedenfalls soll es so, daß er bis zur nächsten Bestellung Ruhe gibt.

Sehr beliebt sind auch, zwar nicht beim Briefträger, aber beim Empfänger, die telefonbuchstarken Neckermann-, Quelle- usw. Kataloge. Sie werden kostenlos zugestellt, ich glaube zweimal jährlich, und enthalten all das, was ebenso ein Kaufhaus führt. Man ist sehr großzügig im Versenden, wer es wünscht, bekommt auch einen Katalog. In Amerika ist man da offenbar wesentlich strenger. Unlängst las ich in einem amerikanischen Katalog – er ist von einer großen Firma –, daß dieser begehrte, bebilderte Wälzer nur dann automatisch weiterhin zugeschickt wird, wenn innerhalb eines halben Jahres Waren im Mindestwert von 50 $ geordert wurden. Wenn nicht, erfolgt Katalogentzug!

Daß eine solche Drohung wirksam ist, zeigt schon die eigene Reaktion auf sie. Im Grunde wird ja mit mehr gedroht, manchmal, wenn man sich einmal ganz hineinvertieft in so einen Katalog, dann hat man das Gefühl, nur Szenenausschnitte zu sehen aus einem großen Zusammenhang. Die Kinder, die da anscheinend im Schnee stehen und die bestellbare Winterkleidung anhaben, werden gleich davontoben und mit dem Schlitten von der nächsten Seite oder den Skiern ihr Vergnügen haben usw. Man kennt die Wohnzimmereinrichtungen schon, die Gesichter der Vorführdamen, ihre Figur im Bikini und im Schlafanzug. Und das alles, was gezeigt wird, beschäftigt die Phantasie, wie würde das Bad aussehen mit diesem Duschvorhang, wie gut könnte man dies gebrauchen für die Küche und jenes für den Rücken, Bezahlung in Raten.

Gerade, daß z. B. für den datenmäßig erfaßten Kranken nicht nur Angebote für Stützstrümpfe, Bruchbänder oder Heilsalben ins Haus kommen, sondern auch traumhafte Offerten – vom Gewinn einer Südseereise bis hin zum kabellosen Telefon –, wirkt, als traue man ihm alles zu und lasse ihm die freie Wahl. Und auch der geizigste Rentner oder der ärmste Tropf wird im Laufe der Zeit irgend etwas bestellen, vielleicht ein Schraubenzieherset oder das Zierfischaquarium mit Beleuchtung, das man schon zum drittenmal im Katalog gesehen hat. Auch wenn der Schein sich kaum noch die Mühe macht zu trügen, ist er doch nichtsdestoweniger prächtig – egal, ob er nun von der Klassenlotterie kommt oder von Quelle.

Universitätsklinikum und Patient

»**Krankenhaus** (Hospital): Früher großer Massivbau mit langen Korridoren, jetzt Blocksystem mit leicht und luftig gebauten Pavillons...«
Meyers Handlexikon von 1893

Beim Bau des Berliner Universitätsklinikums hat man auf die groben Grundprinzipien von vorgestern zurückgegriffen. Lange Korridore und Blocksystem. Nach luftigen Pavillons allerdings sucht man vergebens, da gibt es nur eine modrig stinkende Reminiszenz in Form von Wasserlandschaften, die schwärzlich durch triste Betoninnenhöfe plätschern. Wenn man genau hinsieht, so sind diese Innenhöfe auch nichts weiter als die altbekannten Lichtschächte. Das Massive ist ein Turm, in dem die Patienten aufgestapelt sind. In den flachen Klötzen wird operiert, gekocht, gebadet und gebetet usw. Alles ist schon ein wenig alt und bröselt.

Innen wuchert ein medizinischer Hochleistungsbetrieb. Hier wird diagnostiziert, therapiert, verdatet, geforscht. Heerscharen angehender Mediziner und Assistenten lernen, direkt am Patienten, daß man keine Scheu haben muß, wenn es um die Bekämpfung der Krankheit geht. Hinter den Türen der OPs werden in grünen Kitteln und mit lässiger Routine täglich Leben gerettet, werden Beschädigungen zu Lappalien, die in anderen Gegenden der Welt unweigerlich den Tod des Betroffenen zur Folge haben. Auf den polierten Fluren eilen unentwegt Weißbekittelte dahin, überholen die dahinschlurfenden Kranken, die den ganzen Betrieb immer wieder aufzuhalten drohen. Aber das Personal gibt nicht auf, im Vollgefühl strotzender Gesundheit und Energie macht es sich über die Arbeit her. Wo die Fäden allerdings zusammenlaufen, wer die Fließbänder steuert, alles fabrikmäßig durchorganisiert, verwaltungstechnisch bis ins Detail erfaßt, das bleibt unsichtbar.

Die Verwaltung organisiert alles, bis hin zum Gemüseeinkauf für die Küche. Sie meldet sich sogar am Telefon und gibt widerstrebend einige Auskünfte. Im Gegensatz zum Krankenhaus Oskar-Helene-Heim bestellt man sein Gemüse nicht in einer der Ostberliner Produktionsgenossenschaften. Von dieser Art des Solidaritätsbeitrags hat man zwar schon gehört, aber, der Herr erläutert mir das Problem: »Na sehnse mal, wer solln das putzen und verlesen det Jemüse?« Irgendwann im März des Jahres habe man sich mal mit einer LPG aus Klein-Schulzendorf unterhalten, die sich aber dann nie wieder gemeldet hat. Immerhin war das Klinikum Steglitz einstmals SEW Hochburg, in der die Genossen nicht nur unter den Assistenten zu finden waren, sondern auch in Professorenschaft und Verwaltung.

Daß ein gewaltiger materieller Reichtum vorhanden ist, fällt sogar dem Außenstehenden auf. Er ist einfach so vorhanden, als würde er ganz selbstverständlich dazugehören. Beispielsweise die Betten: Sie sind chromblitzende Kunstwerke und so kompliziert zu betätigen, daß man den Mechanismus erst einmal ergründen muß. Mittels kleiner Hebelchen lassen sich Bettrost samt Patient in allerhand mögliche und so gut wie unmögliche Positionen bringen. Dann gibt es wahre Massen von Einwegmaterialien aller Art, Unmengen davon werden täglich gebraucht und weggeworfen. Vieles davon gibt es in anderen, ärmeren Ländern, nicht mal in wiederverwendbarer Form. Daß sich Geräte auch durch Sterilisierung reinhalten lassen, scheint in Vergessenheit geraten zu sein.

Aber selbst Gegenstände, die hier vollkommen alltäglich wirken und gar nicht auffallen, lösen bereits bei DDR-Pflegepersonal helle Bewunderung aus. Auf der chirurgischen Wachstation waren unlängst 20 Krankenschwestern aus dem Uni-Krankenhaus Buch in Ostberlin – das noch zu den privilegierten Kliniken drüben zählte – und ließen sich eine westliche Arbeitsstätte vorführen. Man ging mit ihnen herum, behandelte sie mit feiner Herablassung und beantwortete ihre Fragen bezüglich unbekannter technischer Geräte schnell und desinteressiert. Sie haben einen wehmütigen Gesichtsausdruck aufgesetzt, der sich dann plötzlich angesichts einer Bettpfanne mit Deckel, alles aus Edelstahl, in einer Anklage entlud: »Also nein, so was gibts bei uns nicht, nicht mal für die feine Küche, Edelstahl! Unsere Nachtgeschirre sind emailliert, und vielleicht, für die ganz schweren Fälle, da haben wir dann eine ohne abgeplatzten Rand.«

Daß es bei all dieser Materialschlacht eine merkwürdige Praxis des kleinlichsten Einsparens gibt, könnte verwundern. Daß es z. B. auf Kosten der menschlichen Arbeitskraft geht, tröstet die DDRler wenig, denn sie haben wesentlich mehr und länger zu arbeiten für wesentlich weniger Geld.

Das Personal, das hier betroffen ist, versieht zähneknirschend seinen Dienst. Wie überall im Sozial- und Pflegebereich werden so lange keine neuen Planstellen geschaffen, wie es sich nicht als unbedingt notwendig erwiesen hat. Und notwendig wird das so lange nicht, wie sich aus den vorhandenen Arbeitskräften die Leistung herauspressen läßt, die alle Lücken schließt. Man kann diese Mehrleistung dann durch Überstundenvergütung oder sonstige Regelungen billig abspeisen.

Hier im Klinikum hat man sich etwas ganz Besonderes ausgedacht, was sogar noch dazu geeignet ist, die Schwestern und Ärzte zufriedenzustellen, obgleich man aus ihnen herausholt, was geht. Aber das sparen die dann eben wieder am Patienten ein. Das Modell heißt »Teamarbeit« und besteht im Prinzip darin, dem einzelnen möglichst viel aufzubürden, wovon er aber, weil er im Team arbeitet, nicht so viel mitbekommt. Es agieren vier Pflegeteams pro Station in jeweils fest zugeteilten Patientenzimmern und Schichten. Man spielt raffiniert mit dem Bedürfnis nach Überschaubarkeit und Verantwortung, einem festen Platz in der Hierarchie. Das Personal fühlt sich besser, aber das Verhältnis elf Patienten pro Schwester bleibt, wie es ist, und läßt kaum Zeit für irgendein näheres Gespräch oder eine längere Mitteilung.

Das Zeitsparen ist besonders beliebt und letzten Endes rätselhaft, weil der wirkliche Vorteil, da, wo er sich in gespartes Geld umrechnen läßt, nur in der Masse zu Buche schlägt. Überall wird Zeit eingespart, oft durch Anwendung rüdester Methoden. So werden z. B. im OP die äußeren Schnittwunden nicht mehr wie früher mit der Hand vernäht, sondern maschinell geklammert.

Dem Bewußtlosen wird, wie einer Kiste nach Übersee, mit dem Tacker die Bauchdecke zugeknallt, und schon ist alles fertig. Nur, was macht das Operationsteam mit der herausgeschundenen Zeit? Es nimmt sich, insgesamt gesehen, ein paar Gallen mehr vor und hat trotzdem das Gefühl, weniger gemacht zu haben.

So funktioniert das mit der Erhöhung der Arbeitsgeschwindigkeit immer, es wird so getan, als würde dafür diese und jene umständliche Handhabung wegfallen. Was den OP betrifft, hat niemand außer dem Chefarzt etwas von erhöhten Stückzahlen, ausgenommen natürlich auch die Krankenhauskasse. Dennoch produzieren die normalen medizinischen Angestellten den Strudel, in den es sie reißt, immer auch selbst mit, sie verschleißen sich nach Kräften für den Antrieb der großen Maschine, von der sie andererseits auch wieder mitgerissen werden.

Wo derart viel Druck herrscht – verursacht durch knappe Zeit und Pannenangst –, nicht zuletzt auch innerhalb der komplizierten Hackordnung, kommt es zu merkwürdigen Übersprungshandlungen. So herrscht beispielsweise zwischen einfachen Ärzten und Schwestern, zwischen Schwestern derselben Station und natürlich zwischen den Teams zweier verschiedener Stationen eine vollkommen verschiedene Auffassung über die korrekte Befestigung eines Infusionskatheters am Patientenkörper. In der Praxis nimmt das jeweilige Beharren auf Vorbildlichkeit dann groteske Züge an: Auf der Wachstation wird der dem Patienten im OP auf dem rechten Handrücken angebrachte Infusionsanschluß gnadenlos abgerupft. Es hilft kein Protest, nicht der Hinweis, man habe sich gerade daran gewöhnt. Hier ist man der Meinung, daß alles vorschriftsmäßig auf dem rechten Oberarm zu sitzen hat, das Katheterröhrchen muß über dem Schlüsselbein spiralförmig gelegt und mit einem großen Pflaster überklebt werden, damit die Flüssigkeiten ungehemmt durch den Hals in die Aorta fließen können. Armbewegungen und dergleichen seien ja für den Patienten nun auch wieder leichter. Bereits dem Spätdienst sitzen die Anschlüsse zu weit oben unter dem Ärmel, er ist aber zu pressiert, um einzugreifen. Aber beim Wechsel, hinüber in die normale chirurgische Station, wird dem Patienten noch auf dem Flur, mit strengem Blick und geübter Hand, das

Arrangement vom Oberarm gerissen. »Vorsicht, es ziept nun ein bißchen«, sagt die Oberschwester und plaziert den »vollkommen falsch« sitzenden Anschluß oben aufs Brustbein, und zwar zartfühlend so, daß der Plastikstutzen beim Sitzen genau auf die frische Wunde drückt. Falsch scheint in diesem bedauerlichen Fall die Wunde plaziert. Und das ist nur eins von vielen Beispielen, die symptomatisch auf das eigentliche Problem zeigen, nämlich das des Patientenkörpers, der immer mangelhaft zugänglich ist, den die Segnungen der Moderne noch nicht aus seiner altmodischen Beschaffenheit befreit haben. Dieser Körper stört im Getriebe.

Ergänzen sich Ärzte und Schwestern, trotz mancher Reibereien, letzten Endes glänzend, so mag der Patient sich irgendwie nicht recht ins hierarchische Gefüge einpassen. Er bricht nach allen Seiten hin aus, nicht aus Widerstandsgeist, sondern aus Unwissenheit. Er bevölkert massenhaft Flure und Krankenzimmer, sitzt in Behandlungsräumen, steht überall im Weg herum, verirrt sich, muß sich im Aufzug übergeben, raucht auf den Toiletten und versteht nichts von seiner Krankheit. Entweder stemmt er sich renitent gegen sein Schicksal und die Institution, in die es ihn verschlagen hat, oder er resigniert und läßt apathisch alles mit sich geschehen. Aber auf beide Haltungen ist kein Verlaß, sie könnte jederzeit umspringen. So verkörpert er Anarchie und Chaos und gefährdet zudem, als wandelnder Krankheitsherd, unentwegt das wohlgeordnete Gefüge aus Heilung und Hygiene.

Schon allein der Anblick all der Kranken, die unablässig über die endlosen Gänge wandern, ist bemerkenswert. Hier geht man nicht in seidenen Morgenmänteln mit diskreten persischen Mustern, hier wandelt die arbeitende Bevölkerung in Plaste, pastellfarben und großgeblümt. Entsprechend sind auch die Krankheiten meist handfest. Herzschrittmacher oder Bypassoperationen gehören nicht gerade zu den häufigsten Eingriffen. Statt dessen sieht man Amputierte beiderlei Geschlechts, Kranke mit Kopfverbänden, Augenklappen, Nasensonden, operierten Gliedern, Kehlköpfen, Lungen, Bäuchen. Man sieht Bucklige, und Krüppel mit allen denkbaren Gebrechen, Schmerzgeplagte tragen ihren Dosimeter mit eingespannter Spritze bei sich – einen Injektionsautomaten zur Schmerzstillung –, Frischoperierte ziehen ihren fahrbaren Infusionsständer neben sich her, daß die oben hängenden Flaschen aneinanderstoßen. Sie alle streben zur Kantine, in der geraucht werden darf, wo es Bier gibt und was zu essen. Andere gehen zum Zeitungskiosk, in die Röntgenabteilung, in die Kapelle oder in den Garten. Ab 14 Uhr wandeln die Besucher mit, in Straßenkleidung, beladen mit Blumensträußen, BZ, Regenbogenpresse, Obst und frischer Wäsche.

Einige der gebräuchlichsten Konventionen verlieren hier ihre Gültigkeit. Innerhalb der Stationen sieht man sich, lernt sich kennen, plaudert Tag für Tag miteinander. Fremde Menschen, Männer wie Frauen, sitzen in Schlafanzug oder Nachthemd nebeneinander, erzählen sich ihre Krankengeschichte oder noch intimere Dinge. Vorstellen allerdings tut man sich gegenseitig nicht. Es ist reiner Zufall, wenn man von der Schwester erfährt, daß dies Herr X, Frau Y ist. Wozu andererseits sollte man das wissen? Man begegnet sich sozusagen rein exemplarisch, als Vertreter seiner Krankheit, über die dann auch jeder von jedem Bescheid weiß. Aber kaum kommt Besuch, dann ist es, als sei eine Wand heruntergeglitten zwischen den eben noch freundlich Plaudernden. Jeder taucht wieder ganz ein ins private, alltägliche Familienleben.

Dann aber, am Abend, liegt man nebeneinander, jeder auf seinem Bett. Und es ist durchaus möglich, daß eine Atmosphäre aufkommt, die sonst nur zwischen einander vertrauten Menschen herrscht. Ich z. B. lag eines Abends mit einer älteren Lehrerin aus Rumänien im Zimmer. Meine Tablette hatte ich schon eingenommen. Sie enthielt Morphin, und gewöhnlich wurde ich davon müde, diesmal aber überkam mich eine euphorische Stimmung, die sich irgendwie auch auf meine Bettnachbarin zu übertragen schien. Sie erzählte mir ganz ungerührt von ihrem Krebs, zeigte mir ihren künstlichen Darmausgang, wir lachten sehr darüber, und dann erzählte sie mir viele kleine Geschichten aus Rumänien, Geschichten über Lebenskunst und Lebenskünstler, die irrsinnig komisch und amüsant waren. Am nächsten Morgen herrschte zwischen uns Distanz und höfliche Verschlossenheit. Es war nicht mehr daran zu denken, daß ich irgend einen intimeren Körperteil zu sehen bekäme. Einige Tage später wurde sie entlassen.

Die normalen Beziehungen bestehen aus gegenseitigen Berichten übers Befinden, die mit Seufzern, »Aaahs« und »Ohhs« gespickt sind, mit »ach Gottchen« und »ach ja, so isses«. Da ist z. B. der Beinamputierte. Ein Mittfünfziger mit fliehendem Kinn, fliehender Stirn und Wasserfrisur. Jeden Morgen fährt er in seinem Rollstuhl, mit feuchtem Haar und hinten hochgeschlitztem Krankenhaushemd, schnell den Flur hinauf zum Balkon. Der rechte Beinstumpf ragt steil in die Höhe, hochgerissen vom Oberschenkelmuskel, der nun nichts mehr zu halten hat, fällt dann in Ruhestellung aber wieder neben den anderen Schenkel zurück. Kaum an der Balkontür angekommen, zündet er sich schon mit zitternden Fingern eine Zigarette an, und zwischen den langen Zügen kann man die detaillierte Geschichte seines Raucherbeins erfahren. Daß auch das andere Bein in Gefahr sei, die Gattin bereits beim Kofferpacken, weil er nun so zurückkommt, wo doch noch eine Menge Jahre bis zur Rente vor ihm liegen usw. »Na, da machste was mit, in det beschissne Leben!« sagt er und zündet sich an der heruntergerauchten Kippe die nächste an.

Eine Frau Anfang vierzig erzählt, daß sie den Geruchssinn verloren habe und deshalb in »echt peinliche Situationen« komme: »...beispielsweise neulich, also, bei mir, da können Sie mit Maiglöckchen, mit nem faulen Ei... nutzt alles nichts... ich fahre also im Aufzug auf meiner Arbeit, morgens um sechse, und alle sind so still auf einmal, ist so ne komische Stimmung. Die andern ziehn Gesichter und schaun irgendwie hin zu dem Mann, aber mir sagt keiner was. Wir steigen aus im vierten, und ich frage, was denn war, da sagen sie: ›Na sage mal, was issn mit dir los. Das macht dir wohl gar nichts? Vielleicht gefällt dir das noch? Wir dachten alle, wir spinnen, so wie der Türke gestunken hat nach Knoblauch.‹ Und ich sage: ›Also ne, das tut mir echt leid, ich rieche nichts, das is nicht böse gemeint, die is kaputt die Nase‹. Na, ich sage Ihnen, in so einem Moment, da isses einem echt peinlich, daß man nichts riecht.«

Im Brustton reiner Güte und Herzlichkeit erzählt ein 63jährige Hausfrau einiges aus ihrem Leben. Sie läßt das *Goldene Blatt* sinken und legt es auf den Stapel *Frau mit Herz*, das eigene Schicksal ist letztlich immer ergreifender als das der Millionärswitwen. Nächste Woche wird sie an der Galle operiert, und sie besteht darauf, daß es bei ihr ganz anders sein wird als bei der üppigen dunklen Flüchtlingsfrau aus dem Libanon im Nebenbett, die zwar auch an der Galle operiert wurde, aber eben ein ganz anderes Gewebe hat usw. Und wenn man aus dem Libanon kommt, dann hat man sich schon an manches gewöhnt. Gut, so hat jeder seine Geschichte.

Die Hausfrau z. B. war als Halbwüchsige während ihres Pflichtjahres Dienstmädchen bei der Großbourgeoisie, das hat sie geprägt. Nebenan wohnten sogar die Ardennes, daran erinnert sie sich gut, wie eindrucksvoll der junge Manfred in Uniform aussah, wie fesch. »Das ist ja die Familie, aus der die Effi Briest gekommen ist, also das war die Großmutter vom jungen Herrn, und bei Fontane hieß sie dann Effi Briest. Ich hab das damals gelesen, das ganze Stück, aber worum es geht, weiß ich heute nicht mehr, nur den Namen habe ich mir gemerkt«, erzählt die Frau.

Später verlor sie fast einen Fuß, durch einen betrunkenen Autofahrer, und den zweiten beinahe bei einem selbstverschuldeten Autounfall. Beide Male konnten die Füße aber wieder angenäht werden. Der zweite Unfall hat zusätzlich noch ein Verschüttungstrauma plötzlich ausgelöst und damit eine zwanzig Jahre andauernde Empfängnislosigkeit. Mit 43 entband sie einen Knaben, der heute bereits eine Banklehre macht und gern rote Krawatten trägt. Jedes Wochenende kommt er nach Hause.

Um die Libanesin, die auch Kinder hat, zu trösten, fragt sie nach dem Befinden und äußert sich dann zum Fremdenhaß: »Mir ist jeder recht, egal welche Farbe. Wir sind ja alles nur Menschen, stimmts nicht? Das war ja genau dasselbe mit den Juden damals. Ich habs ja mitgekriegt. Die Eltern hatten einen kleinen Baufachhandel in Weimar, und wir haben immer hingeliefert da, dahin, zum KZ. Da sind sie raufgefahren und haben geliefert. Die Häftlinge haben abgeladen, und die von der SS haben die Papiere unterzeichnet. Na, mir kann keiner erzählen, er wußte nicht, was vorging da drin in den Lägern von der SS. Meine Eltern haben auch so einen Haß gehabt auf die SS, aber aus geschäftlichen Gründen haben Vater und Mutter nichts gesagt. Da war ich damals schon ganz entsetzt, daß es so was überhaupt gab, wie sie die da behandelt haben. Das kann mir keiner sagen, daß er nichts gewußt hat, alle haben sies gewußt. Was die da mit den Juden angestellt haben, das ist ein Verbrechen, aber es war Krieg.

Ich hab damals schon gesagt, die hätten die Juden in die alten Häuser bringen müssen, die damals fünf Stock hoch waren und höher, alle Juden in die obersten Stockwerke, weil kein Engländer, kein Amerikaner hätte auf Berlin oder Leipzig oder so seine Bomben abgeworfen. Und wir hätten heute beides noch, alte Städte und Juden.«

Die Libanesin ist eingeschlafen, sie versteht zum Glück kein Deutsch. Draußen dämmert es bereits. Die Tauben auf den Gesimsen vor den Patientenzimmern haben ihre Abendration weggeworfener Tabletten bereits verzehrt und fliegen hinüber auf den Küchentrakt zum Schlafen. Nun kommen auch, wie allabendlich, große Krähenschwärme aus dem Süden der Stadt und versammeln sich auf den Dächern des Klinikums, gehen bei den Abluftschächten über dem OP hin und her, schnäbeln und kühlen sich ab. Nach einer Weile erheben sie sich krächzend, wie auf ein geheimes Zeichen hin, drehen im warmen Aufwind ein paar Runden und fliegen dann gemeinsam zu ihren Schlafbäumen am Ufer des Teltowkanals.

Blaues Wunder im grauen Alltag

Wer heute arglos Kataloge für Hundezubehör bestellt, kann viel lernen. Reich bebilderte Broschüren stellen Produkte und Strategien zur Unterwerfung der Hundenatur vor. Neben Zwingern, Stachelhalsbändern, »Hetzgarnituren«, »Kläff-Ex« und »Kot-Boys für kleine und große Haufen« werden auch moderne »Dressur-Hilfen« angeboten. Eine davon ist das »Teletakt-Prinzip«. Es besteht aus einem Empfänger, der am Hals des Hundes angebracht wird, und einem Sender, den der Herr in Händen hält und bedient. Der Hundeführer ist damit in der Lage, seinen vierbeinigen Freund fernzusteuern. Er hat dabei die Wahl zwischen zwei Mitteln. Der »Teletakt-Trillerpfiff« dient zur Ermahnung, der »Teletakt-Strafimpuls« der Belehrung. Und das ist notwendig, denn: »Fast jeder Hundeführer kennt aus eigener schmerzlicher Erfahrung die physikalische Gesetzmäßigkeit, daß die Lautstärke eines akustischen Kommandos mit zunehmender Entfernung rasch abnimmt. Der Zwangscharakter eines Befehls leidet dadurch erheblich. Der Hund verknüpft das leiser werdende Kommando sofort auch mit dem geringer werdenden Einfluß seines Herrn, denn, je weiter sich Ihr Hund entfernt, desto kleiner werden Sie. Je kleiner Sie werden, desto leiser sind Ihre Befehle zu hören. Je leiser aber Ihre Befehle zu hören sind, desto geringer ist Ihr Einfluß. Je geringer Ihr Einfluß ist, um so mehr Eigenmächtigkeiten erlaubt sich Ihr Hund.«

Durch das »Teletakt-Prinzip«, so verspricht der Katalog, bricht nun eine »neue Wirklichkeit für den Hund« an. Er merkt, daß er sich Ihnen nicht mehr entziehen kann, daß Sie allgegenwärtig sind (…). Obwohl Sie weit weg sind, sitzen Sie ihm doch im Nacken. Und weil Sie ihm im Nacken sitzen, kann er sich keine Eigenmächtigkeiten mehr herausnehmen.« Der Hund erhält so ein »zweites unsichtbares Ich«. Diese »beeindruckende Respektgewinnung« des »zweiten Ichs«, hervorgerufen durch »Trillerpfiff und Strafimpuls«, ist speziell für jene Hunde unerläßlich, die aus ihrer »Grunddressur im Nahbereich« keine Lehren gezogen haben. Die trotz gewissenhafter Strenge des Hundeführers alle Eindrücke äußerlicher Gewalt nicht verinnerlicht haben und unbeirrt weiter ihren hündischen Neigungen frönen. Ihnen ist nur noch durch eine »künstliche Instanz« zu helfen: »Seit es den funkgesteuerten Teletakt-Strafimpuls gibt, ist die Gleichzeitigkeit von Verstoß und Strafe auch über große Entfernungen hinweg kein Problem mehr (…). Viel wichtiger als der augenblickliche Gehorsamserfolg ist der Lernprozeß, den diese Strafanwendung einleitet.« Mit Schäden ist das nicht verbunden. Das Gerät, so der Hersteller, ist dem Tierschutzgedanken verpflichtet.

Der Strafimpuls lasse sich zwar »in seiner Stärke regeln – fünf Stufen stehen zur Verfügung –, nicht aber in seiner Dauer. Die ist immer auf weniger als $\frac{1}{1000}$ tel Sekunde beschränkt«.

In diesem Prinzip steckt eine Glanzleistung unserer Zivilisation. Trillerpfiff und Strafimpuls sind der künstliche Gewissensbiß im High-Tech-Format. Die mindere Reichweite des eigenen Arms ist aber nicht nur das Problem der Herrchen, sondern das der Herrschaft generell. Der Staat verfügt zwar über den langen Arm des Gesetzes, der ist aber bekanntlich immer noch zu kurz, um jeden Übeltäter zu erfassen, an Eigenmächtigkeit zu hindern und der Strafe zuzuführen. Es stellt sich also auch hier die Frage, mit welchen technischen Hilfsmitteln sich die Reichweite des Staates vergrößern läßt.

Was die Handhabung von Menschenmassen betrifft, steht bereits ein brauchbares Arsenal an Waffen zur Verfügung. Mit dessen Hilfe läßt sich der geplante Gesetzesbruch meist präventiv verhüten.

Diese »polizeilichen Hilfsmittel körperlicher Gewalt«, wie »Fernprellkörper«, »Wirkwurfgeschosse«, »Reizstoffwirkkörper« und »Wasserwerfer mit großer Reichweite«, sind geeignet, eine Masse von »Entwurzelten mit anhaltender Perspektivlosigkeit« und »Haßmasken« zu zerstreuen. Sie taugen aber wenig im Einsatz gegen den einzelnen ungehorsamen Bürger.

Wie dieser aus der Ferne bestraft und überwacht werden kann, las ich einige Zeit später in *Konkret*. In Amerika ist unsere Hundeabrichtetechnik bereits im Einsatz für den Humangebrauch. »Elektronische Überwachung ist das neue Schlagwort im US-amerikanischen Strafvollzug. Kriminelle und auf Bewährung Freigelassene sollen zu Hausarrest verurteilt und mit Hilfe elektronischer Sender von der Polizei überwacht werden. Derartige Electronic-Motoring-Programme laufen in den USA schon seit 1983, entwickelt wurden sie schon seit über zwei Jahrzehnten.«

Das System wird in 30 Bundesstaaten angewandt, es funktioniert so, daß der Delinquent den Sender während der gesamten Zeit seines Arrestes am Fußgelenk zu tragen hat. Jede halbe Minute geht von diesem Sender ein Impuls aus, der im Polizeicomputer registriert wird. Der Versuch, das Haus zu verlassen oder den Apparat abzunehmen, löst sofort Alarm und polizeiliches Herbeieilen aus. Das System ist denkbar praktisch. Es erspart nicht nur eine kostenaufwendige Verwahrung im Strafvollzug, sondern wird in der Regel vom Verurteilten auf eigene Kosten geleast. Daß er für einige Zeit lediglich ans Haus gefesselt ist, muß ihm wie eine vergleichsweise milde Bestrafung vorkommen. Niemand kommandiert ihn herum, schaltet um 22 Uhr sein Licht aus oder legt ihn zu fremden Menschen in die Zelle.

Weshalb funktioniert diese Strafmethode? Ich denke, daß durch diese Methode weniger die Freiheit als vielmehr die Illusion der Freiheit geraubt wird. Sie bestünde im eigenen Heim gerade darin, es jederzeit verlassen zu können und nach Belieben zurückzukehren. Das dialektische Verhältnis zwischen Innen und Außen, Öffentlich und Privat ist also zerstört. Im eigenen Heim ist man nicht mehr bei sich zu Hause, gestraft wird durch eine ununterbrochene Heimsuchung durch das Auge des Gesetzes. Damit wird unweigerlich ein tiefer Argwohn gegen die eigene vertraute Umgebung ausgelöst. Drastischer als im Gefängnis wird vor Augen geführt, daß es für den Gesetzesbrecher keinen Schlupfwinkel gibt. Darin besteht der Dressurerfolg.

Andererseits ist diese Methode eines modernen Straf- und Überwachungssystems ironischerweise ein Privileg, das nur für bestimmte Bürger in Frage kommt. Der Delinquent muß einen festen Wohnsitz haben, geregelte Einkünfte aus einer rechtschaffenen Tätigkeit, ein Telefon, über das die Funksignale seines Senders weitergeleitet werden, und insgesamt den Eindruck vermitteln, daß seine materiellen Verhältnisse den Wert eines Unterpfandes haben. Dafür erhält er die Möglichkeit, Tat und Strafe vor seinen Nachbarn verborgen zu halten. Diese Diskretion erwirbt er aber nur im Tausch gegen die Indiskretion der Ordnungsmacht, der er sich zu unterwerfen hat. Unter diesen Bedingungen kann er sein Vergehen in der Anonymität des Privatlebens absitzen.

Auf den ersten Blick wirkt diese Bestrafung human und auch zivilisierter als das althergebrachte öffentliche Zurschaustellen der Missetäter. Auf den zweiten Blick vermißt man das abschreckende Beispiel, mit dem Strafe immer begründet wurde, und auf den dritten dann wird man den Verdacht nicht mehr los, daß dieses System an sich Abschreckungswirkung entfalten soll, und zwar für alle Bürger, ungeachtet ihrer kriminellen Neigungen.

Derartige technische Möglichkeiten legen eine politische Kontrolltechnologie geradezu nahe, denn nicht nur der kriminelle Straftäter stört die öffentliche Ordnung, auch die Unberechenbarkeit des ganz normalen Bürgers gibt Politikern und Meinungsforschungsinstituten immer wieder Rätsel auf.

Am zufriedensten sind die Herrschenden immer dann, wenn alle Untertanen das gleiche tun, und zwar bei sich zu Hause. Indem sich die Massen vor dem Fernsehgerät zerstreuen, sind sie bereits als möglicher Mob »zerstreut«, sie starren auf den Bildschirm und sind über die Einschaltquoten berechenbar. Man sollte meinen, das genügt. Aber auch diese zufällige Ordnung ist ja suspekt, weil heute jeder tun kann, was er will. Solange es der freien Willensentscheidung jedes Bürgers anheimgestellt ist, ob er die Gesetze respektieren oder sie brechen möchte, kann es für den Staat keine ruhige Minute geben. Viel mehr als der Bürger am Staat zweifelt der Staat an seinem Bürger, denn natürlich kann er nicht glauben, daß jene ihren Bürgerpflichten besser nachkom-

men als er den seinen. Vergeltung scheint in der Luft zu schwe-
ben, hinter der Loyalität braver Bürger braut sich womöglich
Unbotmäßigkeit zusammen und umstürzlerische Wut, dem muß
vorbeugend der Boden entzogen werden.

Mit Hilfe neuer Techniken und nachgerüsteter Gesetze ließe
sich, in nicht allzu langer Zeit, eine ganze Bevölkerung in Sicher-
heitsverwahrung nehmen. Prophylaktisch sozusagen. Es ist
nicht mehr die Strafe, die dem Täter auf dem Fuße folgt, sondern
eine Kontrolltechnik, die Straftaten von vornherein verunmög-
licht. Der Bürger wird unentwegt gemustert, erfaßt und kontrol-
liert werden müssen. Automatisch. Volkszählung, maschinen-
lesbarer Personalausweis, genetische Untersuchung des Frucht-
wassers usf. sind die bereits praktizierten Erfassungstechniken,
die auf Transparenz und Verdatung aus sind, auf Selektion und
Kostenersparnis. Der Staat braucht eine Bevölkerung, die sich
mit ein paar einfachen Handgriffen in Ordnung halten läßt, mit
der man gut schalten und walten kann.

Neue Techniken, die Gefahren in sich bergen, weil sie für jede
Art der Anwendung zu gebrauchen sind, kommen meist mit
dem Image purer Menschlichkeit in den Gebrauch. So einige
Überwachungs- und Notrufsysteme, die ihre segensreiche Wirkung auf Intensivstationen, im »Funkfinger« für alleinstehende
Kranke, in Notruftasten am Telefon und sonstigem Zubehör
entfalten. Der Hilflose darf Signal geben, daß es ihm nun
schlechter geht, daß er Hilfe braucht. Jeder Sender ist potentiell
aber zugleich auch ein Empfänger. Es ist leicht vorstellbar, daß
man nicht nur Kriminelle, Geisteskranke, Rauschgiftsüchtige,
AIDS-Kranke usf. unter kontrollierten Hausarrest steckt, sondern auch die durch allerhand Einflüsse gefährdete Gesamtbe-
völkerung.

Ob dann jeweils »therapeutische« oder »Straf-Impulse« gesen-
det werden, liegt ganz im Ermessen derjenigen, die Verantwortung für alles tragen. Das letzte Wort wollen wir dem Katalog
überlassen: »Der Hund wird hierbei durch nichts in seiner gewohnten Bewegungsfreiheit eingeschränkt und fühlt sich vollkommen wohl und frei.«

Zusammenlegung jetzt!
Herr R. ist dafür

»Nimm das und das! Kannst Du nicht sterben? So-ha, Du zuckst
noch; noch nicht? Noch nicht? Immer noch (schlägt noch mal
zu). – Bist Du tot? Tot! Tot!« (G. Büchner, Woyzeck – hier gesprochen von der Domina Marie).

»Bei allem Respekt, verehrte Meisterin« – ruft der nackte, zarte
Herr atemlos aus und erhebt sich stöhnend vom Teppich – »diesmal haben Sie mir fast den Rücken zerfetzt. Mit Recht! Es wollte
mir einfach nicht einfallen, jetzt weiß ich es wieder, hören Sie:
›Wie der Mond aufgeht! Wie ein blutiger Stern.‹« Der Herr geht
unmittelbar nach dem letzten Wort zu Boden, getroffen von
einem harten Schlag gegen den Brustkorb. »Ohh, warum, Meisterin?« wimmert er. »Wiederhole, aber dieses Mal richtig!« rät
diese. Der Herr richtet sich kniend auf und rezitiert mit zittern-
der Stimme:

»Wie der Mond aufgeht! Wie ein blutiges Eisen.« Dann nimmt er
sich das Halsband ab, setzt seine randlose Brille auf und steckt
sich eine Gauloises an. »Wie konnte ich das nur verwechseln?
Kommen Sie, Marie, betrinken wir uns ein wenig«, sagt er fast
heiter und läßt sich aufs Bett sinken, trinkt einen großen Schluck
Whiskey aus der Flasche. Plötzlich schlägt er sich mit der rechten
Faust fest ein paarmal aufs Brustbein, lauscht und sagt sinnend:
»Alles tot!«

»Wissen Sie, Kindchen, jeder Mensch ist ein Abgrund! Aber am
meisten leide ich darunter, daß man mich nicht versteht. Gut, ich
kenne das Geschäft, da macht mir keiner so schnell was vor, und

wenn es sein muß, erkläre ich jedem, was Nocken- und Kardan-
wellen sind, aber im Grunde ist mir das alles herzlich gleichgül-
tig, läßt mich kalt. Das Schlimme ist, nur so kann man die
Dinge vorantreiben. Und wo bleibe ich? Wenn ichs mir recht
überlege, bin ich nicht mal Naturwissenschaftler. Von Hause
aus liegt mir viel eher die Kunst, die Literatur... Musik. Nur
die Kultur macht uns menschlich! Aber bitte, Kindchen, legen
Sie doch noch mal die Lucia di Lammermoor auf für mich,
ruhig von vorn, die Höhepunkte kommen ganz von selbst. Gele-
gentlich ein bißchen Todesangst, Blutrausch, Wahnsinn, Dreck
und Barbarei, das macht lebendig, ich brauche das einfach. Ich
bin sechzig, und sehen Sie mich an, Kindchen, hier diese Schenkel, der Bauch, sehen die aus, als würden sie in ein paar Jahren
in den Ruhestand treten? Ich bin fit. *Ich* werde nicht abkratzen
beim Trockenrudern in irgendeinem Keller. Herz und Kreis-
lauf, alles gesund, selbst der Magen toi, toi, toi! Unberufen.
Trotzdem, ich hätte Schriftsteller werden sollen, Dramatiker,
neulich z. B., und daran sehen Sie, Kindchen, daß auch das
Management bei uns ein Herz hat für die Kultur, da haben wir
für eine Hamlet-Aufführung in Frankfurt einen großen Kühl-
schrank zur Verfügung gestellt, ganz unbürokratisch wurde das
erledigt. Da steht er nun auf der Bühne, eine Kühlmaschine, für
die Hamletmaschine hi... hi... hi, so was, na, wir haben dem
armen Jungen aus der DDR damit geholfen. Ich hab mir ganz
fest vorgenommen, daß ich rüberfahre und mir das ansehe. Zu
was so ein Mischkonzern doch alles gut sein kann... ich könnte
ja im Prinzip mit allem aushelfen, was brauchen Sie? Jäger 90,
Nierensteinzertrümmerer oder vielleicht nur eine Zahnbürste?
– Aber welche Bühne braucht das schon, und Sie, Kindchen,
haben, was Sie brauchen, wie?
Man beschimpft uns ganz zu Unrecht, und trotzdem benutzt
man unsere Produkte, verstehen Sie diesen Widerspruch? Nehmen Sie zum Beispiel mal ganz was Alltägliches, den Daimler
der S-Klasse. Da zeigt es sich doch ganz deutlich, daß es zwischen Militärdiktatoren, Zahnärzten, Zuhältern, Päpsten, Flei-
schermeistern und grünen Abgeordneten usw. mehr Gemein-
samkeiten gibt, als man auf Anhieb vermuten möchte. Aber es
ist doch überall so, niemand verzichtet freiwillig auf ein Privi-

leg, auf ein bißchen Komfort und gesellschaftliche Anerkennung.

Sie wissen das ja am besten, Kindchen, keinem fällt was in den Schoß, nur wer eisern am Ball bleibt, gewinnt. Ich habe immer so gedacht, jetzt bin ich ganz oben, dotiert mit mehr als zwei Millionen im Jahr, da wird man gelassen. Wir haben Bewegungsfreiheit, wirtschaftlich und politisch. Sie glauben gar nicht, was das ausmacht, Kindchen, unsere Väter hatten es da wirklich schwerer, wir machen das anders, viele Politiker sind sozusagen *unsere* Angestellten.

Wir sind überall, zu Wasser, zu Lande, in der Luft und noch höher, im Weltraum! Und selbst tief drinnen in der Biologie; in Zellen und Zellkernen. Wir müssen den Vergleich mit Amerikanern und Japanern nicht scheuen, das können Sie mir glauben, Kindchen, und im Rücken habe ich einen zuverlässigen Freund, den Herrhausen. Wir und die gehen ja schon seit mehr als fünfzig Jahren zusammen, in solchen Fragen bin ich ausgesprochen für die Tradition... ahh... schön diese Stelle...«, seufzt der Herr und singt mit: »...il pallor funeste, orrendo che ricobre il volto mio ti rimprovera tacento il mio strazio, il mio dolore. Perdonare ti possa Iddio l'inumano tuo rigor« (Lucia: Jene kalten Todesschauer, die mit Blässe mich umweben...).

»Eigentlich sollte man Verhandlungen nur in Italienisch führen, in einer wirklich kultivierten Sprache. Sie glauben gar nicht, meine Liebe, wie ungehobelt viele Führungskräfte sind, stur, ohne jedes Interesse an geistigen Dingen. Davon kommt es dann auch, daß ihnen jede verantwortungsvolle Weitsicht fehlt, sie können nicht über den Rand ihrer Geschäftswelt hinaussehen. Ein moderner Manager muß sein Handwerk verstehen und darüber Kenntnisse in Philosophie usw. haben, er muß sich qualifizieren und öffentlich zu ethischen Maßstäben bekennen können, denn es ist wichtig, daß wir glaubwürdig sind. Ich habe nun zum Beispiel sehr damit zu tun, meinen Leuten klarzumachen, daß wir die wehrtechnische Produktion abkoppeln müssen, ideologisch vom Feindbild der Gefahr aus dem Osten, das ist doch heutzutage überholt, *unser Feind* ist die schlechte Auftragslage, so einfach ist das, und den müssen wir bekämpfen! Wir haben ein großes Werk übernommen von unseren Vätern, wir verwalten es nur, im Namen des Volkes. Sie können mir glauben, Kindchen, das mache ich mir nicht leicht. Man ist einsam und muß einsame Entscheidungen treffen, für die man unter Umständen den Kopf hinhalten muß im Fall eines Irrtums. Wenn das Land nicht in kleinkarierter Mißwirtschaft verkommen will zur Provinz, dann muß es sich am Weltmaßstab orientieren, dann muß Ballast abgeworfen werden, von allen, auch vom Gesetzgeber. Man muß sich trennen können von altem Gerümpel, das ist keine Unterhöhlung der Demokratie, sondern Modernisierung!

Nehmen Sie nur mal das Fusionsverbot, ich habe nichts gegen Liberalismus und Wettbewerb, aber alles zu seiner Zeit. Jetzt an der Schwelle zum 21. Jahrhundert, da brauchen wir große, starke, interaktionsfähige Gruppen. Nur sie können handeln. Wir brauchen diese Zusammenlegung mit MBB, und wir brauchen sie jetzt. Aber ein fortschrittsblindes Kartellamt legt sich quer... na gut, sie können nicht anders, aber in der Öffentlichkeit entsteht ein vollkommen verqueres Bild, das ist doch hirnverbrannt! Muß denn der Staat, der Wirtschaftsminister, müssen die Minister der Länder nach außen hin Gesichtsverlust vortäuschen, wo doch den gesetzlichen Bestimmungen gerade durch eine Fusion erst wirklich entsprochen würde, denn sie bietet sowohl gesamtwirtschaftliche Vorteile als auch Nutzen für die Allgemeinheit.

Das ganze Gerede ist ein politisches Schmierentheater, das nur aufgeführt wird, um Kapital herauszuschlagen... nein, ich ärgere mich nicht, Ärger ist ungesund und unwirtschaftlich... trotzdem, es ist doch eine Tatsache, daß wir längst die Zusage in der Hand haben aus Bonn, die Entscheidung aus Berlin wird per Ministererlaubnis aufgehoben, und alles ist nach ein paar Wochen vergessen, aber sie kommen nicht voran... das alles sollte schon im vorigen Herbst über die Bühne sein, neulich habe ich zu einem Politiker, einem Parteigenossen gesagt, sogar schon Karl Marx habe bündig analysiert, daß kapitalistische Wirtschaftssysteme gesetzmäßig zur Konzentration tendieren müssen.

Ach Kindchen, drehn Sie doch bitte die Platte um. Ja, der hat mich verstanden, die Politiker insgesamt begreifen das aber immer noch nicht, leben mit ihren wirtschaftspolitischen Vorstellungen im 19. Jahrhundert, auch meine Genossen. Heute ist es nun mal so, daß der militärisch-industrielle Komplex die umsatzrelevantesten Produktionszweige hat, hier prosperiert alles, wird unentwegt geforscht und weiterentwickelt. Es wäre ja absolut hirnverbrannt, wenn in unserem Staat kein Platz wäre für das Wachstum eines zukunftsträchtigen Technologiekonzerns. Und wie die Politiker das dann für die Öffentlichkeit aufbereiten, das ist nun wirklich ihre Sache, dazu sind sie ja da und werden bezahlt!

Man kann ja nicht auf uns verzichten, gottseidank, nur muß jetzt ein bißchen Dampf in die Sache kommen. Sofortige Zusammenlegung ist doch wirklich überfällig, es ist lange genug getrödelt worden. Große Aufgaben, wie die einer konsequenten Wirtschaftsstrategie, verlangen manchmal Größe vom Staat, von den Entscheidungsgremien, da muß man bereit sein, Positionen aufzugeben, und unter uns gesagt, man darf da weder vor Erpreßbarkeit noch Landesverrat zurückschaudern, wenn es um die Zukunft unserer vitalsten Interessen geht... Ach, Kindchen, es wird Zeit. Genug geplaudert, die Arbeit ruft. Und bevor ich vergesse, hier habe ich schon für nächste Woche den Text mitgebracht. Nur das rot Angestrichene bitte, wie immer. Ich bin sicher, Kleist wird Ihnen sehr gefallen.«

Crash-Optik.
Körperkultur Stonewashed

»Mode aus dem Land der Freizeit. Kanten und Nähte leicht verwaschen (Stone-washed)«, heißt es in einem Versandhauskatalog von 1980. Das männliche Modell ist schlank, lächelt verbindlich, trägt halblanges, weich fallendes Haar und hat den linken Daumen lässig in die Tasche seiner hautengen Jeans gehängt.

Im Katalog aus demselben Hause, vom Sommer 88, ist zu lesen: »Moon-washed. Die superstarke Optik«, und diesmal blickt das Modell mit der zornigen Miene des entschlossenen jungen Mannes in die Kamera. Die Haare sind gesträubt, die Brauen buschig, die Jeans »oversized«. Enganliegend muß nur die Haut sein, sie muß spannen über den Muskeln und ausladenden Schultern. Nur noch der auf alte Weise eingehängte Daumen erinnert an die Präsentation von 1980.

Es geht zu wie in einer gigantischen Änderungsschneiderei. Kleidung, Leiber, Physiognomien, Haare und Psychen werden pausenlos umgearbeitet, neu zusammengesetzt. Die jeweils aktuellen Schnittmuster sind nicht nur für Textilien entworfen, sondern gelten auch Muskeln und Bindegewebe. Erlaubt ist heute alles, außer natürlich Alter, Fettleibigkeit, Verwachsung, Krankheit oder bittere Armut. Insofern hat man natürlich Mühe, die Szenerie glaubhaft bunt und vielfältig erscheinen zu lassen.

Junge Männer, die aussehen, als wären sie von gestern, mit nordisch kantigen 30er Jahre Gesichtern und ins Gesicht hängender Haartolle sind in den Modekatalogen ebenso vertreten wie die zeitlose Dame in Pepita und der elegant solide Herr im Oxford-Karo mit Wollsiegelgarantie.

Versandhauskataloge muß man lesen wie Annalen, denn sie enthalten Jahr für Jahr in Wort und Bild das, was in den Arsenalen bereitlag, um die nimmermüden falschen Bedürfnisse organisiert im Konsumparadies zu versammeln. An Aussehen und Beschaffenheit der Produkte läßt sich noch nach Jahren erkennen, auf was sie abzielten: auf den Bürger und das, was ihm fehlt, das Fehlende selbst und die Bereitstellung eines Ersatzes.

Im Vergleich zu den älteren Katalogen fallen im aktuellen zwei Neuerungen besonders auf. Ein anderer Typ von Körper wird präsentiert, er zeichnet sich durch athletische Formen aus und soll insgesamt so wirken, als ginge es zur Not auch ohne alles. Die andere Neuerung betrifft das, was früher einmal Freizeitkleidung genannt und heute zu einer Art Übergangskleidung wurde. Sie wird nicht mehr nur für den einen Zweck empfohlen, man läßt aber offen, wofür sie jeweils gedacht ist, für Arbeit oder / und Freizeit. Ich denke, hier spiegelt sich bereits die allgemeine Situation wider, in der es zunehmend ebenso schwer fällt zu unterscheiden, ob jetzt Freizeit herrscht oder Arbeitszeit, Arbeitslosigkeit oder Freizeitbeschäftigung.

Was den Leib betrifft, so bietet der aktuelle Katalog komplette »High-Tech-Fitneß-Center« in Profimanier für den Hausgebrauch. Nur acht Seiten zum Thema waren im Katalog von 1980: Hantelbänke, Fahrradheimtrainer, große und kleine Expander, Springseile und dergleichen. Im neuen Katalog hingegen ist der politische Trend zum kostengünstig gesunden Volkskörper im sozialen Netzhemd unübersehbar. Auch den einkommensschwächeren Gruppen wird auf bunten Bildern und zahllosen Seiten erläutert, wie sie sich professionell ertüchtigen können, ohne viel Geld auszugeben. Da kann gestreckt, gestemmt, gezogen, gebeugt werden, auf komfortablen Bänken und in chromblitzenden Maschinen mit Zugtürmen und Seilen. Das alles soll dann den Halt geben, den man nicht mehr hat.

»Muskeln, auf die Sie immer zurückgreifen können«, wirbt ein Hersteller für seine Hanteln. Und hier plötzlich stoße ich auf ein merkwürdiges Phänomen: Heute sind eigentlich diejenigen, die immer zurückgegriffen haben auf anderer Leute Muskeln, die

Unternehmer nämlich, gestählt und gebräunt, während die Arbeiter verfettet, wabbelig und weißhäutig sind, wie ehemals die Unternehmer. Deshalb fällt es auch z. B. den Karikaturisten heute schwer, einen Reichen darzustellen. So wie einstmals, als man mit Fettbauch, Zylinder und Zigarre unmißverständlich verdeutlichen konnte, wer gemeint war, geht es nicht mehr.

Das Muskelkostüm als Ware läßt sich nicht mehr zu Markte tragen, es ist am Arbeitnehmer weitgehend entbehrlich geworden, zumal an solchen, die gar nicht mehr, oder gar nicht erst, genommen werden. Es ziert mehr und mehr den Unternehmerkörper, der die einstigen Zeichen von Wohlstand und Erfolg, Schmerbauch und Doppelkinn, an seine Arbeiter abgegeben hat, die nun ihrerseits große Mühe verwenden, diese zusätzliche Last wieder loszuwerden. Es ist ein einziges Durcheinander von veränderten Bedeutungen, Fettpolstern, Körpern, Notlagen und Erfolgsbilanzen.

Auf dieses Wirrwarr und auf die Gewißheit, die es immerhin gibt bezüglich der Muskeln, zielen die Fitnesscenter, Body-Styling-Studios und Maschinen im Katalog. Man verspricht den Überflüssigen, ihnen sowohl die häßlichen Fettbäuche zu nehmen als auch die Angst, sozial zu versagen. Ihnen ist ein neuer Körper versprochen, eine neue Chance für Tüchtige.

Wer keine Arbeit hat oder eine, die keine Arbeit macht, der darf sich freuen, denn endlich kann er Maschinen bedienen, an ihnen schwer arbeiten, den Rhythmus bestimmen und am Ende sogar ein Produkt hervorbringen. Es ist sogar das eigene. Der Kraftsportjargon bezeichnet die Phase als Aufbau. Und aufgebaut werden, wie im Produktionsprozeß, einzelne Partien, Konturen, spezielle Muskelgruppen und Körperteile, jeweils in streng voneinander gesonderten Arbeitsgängen. Da wird einmal gearbeitet und erzeugt, der sogenannte V-Rücken, die »Muskelzeichnung des Bauches«, die »Brustkorbsilhouette« und die Silhouetten dessen, was sonst noch so dran ist am Leib. Dabei kann einem keiner wirklich helfen. Das ist ein einsames Geschäft. Im Schweiße ihres Angesichts hängen die Arbeitenden unter den Maschinen, drücken mit schmerzverzerrten Mienen und hervorquellenden Adern Gewichte und nehmen alles in Kauf für das Ziel: den Ausbau des eigenen Leibes zum Bollwerk, an dem die Außenwelt eine Grenze finden soll. Und die, die es nicht ganz so weit treiben, erhoffen sich lediglich ein geschmeidigeres Fortkommen im täglichen Leben. Die ganze herzzerreißende Veranstaltung macht den Eindruck eines Muskelkrampfes, der entstanden ist, weil man sich nicht entscheiden kann zwischen Erhebung und Ergebung. Andererseits west vielleicht in der verbissenen Bearbeitung des einzig noch verfügbaren Territoriums die alte Sehnsucht, als freier Bauer das eigene Feld zu bestellen. Die ist bis heute noch offen, denn im Schrebergarten hat der Arbeiter ja nichts weiter tun dürfen, als die »eigene Scholle« unentwegt zu begraben. Insofern wirkt sie natürlich nun, wiedererstanden und kultiviert am eigenen Leib, wie ein vom Wahnsinnigen angelegtes Hügelbeet. Er schüttet »Kraft-Pep-Happen«, »Protein-Aufbaupulver« und »Super-Muskel-Konzentrat« in sich hinein anstelle von Dünger, alles, damit die Frucht reift, die Muskelgruppen geerntet werden können.

Bis zur nächsten Stufe, dem professionellen Body-Building, sind dann nur noch wenige Schritte zu tun. Hier kultiviert man dann den reinen Selbstzweck auf ausschließlich optische Präsenz hin. Kolosse stellen im Wettkampf andere Kolosse in den Schatten, wuchern dem Sieg entgegen. Dem, der sich uninteressiert und angewidert abwendet, empfehle ich, sich das »Posing« mal in Zeitlupe anzusehen. Das ist wie die Aufführung eines Dramas über diese Spezies, über ihre eigentliche Lebensuntüchtigkeit und den baldigen Untergang. Tragikomisch muten die pumpenden Bewegungen beim Zelebrieren der funktionslosen Muskelmassen an, das regungslose Verharren mit hervortretendem Relief, das Ballen der winzigen Fäustchen. Man weiß nicht, ist es eine religiöse Zeremonie oder ein Balztanz. Einfühlsam, leidenschaftlich und vergeblich, brüstet sich die alte Triebsehnsucht. Am anderen Ende des Extrems stehen die Armen, die man meidet. Das sind die Wabbeligen, die Schlabbrigen, Runzeligen, denen nichts anderes übrigbleibt, als in schlechtem Fett und Muskelschwund zu versumpfen. Sie wirken provozierend, so als sähe man es ihnen schon an, daß sie eine Vorform von Humus sind. Ihnen wäre auch nicht mit dem Stützmieder von Seite 250 geholfen, das es im Quelle-Katalog von 1980 noch gab; für Damen und Herren mit Bindegewebsschwäche. Heute kommt alles von innen. Der Tod, und auch das Stützende.

Was nun die Kleidung betrifft, so verhält es sich mit ihr nicht minder merkwürdig. Man kann sagen: Genau an der historischen Bruchstelle zwischen vergangenen Tätigkeiten – in denen der Mensch nicht nur was zu tun, sondern auch zum Machen hatte – und einer Zukunft, in der es heißen wird, tatenlos herumzustehen, weil nichts mehr zu tun sein wird, tritt die Modeindustrie auf den Plan und krempelt dem Konsumenten die Ärmel hoch am Jackett. Das ist immerhin mal etwas Neues, zwangsläufig, weil man etwas, das vorher unvereinbar war, in eins setzt. Extra für diesen Anlaß werden in die Sakkos und Damenjacketts helle glänzende Futterstoffe mit den alten Hemdstreifenmustern eingenäht. Und dieser »letzte Schrei« (man sagt heute längst nicht mehr so) findet reißenden Absatz und Gebrauch. Kein Publikum in besseren Kneipen geht heute, ohne die Ärmel aufgekrempelt zu tragen, Talk-Master- und -Masterinnen im Fernsehen zeigen ihr Futter ebenso wie Bankangestellte, Friseure, Lehrer und Schüler. Der einzige, der darauf verzichten muß, denn in Fragen der Pietät ist man eigen, dürfte der Leichenbestatter sein.

Rätselhaft. Irgendwas scheint hier nicht zu stimmen. Hat man je gesehen, daß jemand, der schmutzige Arbeit zu tun hat, die Sakkoärmel aufkrempelt? Man kennt das doch aus unzähligen Filmen, diese beliebte Szene, wenn plötzlich der Motor aussetzt. Schon steigt der Held aus, zieht das Jackett aus, legt es zusammen, mit dem Futter nach außen, ins Auto, krempelt die Hemdsärmel hoch usw. Im aktuellen Fall hingegen scheint es so, als hätte es der neue Mittelstand ausgesprochen eilig, noch schnell davonzukommen. Für den symbolischen Auftritt ist alles in einer einzigen Jacke zusammengefaßt, was sonst an Lebensvielfalt geschehen könnte. Drum hat man vom Proleten, dem das Hemd näher war als der Rock, dieses Hemd gleich hineingenäht in die bürgerliche Jacke mit allem, was dazugehört, bis hin zu den aufgekrempelten Hemdsärmeln, die signalisieren, daß man soweit war, zuzuschlagen. Der Aufsteiger will alles zugleich besitzen und zeigen. Nur, wenn ihm der Rock flöten geht, dann ist alles weg, da bleibt kein letztes Hemd.

Eine Manie ist es auch, die Kleidung gebraucht aussehen zu lassen. Die Spuren des Verfalls werden schon beim Herstellungsprozeß mit eingearbeitet. Man kann Angst bekommen bei der Frage:

Bleibt nur noch so wenig Zeit? Früher jedenfalls war es üblich und auch notwendig, alle Mühe darauf zu verwenden, jede Spur des Gebrauchs so lange wie möglich von der Kleidung fernzuhalten. Mit Fleckenwasser, Kleiderbürsten, Stopf- und Flickkunst, Stärke und Bügeleisen gab die Hausfrau den Sachen ein möglichst unberührtes Aussehen zurück, mit dem besonders auch die Sauberkeit von Kleidung und Träger ausgewiesen wurde.

Heute hat man die Wahl beim Neukauf von Jeans zwischen der zerrissenen Version, der einfarbig geflickten oder der buntgeflickten, und dann gibt es auch noch die ausgefranste. An Schmutz ist gar nicht zu denken, in diesem x-mal gewaschenen Stoff. Es gibt die Spuren von Stürzen, Verschleiß, Riß und Stich unmittelbar von der Stange. Auch das ist absolut neu. Ähnlichkeiten mit einem hochherrschaftlichen Brauch, aus Gründen des Understatements – oder auch drückender Schuhe – die neue Garderobe von der Dienerschaft eintragen zu lassen, gibt es nur andeutungsweise. Immerhin handelt es sich bei den maschinell nicht nur ein-, sondern abgetragenen Jeans z. B. um eine klassische Arbeitskluft aus Drillich, deren Vorzug ja gerade darin bestand, lange dem Verschleiß zu widerstehen.

Unser Versandhauskatalog bietet an: »Schön abgewetzt. An den gewissen Stellen. Vorn und hinten. Die neuen Jeans mit Ultra-Optik. In bequemer Clochardform. Für Damen und Herren.« Was Damen und Herren da angedroht wird, ist nicht mehr und nicht weniger, als daß man sich um »die gewissen Stellen« bereits selbst gekümmert hat, denn es ist der Mühe nicht wert für diesen Moment, bis sie ohne Stelle sind und dann ihre bequeme Clochardform bereits gefunden haben, was ja wichtig ist, damit man bei den Kumpels unter der Brücke nicht so auffällt. Wie schnell so was gehen kann, das weiß der Kunde des Hauses besser als der von Jacques Britt.

Letzterer aber möchte seine zeitgeistbewußten Kunden auch nicht ganz abseits stehen lassen und bietet: »Im Trend dieses Frühjahrs gewaschene Seide«, von der, so wird lobend hervorgehoben, »durch ein Veredelungsverfahren jeder Glanz verschwunden ist.« Den Damen und Herren der höheren Einkommensklassen wird: »Statt Out of Africa, Modisches für die anspruchsvolle City-Safari in Crash-Optik« empfohlen. Die

Surrealisten würden heute vielleicht nicht gerade den Strick, aber sicherlich den nächstbesten Posten als Pharmareferent oder Softeisverkäufer nehmen.

Merkwürdigerweise, je teurer die Modelle werden, um so mehr läßt man durchblicken, daß man mit ihnen weit mehr als ohne sie vorm Blattschuß gefeit sei. Ein Prospekt für exklusive Herrenmoden bietet eine Art Mode im Survivaltrend. Für den, der noch die berechtigte Hoffnung hat, aufzusteigen, lohnt sich die Investition für eine »Looping-Jacke« in »antik geschliffenem Lamm-Nappa. Stone-washed-Optik, leicht geölt.« Und, fügt der Hersteller hinterhältig hinzu: »Auf dem Innenfutter aus Satin starten schon die Flieger.«

Aber letzten Endes, sowohl im Versandhauskatalog als auch im Luxusprospekt, lehnen die Modelle an irgendeiner Kolonialzeitkulisse oder sonstigen Ruine. Mit dem lasziven Narzißmus des scheuen Einzelkämpfers blickt man in die Ferne, vorbei an Mauern und Palmen, ins endlose Blau. Diese merkwürdigen Hybridwesen mit den Köpfen der 30er Jahre, dem Mienenspiel der 40er und den Körpern der frühen 50er Jahre tragen die Mode der 90er Jahre, die aussieht wie eine Mischung aus den 30er und 50er Jahren. Daß es vor allem ein vollkommen nichtssagendes Schicksal ist, das hier in antikisierend zurechtgeschabte Edelhüllen hineintranspirieren darf ohne Grund, hallt wie eine schwere Anklage aus jeder Katalogseite. Nur die Firma Boss ist offenbar in der Lage, ihrem Produkt die wirklich passenden Worte zu widmen: »Eine Jacke, die alles mitmacht, weil sie schon neu so aussieht, als ob sie bereits alles mitgemacht hätte.«

Es ist deprimierend: mehr als die Revolution gegen die Bügelfalte oder den Büstenhalter scheint die bürgerliche Aufklärung nicht vorgesehen zu haben. Besseres, als eine klassen- und geschlechtsübergreifende – ja sogar nationalitätenübergreifende – Gesamthose, scheint nicht herauszuspringen. Und auch das letzte Alibi, daß man sich abgenutzt hat nach Kräften, im Kampf gegen Unterdrückung und Ausbeutung in der Welt, hat uns nun die Konfektionsindustrie wirkungslos gemacht. Wer wird uns in zehn Jahren noch glauben, daß alles echt war? Die Kampfhose ist ihrer Funktion enteignet, wird vom Produzenten vorsätzlich vernutzt, und der Kunde kann sie anziehen und sich schonen.

Desaster als Hobby

> »Die Ware ist rebellisch geworden
> und jauchzt, springt, platzt vor Ver-
> gnügen, weil der Händler ihr die Haut
> des Konsumenten als Hülle gab. Nein,
> an keiner Straße des Fortschritts geht
> es so hoch her wie an der unsern.«
>
> *Karl Kraus, ›Weltgericht‹*

Das Programm des Werbefernsehens ist nicht der schlechteste
Indikator für den Zeitgeist. Neuerdings ist Schluß mit der Botschaft, daß sanfte Behandlung den Dingen eine besondere Qualität gebe. Vorbei ist es mit Faserschmeichlern, Schongängen, mil-
der Bohne und Softcremes, das waren Verirrungen. Heute wird
der Konsument ganz unverblümt gefragt: »Können Sie hart sein
zum Schmutz in Ihrer Wäsche?« Da muß er nicht lang sein Gewissen befragen, da läßt er sich nicht lumpen und kauft das ra-
biate Pulver.

In einem anderen Spot hechtet die Dame des Hauses in der Manier eines Footballspielers mitten unter die Gäste, um ein herab-
fallendes Sahnetörtchen aufzufangen, bevor es eine Katastrophe
auf dem Teppich anrichten kann. Für die gelungene Aktion ap-
plaudieren die Gäste, und jedem ist klar, daß die Liebe zum sauberen Heim Opfer verlangt, zuallererst das der Härte gegen sich
selbst.

Sie sind ja nicht weltfremd in der Werbung, im Gegenteil, sie
beobachten den Konsumenten ganz genau. Und der ist in bester
Kondition. Er hat sich jahrelang gesund ernährt, cholesterinfrei
gegessen, light geraucht, sich fit gejoggt, das Herz und die äußeren Muskelgruppen trainiert, Mineralien und Vitamine eingenommen. Das hat er nicht umsonst getan. Mit diesem Kapital soll
er nicht brachliegen, und selbst spürt er ihn auch schon, diesen
Drang nach Bewährung und Nervenkitzel. Man ahnt insgeheim,
daß die Erfahrungen erst da anfangen, wo die Kultur zu Ende ist,

und will einmal richtig hinein in die rohe Natur, sich schmutzig machen, damit sich die Wäsche auch lohnt.

Unser heutiges Wirtschaftswunder besteht wohl auch darin, daß man sich echte Lebensgefahr wieder leisten können will. Aber nirgendwo tut sich ein Schützengraben auf, und auch sonst sind die Gelegenheiten rar, wo sich der versammelten Kraft des Bürgers irgendwas oder irgendwer ernsthaft in den Weg stellen würde. Ganz im Gegenteil, er erstickt geradezu in zuvorkommenden Dienstleistungen und serviler Technik, die ihm alles abnimmt. Nirgendwo mehr dürfen rohe Kräfte walten, in der Küche verhindert das elektrische Messer jede Gewaltanwendung, und im Schlafzimmer sieht es noch düsterer aus.

Fünfzehn Jahre lang hat er sich das angesehen, im Kino und auf Video, wie die professionellen Heroen durch die Welle von Katastrophenfilmen marschierten, durch Kriegs-, Kung-Fu- und Horrorfilme. Nichts ist dadurch besser geworden. Einem Volk fehlt der Erlebnisraum, und niemand, außer der Autoindustrie, kommt ihm zu Hilfe. Nur hier zeigt sich auch der Staat endlich einmal einsichtig und erlaubt Aufprallgeschwindigkeiten mit mehr als 250 Stundenkilometern.

Monströser Überlebenswille inmitten einer umfassenden Sicherheitstechnik verlangt viel Phantasie und Eigeninitiative. Die Gefahr, in der man sich dann bewähren kann, muß erst auf komplizierte Weise und unter Umgehung aller Sicherungen hergestellt werden. Das ist entweder eine Frage des Geldes oder, für die unteren Einkommensgruppen, eine des Verstoßes gegen strenge Verbote. Die einen fliegen mit Drachen in den Alpen oder lassen sich, befestigt an langen Gummibändern, von hohen Brücken herunterfallen, die anderen klettern aus fahrenden U- und S-Bahnzügen, hängen sich draußen an und »surfen« auf diese Weise bis zur nächsten Station, oder bis sie am nächsten Mast zerschmettert werden. Zahnärzte fahren zur Eisbärjagd nach Kanada, Rechtsanwälte und Psychotherapeuten besteigen schroffe Felsmassive oder gehen im Pazifik die Haie füttern, ganz zu schweigen von den Globetrottern, die den letzten aggressiven Urwaldindianern guten Tag sagen.

Es gibt aber auch Gefahrenquellen, die regelrecht vom Betreiber zur familiengerechten Besichtigung freigegeben werden. 1986 besuchten beispielsweise 52 000 Touristen Sellafield, 1987 dann 100 000 und 1988 waren es bestimmt 200 000. Man bekommt dort einen Button geschenkt mit der Aufschrift: »I've been to Sellafield«. Ein Spaß für groß und klein, hingegangen zu sein auf eine Jahresdosis und wieder davonzukommen.

Aber auch der hautnahe Kontakt zu Schauplätzen, an denen andere nicht davongekommen sind oder nicht davonkommen werden, erfreute sich schon immer großer Beliebtheit. Heute um so mehr. In Köln versammelten sich die Bürger, mit Klappstühlchen und Getränken versehen, ums Geiseldrama. Ein Journalist stieg sogar zu Geiselnehmern und Geiseln ins Auto und fuhr mit. Die nordenglische Grafschaft Tyrone wurde eine Weile zum beliebtesten Ausflugsziel seit dem Sprengstoffanschlag auf einen britischen Militärbus. Familien reisten mit Picknickkörben und Decken an, lagerten am Schauplatz und stocherten in der Wiese nach abgerissenen Körperteilen oder anderen Überbleibseln. Ein eilig errichteter Stand bot Fish & Chips zur Stärkung.

Mit moralischer Maßregelung über diese Zustände wird natürlich in der Presse nicht gespart, auch die *Zeit* hat einen Christoph Bertram erläutern lassen, wie er versucht, »sich gegen den Ekel zu wappnen, den solche Berichte wecken, unglaublich, daß die Leute ohne jede Betroffenheit...« Dabei ist es doch gerade der Mangel an Betroffenheit, der den indolent gewordenen Bürger zu den Orten des Grauens und des gewaltsamen Todes hintreibt. In einer Gesellschaft, in der die Erwachsenen den Kindern an Lebenserfahrung nur voraus haben, wie es ist, für sich selber sorgen zu müssen, und vielleicht noch das Sexualleben, da wirken Sterbende, Krüppel, offene Wunden, überfahrene Hunde, Massenkarambolagen und geschlossene Anstalten sensationell. Die Alten haben ja wenigstens noch ihr Stalingrad und sind zufrieden.

Die Katastrophe, die sich unlängst in Ramstein zugetragen hat, bewies, daß Mannesmut und Kampfgeist im entscheidenden Moment dann doch versagen können, angesichts übermächtiger Technik. Dabei hatte alles so vielversprechend angefangen. Die Bundesbahn warb mit einem Sonderzug zur Reise nach Ramstein und versprach: »Fete, Flieger, Faszination.« Verteidigungsminister Scholz gar nannte diese Flugschau der Amerikaner eine Vorführung von »...Ihre Sicherheit garantierenden Systemen«, an denen der Bürger ein ganz fundamentales Informationsinteresse habe.

35 000 interessierte Bürger kamen, nicht, um sich in die sichere Nähe der Landesverteidiger zu begeben, sondern um mit Kind und Kegel militärisches Gerät zu bestaunen, Eis zu essen und den Flugvorführungen zuzusehen. Aber die Systeme hielten nicht, was sie versprachen, sie fielen vom Himmel, und die Garantie war dahin. Das Militär, das die Zivilisten nur unterhalten wollte, verwandelte sich unversehens in ein Kriegsgreuel, und die Zivilisten verwandelte es in Schutt und Asche. Die überlebenden Gäste der Veranstaltung »Operationsgebiet Luftraum« wurden in die umliegenden Intensivstationen verlegt. Ein eindrucksvoller »Beitrag zur glaubwürdigen Abschreckung« möchte man meinen, aber weit gefehlt. Einige der Verletzten, denen »nur« der ganze Rücken oder das Gesicht und beide Hände verbrannt wurden statt alles, gaben aus ihren Brandbetten heraus erste Interviews fürs Fernsehen und beteuerten, daß ihre Begeisterung für Flugtage nicht im geringsten gelitten habe.

Andere, die etwas eingebüßt hatten, z. B. ein vordem intaktes Bein oder Kind, sahen den Tatsachen ins Auge und hofften auf die Gnade der Erlösung: »Ich habe meine Tochter vor dem Abtransport gesehen, also an der war gar nichts mehr ganz, gar nichts mehr!« Wieder andere, denen gar nichts geschehen war, plünderten, während der Feuerball sich über die Näherstehenden wälzte, einen Andenkenkiosk und einen Imbißstand, trugen T-Shirts mit dem Aufdruck »Ramstein« davon und Würste.

Daß der Bürger aber auch ganz selbstlos hart sein kann, mitten im Inferno, bewies der 25jährige Kameramann, der die Szenen festhielt, die bis heute immer wieder gezeigt werden. Einen kurzen Moment der Schwäche verzeiht der Fernsehkonsument, und daß die Kamera wegzittert vom Schauplatz des Geschehens, danach aber ist nichts mehr zu beanstanden an Bildausschnitt und Qualität, deutlich ist zu sehen, wie die Brennenden aus dem Flammenmeer hervortaumeln und zusammenbrechen. Befragt, wie es zu dem kleinen Bildausrutscher gekommen sei, erklärte der Kameramann verlegen, er habe sich im ersten Schreck hingeworfen, sei dann aber sofort wieder aufgestanden, um weiterzudrehen. Inmitten verkohlender Leichen und schreiender Kinder hat er nicht die Nerven verloren, denn: »Das kannst Du nicht verkraften, da drehst Du einfach weiter!« Einer, der immer weiterdreht statt durchzudrehen oder wenigstens ein brennendes Kind zu löschen, hat dafür gesorgt, daß Millionen mitansehen können, was dort in Ramstein passiert ist. Da fällt die Wahl natürlich leicht.

Daß aber letzten Endes doch die Regenbogenpresse mehr Verständnis hat für den Erlebnishunger und Wissensdurst der Bürger als die seriöseren Medien, bewies sie durch nimmermüdes Recherchieren. Die ganze Nation sah ihn, den Mann, der auf die Flammenwand zulief und gellend »Tanja, Tanja« rief. Millionen haben sich gefragt, was aus Tanja wohl geworden ist. Um solche Dinge kann sich das Fernsehen nun wirklich nicht kümmern, aber *Quick* tat es. Nun wissen wir: »Tanja lebt! Sie ist der Feuerhölle unverletzt entkommen, ist fünfzehn und aus Krikkenbach.« Man hat sich das zwar anders vorgestellt, aber so ist es auch gut. Im Interview mit *Quick* sagt die Gerettete: »Die Realität ist noch viel grausamer, als ein Film überhaupt sein kann.«

Man muß aber nicht nach Ramstein fahren, um in einer Kerosinexplosion umzukommen, die Jäger kommen mitunter auch zum Bürger direkt nach Hause, bohren sich in Eigenheim und Vorgarten, in die umliegenden Dörfer, Wiesen, Felder und Wälder. Dieses Jahr bereits dreizehnmal. Das bringt »der Rasierflug« – im Fachjargon – so mit sich. Der Bürger darf nicht nur an sich selbst denken, er muß auch bereit sein, »den Preis der Freiheit« zu bezahlen.

Das eigentlich Enttäuschende an all diesen publikumswirksamen Ereignissen ist, daß sie so wenig Spuren hinterlassen. Immer wird sofort alles weggeräumt. Das »Amt für Verteidigungslasten« übernimmt die »Schadensabwicklung« und hat nach Ramstein seinen Personalbestand »aufgestockt«. Soldaten haben die Unfallstelle besenrein gemacht, und so ist der Ausnahmezustand sofort wieder beendet, alles geht seiner Wege wie zuvor, die Behörden haben die Angelegenheit unter ihre Obhut genommen.

Jetzt ist die Phase der Bewältigung angebrochen. Verteidigungsminister Scholz muß sich selbst verteidigen und fragt sich, auf welche Weise noch »…unseren Bürgern in Zukunft Einsatzbereitschaft und Leistungsfähigkeit der Luftstreitkräfte überzeugend dargestellt werden können.« Nach einigem Überlegen hat er das Nachdenken an einen passenden Mann delegiert, an General a. D. Steinhoff, früher Inspekteur der Luftwaffe, noch früher Kommandeur des ersten Düsenjägergeschwaders der Wehrmacht; was natürlich öffentlich nicht erwähnt wird. In seiner Person vereinen sich Bock und Gärtner in geradezu idealer Weise: Unzählige Male abgeschossen und halb verbrannt, stand er nach kurzer Krankheit immer wieder seinen Mann und flog weiter im Dienst fürs Vaterland, sei's nun faschistisch oder nicht. Zum Beweis dafür zeigt er ohne Scheu, daß er zwar zur Unkenntlichkeit entstellt und kreuz und quer zusammengenäht, aber nun keineswegs ein gebrochener Mann ist.

Auf dem Berliner Oktoberfest bietet ein Schausteller einen »Katastrophensimulator für Inferno-Erlebnisse« an. Vor dem Eingang rollt ein zehn Meter hoher Affe die Augen und animiert das Publikum folgendermaßen: »Kommen Sie herein und sehen Sie, wie alles, aber auch alles zu einem Chaos wird, wie eine Katastrophe Ihnen den Boden unter den Füßen wegreißt, wie Sie in die Tiefe stürzen ohne Halten! Kommen Sie herein und genießen Sie Angst und Panik, denn unser Inferno ist ja eine publikumssichere und familienfreundliche Action-Show.«

Die Besucher, die wissen, daß es mit der bürgerlichen Gemütlichkeit aus ist, mit Schiffschaukel und Auto-Scooter, erleben drinnen eine Enttäuschung. Von infernalischem Lärm begleitet, stolpert man über Rüttelsiebe, sich gegeneinander verschiebende Bodenplatten, rotierende Scheiben und über Abschnitte, bei denen man auf alles gefaßt ist, nur nicht, daß sich da gar nichts tut. Die primitiven Anlagen machen sich an den schwächsten Punkt der im Dunkeln Herumtappenden heran, an den Gleichgewichtssinn. Da werden die ältesten Reaktionen geweckt, alles rechnet mit dem baldigen Untergang, wenn der Boden derart nachgibt unter den Füßen. Es ist wirklich erstaunlich, mit wie wenig Irritation man auskommt, um sich ganz natürlich zu erschrecken. Taumelnd verläßt der Leib die Anlage, aber der Kopf fühlt sich geneppt, das Desaster haben sie wieder unterschlagen.

Kraftfahrzeug
Anmerkungen zur totalen Automobilmachung

Es gibt eine Fotografie von meinem dreiundzwanzigjährigen Großvater als ›motorisierter‹ junger Herr von 1912. Sechzig Jahre später starb er, nachdem er beim Spazierengehen unglücklich gestürzt war.

Das Auto, das da einsam auf einer Landstraße in der Nähe von Karlsruhe steht, wirkt – jedenfalls von heute aus gesehen – friedlich und gemütlich. Wie eine motorisierte Kutsche, in die man die repräsentativen Sitzmöbel aus dem Salon gestellt hat. Die Lampen ähneln Augen, es sieht aus, als müßten sie selbst auf die Straße achten.

75 Jahre später denkt man beim Anblick eines Autos weder an seine Herkunft noch daran, daß es eigentlich ein wundervolles Gebilde ist. Das moderne KFZ steht da wie aus einem Guß, unnahbar und abweisend. Sein Funktionsmechanismus ist ganz ins Innere versenkt, ebenso der Fahrer.

Seit etwa zwei Jahren wirbt die Autoindustrie nicht mehr mit fröhlichen und unternehmungslustigen Familien für ihre neuen Modelle, auch nicht mit mondänen Paaren oder hingeschmiegten schönen Frauen, sondern nur noch mit dem Wagen selbst. Je stumpfsinniger die Formgebung der computerentworfenen Karosserien wird, um so weniger scheint sie die Konfrontation mit einem organisch gebildeten Körper zu vertragen. In der Kino- und Fernsehwerbung sieht man die neuen Modelle über leere Autobahnen und durch unbelebte Wüsten gleiten. Beliebt als Hintergrund sind öde Gegenden, in denen nicht einmal mehr

Vegetation die Komposition des Designs stört. Die Fenster sind derart getönt und verblendet, daß von einem Fahrer nichts mehr zu sehen ist.

Diese Werbefilme sind wie Visionen einer Zukunft nach der Katastrophe. Sie präsentieren den vollkommenen Automaten, der unabhängig von menschlicher Besatzung in einem ewig dramatischen Stimmungsbild dahinfährt.

Diese neue Autogeneration suggeriert nicht mehr komfortablen Transport, sondern die Rettung der Überlebenden in ein Gehäuse, das den Schutz der zarten Haut und empfindlichen Organe garantiert. Wer sich da hinein flüchtet, ist vorübergehend sicher vor jedweder Feindseligkeit und kann sich durch Zentralverriegelung aller Türen dem eventuellen Zugriff entziehen. Die Masse der ehemaligen Fußgänger begegnet sich heute als Verkehrsteilnehmer, von Blech umhüllt.

Für eine immer drastischere physische und psychische Abschirmung gegen die Außenwelt sorgen die Techniker und Ingenieure der Autokonzerne mit allen Computer- und Leibeskräften. Die Fahrgastzelle ist heute derart geräuscharm, daß man weder den eigenen Motor störend wahrnimmt noch den Schrei des überfahrenen Radfahrers. Alles ist gefedert, gepuffert und isoliert, so, daß auch größere Unebenheiten der Straße, seien es nun Bodenwellen oder vors Auto gelaufene Tiere, ohne Holpern überfahren werden können. Auch ein Aufprall dringt nicht mehr zum Fahrer durch.

Einem älteren Ehepaar flog im Mai auf der Autobahn Berlin–Hamburg ein Rabe gegen den Kühler, der Aufprall bei 160 Stundenkilometern riß den Raben in zwei Hälften; rechts weg flog der Kopf mit geöffnetem Schnabel, links der Körper. Das Ehepaar bemerkte nichts.

Die Beschleunigungsfähigkeit von »Null auf Hundert« in Sekundenschnelle ist wichtigster Bestandteil des Selbstgefühls der Autofahrer. Über die Bremsgeschwindigkeit schweigt man tunlichst. Wenn passionierte Fahrer in die Verlegenheit kommen, zu Fuß unterwegs zu sein, so vergehen sie fast vor Scham. Ihr Gang ist unsicher und ohne Harmonie der Bewegung, sie fühlen sich schwankend wie auf Stelzen und haben sich im Handumdrehen einen »Wolf« gelaufen. Ihre gewohnte Fortbewegungsweise ist das sitzende Rollen im Wagen, in einer Mischung aus intimer

Ohrensesselatmosphäre und Pilotenroutine, wo ihnen von der quadrophonischen Beschallung bis zum sprechenden Benzinstandsanzeiger alles zu Diensten steht.

Fahrzeug und Fahrer werden wie in der Intensivmedizin immer mehr miteinander vernetzt. Überall auf dem Armaturenbrett glimmen Kontrollämpchen, das technische Gerät kommuniziert, während der Fahrer nur noch lenkt und Gas gibt. Geschaltet wird längst automatisch, auch bremsen wird in Zukunft das Fahrzeug selbst.

Im Projekt »Prometheus« haben sich die europäischen Automobilhersteller zusammengeschlossen. Erforscht wird eine neue Sicherheitstechnik, die jeden Auffahrunfall verhindert, weil dann das Fahrzeug an Stelle des Fahrers selbst auf Hindernisse reagiert. Man kennt das schon aus den Romanen von Stanislav Lem. Ob die Chefs der Konzerne dann wegen Unterschlagung von Menschenopfer und Feuer an den Kaukasus geschmiedet werden, ist ungewiß.

Jedenfalls ist bereits vorgesorgt, daß eine derart beschämende Entmündigung des Fahrers den Blicken entzogen wird. Zur Wahrung des Gesichtes ist bereits eine Technik entwickelt, die es erlaubt, per Knopfdruck die Fenster von außen her undurchsichtig zu machen. Die Wagenparks der Politiker werden wohl sehr bald mit diesen neuen Modellen ausgerüstet sein. Wobei die Staatskarossen bereits vor Jahren von einer Düsternis waren, die man eigentlich nur aus schrecklichen Alpträumen kennt. Ich sah einmal die abgestellte Wagenkolonne Weizsäckers, es waren ausgesprochene Leichenwagen, nur eben für sitzenden Transport. Hinter schwärzlich getönten Scheiben lag ein düsterer Innenraum – die Sitzpolster in anthrazit ebenso der sogenannte Himmel, das Armaturenbrett und der Bodenbelag; er enthielt absolut nichts Menschliches mehr, nicht einmal eine liegengelassene Sonnenbrille oder Zeitung.

Überhaupt scheint die Farbe Schwarz eine neue Bedeutung bekommen zu haben, besonders da, wo sie in mattem Kunststoff die Stoßstangenfunktion beschwichtigen soll. Nicht mehr das brachiale Rammen mit blankem Metall soll gezeigt werden, sondern ein samtweiches Anpuffen wie mit federndem Gummi wird vorgetäuscht. Für die Gummibereifung hingegen wird mit sprintenden Negern und zum Sprung geduckten Panthern geworben, sie muß »breit, schwarz und stark« sein. Die Räder selbst sind eine Wissenschaft für sich. Das Material der Felgen besteht aus Leichtmetall, seine Krönung findet es im »individuellen Design«. Es gibt zwei bevorzugte Versionen der Zurschaustellung von Rädern, die bekleidete Form und die unverhüllte. Letztere präsentiert die Felge wuchtig und mit massivem propellerartigem Relief. Formal hebt man das Prinzip von Nabe und Speiche hervor. Die Schrauben sind tief im Relief versenkt, die Nabe ragt heraus. Manche Hersteller – die luxuriöseren – haben auf ihr das Firmenzeichen angebracht.

Die verkleidete Version schließt das Rad durch einen flachen Deckel nach außen ab, und zwar nicht nur optisch, sondern – im Wortsinn – mit einem Sicherheitsschloß. Diese Deckel verhüllen die Achsenfunktion und nehmen auch das Bauchige des Reifens fort. Von vorn gesehen, sofern man die Reifen vor lauter »Schürze« überhaupt noch sieht, bildet die Außenseite eine absolut plane Fläche, wie Räder vom Spielzeugauto. Es gibt aber auch Verkleidungen mit Lochmustern und leichter Außenwölbung.

BMW z. B. wirbt für seine Felgen damit, daß sie sich einem »wahren Martyrium an Qualitätskontrollen unterziehen« mußten. Den »Anfang machte der Felgenholm-Schlagtest. Hierbei wird die Radfelge so gezielt deformiert, wie es etwa beim Anfahren an ein festes Hindernis passieren kann. Reißt oder bricht das Rad, wird es von BMW niemals freigegeben.«

Was beim »Anfahren an ein festes Hindernis« statt des eigenen Rades deformiert wird, wie es ja »passieren kann«, sehen wir am Fall Wiesheu. Er fuhr mit großer Geschwindigkeit »an ein Hindernis«. Es wurde dabei stark deformiert und später als Fiat 500 des Jakob Rubinfeld identifiziert. Der Rentner aus Polen hatte zwar Auschwitz überlebt, nicht aber die Kombination aus deutschem Freiheitsdrang und moderner Autotechnik. Der gerichtlich angeordnete Crash-Versuch ergab, daß ein 80 Stundenkilometer fahrender Fiat 500 ein gefährliches Verkehrshindernis auf einer Schnellstraße sei. Die Unschuld des Herrn Rubinfeld konnte nicht nachgewiesen werden.

Als ideale und zugleich dynamisch-aggressive Monaden sind die automobilen Verkehrsteilnehmer nicht mehr resozialisierbar.

Die Blechhöhle mit der vervielfältigten Kraft der menschlichen Motorik läßt nicht nur jedes eingefleischte Maß für den eigenen Körper, sondern auch für den des Fußgängers auf der Strecke. Die haßerfüllte Ungeduld, mit der der Zebrastreifen – wenn die Fußgängerampel gerade auf Rot umgesprungen ist – überfahren wird, haarscharf an alten Leuten und Müttern vorbei, zeigt die ganze Verachtung dem Fußgänger gegenüber, der ja nur den Verkehr aufhält. Derjenige, der anderen mit seiner ausladenden Karosserie derart schamlos auf den Leib rückt, hätte aber anderseits, müßte er mit großen Koffern in eine volle U-Bahn treten, das peinliche Gefühl, andere zu behindern oder gar Ärger zu erregen. Im Auto hingegen, wo der Fahrer nicht mehr der körperlichen Nähe anderer Menschen ausgesetzt ist, verliert er jede Furcht und Empfindlichkeit. Er lebt im Vollgefühl, Grundbesitzer zu sein auf dem jeweils unter ihm befindlichen Boden. An die Stelle von Erfahrungen, die mit der Distanz zum eigenen Zuhause auch dann noch gemacht werden, wenn man mit dem Zug fährt oder fliegt, ist dem Autofahrer Ferne nur noch in der Maßeinheit von Kilometern erfahrbar. Das Nahe fliegt draußen weitgehend ungesehen vorbei.

Dieses Gefühl, ein Fremder zu sein, das man z. B. in der Eisenbahn empfindet, wenn sie in der Dämmerung an beleuchteten Straßen in unbekannten Orten vorbeifährt, wo man für den Bruchteil einer Sekunde einen Menschen gehen sieht oder in ein Zimmer hineinschauen kann, empfindet der Autofahrer nicht.

Auch das Gefühl für das herauszuwirtschaftende Quantum an Zeit durch das Maß der Beschleunigung orientiert sich nicht mehr an den Gewohnheiten der fünf Sinne, sondern ruht in einem apathischen Sicherheitsempfinden, ähnlich dem, das man in der Badewanne spürt. Weder weist das Lenken auf Gewicht und Größe des Fahrzeuges hin noch auf die Schnelligkeit. Nichts bietet angemessenen Widerstand, der bewältigt werden müßte. Alles schmiegt sich scheinbar reibungslos der Absicht leichtester Handbewegungen an.

Die Motorisierung der Erfahrung und das Auslegen von glatten Rollbahnen überall dorthin, wo es notwendig wurde, muß zwangsläufig einen veränderten Menschen zur Folge haben. Seine Anthropologie steht noch aus.

Nachruf auf Jakob Rubinfeld

Die Deutschen sind meines Wissens das einzige Volk auf dem Erdball, das Autofahren in ungehemmter Geschwindigkeit gleichsetzt mit dem menschlichen Freiheitsdrang. Dementsprechend nimmt man alle Verkehrsverhältnisse sehr persönlich, reagiert empfindlich auf die Reaktionen der anderen. Hindernisse in Form von Radfahrern, Fußgängern usw. werden als feindselige Attacken gegen das natürliche Recht des Stärkeren empfunden. Aggressiv bis zum Bersten schlägt sich der Kraftfahrer durchs städtische Dickicht, ständig gefaßt darauf, daß der Gegner ihm Vorfahrt und Parkplatz raubt.

Wer einmal in Rom oder Paris zur Hauptverkehrszeit durch die Stadt fuhr, weiß, was ein Verkehrschaos ist, kann sich aber auch erinnern, wie sich mittels Flüchen und intelligenter Manöver alles gleitend wieder auflöst. Was bei uns nur unter Zuhilfenahme starker Polizeikräfte zu lösen wäre, ist dort ein tagtägliches Gesellschaftsspiel, mit dem man sich die Frustration im Stau vertreibt.

Hier bei uns fährt man mit geschlossener Scheibe und unantastbarer Lackschicht. Es gibt nichts zu lachen, wenn jemand zunahe kommt, es ereignet sich weder ein Mienen- noch sonst ein Spiel. Da sitzt er in seinem Auto, auf seinen Sitzen in »Berliner Plüsch« oder Leder, der ekelhafte Deutsche: intolerant, kleinkariert, fanatisch und fixiert auf die Hierarchie der Modelle und Hubräume. Sie sind entscheidend fürs Vorwärtskommen. In der motorisierten Volksgemeinschaft wird jeder Paria und Kleinwagen gnadenlos geschnitten. Fußgänger gar gehören auf den Bürgersteig, der längst kein öffentlicher Platz mehr für Bürger ist, sondern Fluchtweg für all jene, die nicht mithalten können.

Auf den Autobahnen dann kann sich der Fahrer endlich ungezügelt gehenlassen. Durch keine Geschwindigkeitsbegrenzung bevormundet, darf jedermann die vom Hersteller eingebaute Beschleunigung voll ausfahren. Es soll Japaner geben, die ihren Urlaub in Deutschland verbringen, nur um sich einmal diesem zu Hause verbotenen Erlebnis ganz hingeben zu können. Bei uns ließe sich, nach Ansicht der Psychologen, eine Geschwindigkeitsbeschränkung nicht durchsetzen, ohne daß es zu Unruhen käme. Der Psychologe Bliersbach schreibt: »(...) es war interessant, als wir für die Bundesanstalt für Straßenwesen zum ersten Mal damit begannen, in zwei Motivstudien Erlebnisdimensionen bei der Teilnahme am Straßenverkehr zu untersuchen. Dabei fanden wir heraus, daß mit dem Autofahren die größte Attraktivität verbunden wurde und daß gerade das Schnellfahren eine besondere Bedeutung dabei hatte. Insofern sind für uns die Autobahnen enorm wichtig, weil sie deutlich machen, was alles so im Autofahren liegt (...) Schnellfahren ist eine der letzten Möglichkeiten, sich in unserem Leben, in unserer Gesellschaft zu erproben.« Und ein Herr Lenz von der »Bundesanstalt für Straßenwesen« sagt über die Folgen einer Geschwindigkeitsbegrenzung, sie zöge »die Einbuße an Lebensfreude oder die Beschränkung der Auslebetendenz« nach sich.

In der Tat verhält es sich aber andersherum. Gerade das Schnellfahren prädestiniert für die Einbuße an Lebensfreude. Bestenfalls durch eigenes Zerschellen an irgendeinem Brückenpfeiler, schlechtestenfalls beim Aufprall auf andere Fahrzeuge.

Im Fall von Herrn Rubinfeld, um dessen Nachruf es mir ja hier geht, hat sich der oben angedeutete Effekt realisiert. Seine »Auslebetendenz« mußte der »Lebensfreude« eines PS-starken Fahrers weichen. Das ereignete sich laut Zeitungsmeldungen folgendermaßen:

Im Oktober 1983 befand sich der Rentner Rubinfeld nachts auf der Autobahn. Er, angeblich selbst nicht mehr »sehr rüstig«, fuhr einen Polski-Fiat, der angeblich in einem noch gebrechlicheren Zustand gewesen sein soll. Diesem »Zustand von Fahrer und

Fahrzeug« sollte im späteren Prozeß eine entscheidende Rolle zukommen. Denn: Stellt schon ein Polski-Fiat an sich eine Gefährdung des Verkehrs dar, so ist ein Fiat, der weniger als 100 Stundenkilometer fährt, so gut wie geliefert. Wer sich auf einer Schnellstraße nicht in üblicher Weise fortbewegt, dann auch noch die Mittelspur benutzt, hat sich die Konsequenzen selbst zuzuschreiben.

Dieser Fiat, so heißt es in den Berichten, sei zu all dem auch noch mit viel zuviel Gepäckstücken auf dem Dach »überladen« gewesen. Nun kann man sich ja leicht vorstellen, daß aus der Sicht eines Mercedesfahrers mit üppigem Stauraum ein solcher Fiat 500 immer überladen wirkt, mit oder ohne Gepäck. Immer vorausgesetzt natürlich, er sieht ihn überhaupt.

Geladen jedenfalls hatte an diesem Abend Otto Wiesheu, CDU-Politiker mit Fallschirmjägervergangenheit, und zwar: zwei Schoppen Weißwein, eine Flasche Rotwein und einen Kir Royal. Nach eigener Aussage fühlte er sich nach dem Verzehr dieser Spirituosen immer noch rüstig genug, sein Fahrzeug selbst zu steuern. In der gewohnten Geschwindigkeit eiliger Politiker raste er über die Autobahn und fuhr auf ein langsam fahrendes – für ihn quasi stehendes – Objekt auf.

Gesehen, so Wiesheu später, habe er keinerlei Fiat, dafür aber einen »schwarzen Klotz«, in den er dann hineinfuhr, so als sei es üblich, daß man zwar nicht in einen Fiat, sehr wohl aber in einen schwarzen Klotz hineinfährt.

Der polnische Jude Rubinfeld starb. Er hatte Auschwitz überlebt und wurde vierzig Jahre danach vom Volk ohne Raum doch noch eingeholt. Personifizierung des Hindernisses an sich, war er dem Herrenmenschen immer im Wege, durch falsche Geburt, den falschen Fahrzeugtyp, falsche Geschwindigkeit und Aufenthalt am falschen Ort im falschen Moment.

Das Gericht befand, er habe letztlich seinen Tod »...zu einem erheblichen Maße mitverschuldet«. Die Erheblichkeit dieses Maßes haben die Richter der Berufungsinstanz zur zentralen Begründung ihres Spruches gemacht: Otto Wiesheu habe »(...) als er, fahruntüchtig durch Alkohol, auffuhr, einen vermeidbaren Unfall verschuldet, jedoch einen Unfall unter der Grenze, oberhalb derer eine Strafaussetzung zur Bewährung unmöglich sei.«

Ganz klar ein Fall für die Lynchjustiz! Die Grenze, »oberhalb derer« der Tod eines Herrn Rubinfeld strafrechtsrelevant ins Gewicht fiele, wird von den Schuldigen hierzulande traditionell unterlaufen. Die Verwandlung des Geschädigten in den Schädling, der den Schaden, der ihn traf, einzig und allein selbst herbeigeführt hat, ist ebenso bekannt und erprobt.

Jedenfalls wurde nichts unterlassen, um stichhaltig nachzuweisen, daß Wiesheu das eigentliche Verkehrsopfer sei. Nicht nur wurde die Nebenklägerin durch eine finanzielle Wiedergutmachung und die Belehrung über die Aussichtslosigkeit ihrer Sache ausgeschaltet, es wurden auch noch aufwendige Crash-Versuche zur Beweisführung veranstaltet. Der Kommentar des Sachverständigen beim Abspielen des Crash-Films soll nicht unterschlagen werden: »Gleich wird der Daimler von rechts kommen, da, Sie sehen, wie er eindringt in den Fiat... die beiden Fahrzeuge sind voll ineinander verhakt. Da sieht man wunderbar, daß er reingeht, da schiebt er noch, dann dringt er ein. Jetzt ist die Scheibe zersplittert, er dringt voll ein.«

Der Tod des Herrn Rubinfeld hingegen hat nach dem Ermessen der Richter die Schadensgrenze nicht erreicht.

Fotos aus dem Warschauer Getto

Im Februar 1941 fotografierte ein fünfundzwanzigjähriger Wehrmachtssoldat heimlich im Warschauer Getto. Heute, nach 42 Jahren, werden einige dieser Bilder in einem schmalen Taschenbuch präsentiert, zusammen mit einem Vorwort von Heinrich Böll.

Der Fotograf, Joe J. Heydecker, beschreibt in der Einleitung, wie es zu diesen Fotografien kam. Er sei während seiner Stationierung in Warschau »eher zufällig« ins Getto geraten, auf der Suche nach »einer alten Freundin«. Nach langem Herumirren habe er sie dann endlich gefunden, mitten im Elend, in einem von Menschen überfüllten, ungeheizten Raum. »Ich ging mit der Überzeugung«, schreibt er, »daß es all diesen unglücklichen Menschen bestimmt war, bewußt und vorbedacht bestimmt war, getötet zu werden.«

Wenig später beschloß er, im Getto zu fotografieren: »Ich fotografierte, um die Schmach festzuhalten – gewissermaßen, um den Schrei zu konservieren, den ich in die Welt hätte hinausschreien wollen. Mehr kann ich dazu nicht sagen.« Seine Schilderung dieser beiden Tage, an denen er fotografierend – einmal allein und einmal in Begleitung zweier Freunde – durchs Getto streifte, zeigt die Grenzen dieses Unternehmens.

In so einer Situation ist es offensichtlich vollkommen egal, mit welchen Motiven jemand fotografiert, ob er zynischer Voyeur oder gefühlvoller Sympathisant ist. Heydecker bezeichnet sich als hilflosen Augenzeugen, dem nichts weiter blieb, als die Verbrechen zu dokumentieren. Dadurch unterscheidet er sich von all den fotografierenden Soldaten und SS-Männern, die den sensationellen Schnappschuß ins Album klebten und mit Schönschrift einen humorigen Text unters Grauen schrieben.

Die Fotografierten sahen ihn anders, sahen einen Deutschen in Uniform, der seine Kamera zückt. Je näher er mit seinem Objektiv an Tatort und Opfer heranging, um so mehr entfernte er sich zugleich. Er fühlt sich nicht als deutscher Soldat, sondern als professioneller Fotograf: »Ab und zu blieb ich stehen und fotografierte, Straßenszenen, elende Kinder, einen bemerkenswerten Kopf, ein armes Gesicht. Es gab Schwierigkeiten. Ich habe – Jahre später – in Holland Fischer, auf Ceylon Priester, in Bolivien Indianer fotografiert, ich trat auf sie zu, fragte freundlich um Erlaubnis: kein Problem!«

Der spezifische Blick aufs Motiv verwischt hier den Unterschied zu anderen Motiven. Arglos äußert der Fotograf, daß man es mit Exoten und frommen Männern nicht leicht hat. Daß die Besitzer des »armen Gesichtes« und des »bemerkenswerten Kopfes« aufgrund deutscher Präsenz so vom Fleische fielen und dahinvegetierten, stört die ästhetische Betrachtung in keiner Weise.

Und tatsächlich, ohne es eigentlich zu bemerken, wird aus dem solidarisch ambitionierten Fotografen der Feind, der er nicht sein wollte. Wie aber sollten die Fotografierten sich sein Interesse erklären? Wie sollten die von den Deutschen gründlich Enteigneten das Fotografiertwerden anders auffassen, als daß ihnen dieser Zustand der Verelendung nun als etwas ihnen Eigentliches, typisch Jüdisches, untergeschoben werden sollte. Aus ihrer Perspektive war das nur wieder ein Akt neuerlicher Erniedrigung, der irgendwelchen geheimen unheilvollen Zwecken dienen sollte, die mit Erfassung und Identifizierung zu tun haben. Dem war verständlicherweise nichts entgegenzusetzen als Furcht und verlegenes Stillhalten.

Die Fotografien zeigen das sehr deutlich. Sie zeigen die Eingesperrten an einem kalten Wintertag, unterwegs auf den Straßen des Warschauer Gettos. Die meisten Männer, Frauen und Kinder sind unzureichend bekleidet und unterernährt. Sie bieten verschiedene Dinge zum Kauf an, hölzerne Schemel, Bücher, Brote, Brennholz, all das, was gebraucht wurde. Viele haben überhaupt nichts mehr anzubieten. Ihre blanke Existenz ist abhängig von den Almosen derer, die noch etwas haben. Der Zwang zu diesem elenden und absurden Leben, seine Stigmatisierung, ist auf einem der Bilder geradezu versinnbildlicht: Ein etwa elfjähriges Mädchen lächelt verlegen, es verkauft die vorgeschriebenen weißen Binden mit dem Davidstern, aus Stoff und Papier, einzeln und als Meterware.

Diese Fotos sind sicherlich gelungene Momentaufnahmen des Alltagslebens im Getto, in ihnen dokumentiert sich aber vor allem eins: resignierte Unterwerfung und Angst gegenüber dem Fotografen und der Gewalt, die seine Erscheinung und Uniform androhen. Deshalb kann ich auch das Eigenlob von Verlag und Autor nicht gelten lassen, das darauf hinausläuft, man habe hier eine wohlmeinende Sichtweise auf die Todeskandidaten vorgelegt. Sie ist nicht möglich. Jeder Blick, den heute deutsche Betrachter auf diese Bilder richten, ist vorgegeben in der Perspektive und festgelegt im konservierten Verhältnis zwischen Betrachteten und Betrachter. Die Blicke der Fotografierten fixieren auch den, der ihren gedruckten Rest heute betrachtet, mit denselben Gefühlen, mit denen sie dem Fotografen gegenüberstanden. Und in jenem Moment, in dem sie ins Objektiv schauten, wußten sie nur, daß es ein deutsches ist, nicht aber, was ihnen bevorsteht – und auch nicht, daß 1983 ihr Bild in einem deutschen Buch zu sehen sein wird, in einem Land, in dem alles so vorwärtsgeht, als wäre nie etwas geschehen.

Es stellt sich die Frage, ob es für diese Bilder heute überhaupt noch einen Platz gibt. Daß der deutsche Taschenbuchverlag sie gedruckt hat, ist ja noch kein Beweis dafür.

Man muß sich nur einmal die Fotos ansehen, die in jeder deutschen Familie zu finden sind. Wohlgeordnet in Alben, zwischen Seidenpapier mit Spinnwebmuster, finden sich da Urgroßeltern, Eltern, Tanten und Onkels, Freunde und Bekannte abgelichtet. Eine Frau hat ein Kind auf dem Arm, ein paar Seiten weiter steht der Knabe schon in HJ-Uniform neben seinem Fahrrad und lächelt. Auch der Vater, zuvor noch in Badehose, trägt nun Wehrmachts-, SA- oder SS-Uniform, hält die Gattin im Arm und ist schon gezeichnet von seiner großen Aufgabe. Auf der nächsten Seite haben wir bereits die frühen 50er Jahre, den Hund Sowieso, den neuen Wagen, unverändert freundliche Mienen. Krieg, Uniform und Auftrag sind wie weggeblasen, und schon gar nicht gibt es einen Hinweis auf die Verknüpfung zwischen eigener und kollektiver Geschichte. Alles bleibt privat. Das Familienalbum hat die Funktion, Erinnerungen weiterzugeben an die nächste Generation. In diesen Erinnerungen ist kein Platz vorgesehen für die anonymen Gesichter aus dem Warschauer Getto, den abgeschabten schmierigen Gestalten mit den ungepflegten langen Bärten.

Und gibt es für sie einen Platz in der öffentlichen Erinnerung, im täglichen Leben der Bundesrepublik?

Schwerlich. Was sollten sie ausdrücken in einer Gesellschaft, in der die HIAG (ein Verein zur Traditionspflege der Waffen-SS) ihre regelmäßigen Treffen abhält und Kameradschaftsabende, in der ein Minister verkündet, der Pazifismus habe Auschwitz möglich gemacht, und in der ein Vorsitzender des Ausschusses für Wissenschaft und Kunst in Niedersachsen sein Votum für die Nato-Nachrüstung folgendermaßen begründet: »Von den zwei totalitären Systemen, die wir Deutsche erlebt haben, ist das kommunistische das inhumanste. Es hat zig Millionen Menschen umgebracht, tut es nachweislich heute noch auf bestialische Weise. Da ist das nationalsozialistische, das den Mord fabrikatorisch vollzogen hat, vielleicht humaner – denn es ging in Sekunden.«

Bleibt also die Frage, wohin mit dem Buch?

Der Verlag scheint ihr vorgebeugt zu haben durch einen neutralen Titel. 1981 erschienen die Fotos nämlich in Brasilien unter dem Titel »Wo ist dein Bruder Abel?«, aus dem dtv einfühlsam »Das Warschauer Getto« machte. Dokumentiert ist allein das Schicksal der Juden, nicht deutsche Geschichte.

Vollstreckter Versöhnungsvollzug

Die Deutschen haben in ihren Feiern zum 8. Mai aller Welt bewiesen, daß sie die verantwortungsbewußten Erbwalter dessen sind, was sie als Nationalsozialisten vollbracht, gelernt und geliebt haben. Ideologie tut ungebrochen ihren Dienst als bare Münze, für die man sie nimmt, und die herrschenden Wahrnehmungsweisen funktionieren nach wie vor so, daß historische und aktuelle politische Zusammenhänge zerfallen, in beziehungslos aneinandergereihte Ereignisse schicksalhaften Charakters. Im Verein mit dieser unpolitischen Bewußtlosigkeit ergeben die Wesensmerkmale Ordnungssinn und Gründlichkeit jene überall bewunderte »Stehauf-Männchen«-Mentalität. Mit eben dieser Verve, mit der man vormals zum Massenmord geschritten ist, hat man nun auch den geschichtskorrigierenden Schlußstrich unter die eigene Vergangenheit gezogen.

Dieser Schlußstrich – oder in besserem Deutsch »Geste der Versöhnung« – soll nicht nur unter die eigene Vergangenheit gezogen werden, sondern auch unter die der Opfer. Vierzig Jahre »danach« wird ihnen zugerufen, muß man endlich vergessen können. Das beanspruchen die, die sich beim besten Willen an nichts erinnern können. Den Opfern wird ohnehin die Ernsthaftigkeit ihres Schmerzes, »nach so langer Zeit«, nicht mehr geglaubt, und die Großzügigkeit der Geste besteht darin, daß man ihnen den arg abgetragenen Schleier des Vergessens feierlich überreicht. Auf diese Weise ist die eigene Amnesie – durch die Liquidierung der Erinnerungsfähigkeit der Opfer nämlich –

kompensiert, man hat sich von ihnen die Wiedergutmachung erzwungen. Jedoch die Hartnäckigkeit, mit der die Überlebenden und deren Nachkommen an ihrer Erinnerung festhalten, stört den ersehnten Frieden und schafft ungute Gefühle gegen solchen Trotz.

Daß bei Verleugnung und gleichzeitiger Kenntnis der historischen Tatsachen die Widersprüche derart unbezähmbar aus den Handlungen und Argumentationen hervorbrechen, haben öffentliche Auftritte in Sachen deutscher Vergangenheitsbewältigung immer wieder gezeigt. Dadurch, daß man »seit 45« alle Energie auf die Bewältigung dieser Widersprüche gewendet hat, scheint es jetzt so, als hätte man damit zugleich die Vergangenheit überwunden. Und in der Praxis ist dem ja auch so; in dem Maße, in dem die Widersprüche gar nicht mehr bewältigt werden müssen, sondern – weil es ihrer Natur entspringt – gleichberechtigt nebeneinander stehen bleiben dürfen, ist die Vergangenheit tatsächlich bewältigt, man beachtet sie einfach nicht mehr. In den Medien hat sich diese Gleichgültigkeit ebenso offenbart wie in den Politiker-Reden. Da war von den »Überlebenden des Nationalsozialismus« die Rede, und gemeint waren gleichermaßen die ehemaligen Nazis als auch deren Opfer. Im günstigsten Fall ergab noch der Kontext einen Hinweis auf Unterschiede, aber der Tenor war eindeutig der: Opfer der »Nazi-Barbarei«, »Braunen Diktatur«, »Hitlers Gewaltherrschaft« oder auch des »Faschismus« waren alle, sowohl die in den Konzentrationslagern Gemordeten als auch das unterdrückte deutsche Volk. Deshalb auch feiert man den Jahrestag der Befreiung. Daß es sich bei den Nationalsozialisten um Deutsche handelte (in ihrer Mehrheit jedenfalls), daran werden sich bald nur noch die Opfer erinnern. Sie wissen genau, daß die Verbrechen an ihnen nicht lediglich »im Namen der Deutschen begangen« wurden, sondern von Deutschen.

Im Zeitalter der Informationsgesellschaft bedarf es zur Verbreitung der herrschenden Ideologie keines schwerfälligen Propagandaaparates mehr, hier schaltet man sich in der Berichterstattung freiwillig gleich. Die Sprachregelungen müssen den Schriftleitern nicht mehr auf täglichen Besprechungen im Reichspropagandaministerium vorgeschrieben werden, sie liegen jedem schon ganz natürlich auf der Zunge, Bewußtsein und Sprachgebrauch sind identisch wie nie zuvor. Damit ist endgültig auch noch die letzte Illusion menschlicher Verantwortlichkeit für die Geschichte dahin. Das faktische Wissen der Schuld hat sich nicht in einer Veränderung ihrer Subjekte niedergeschlagen, sondern in anhaltender Regression und blinder Rationalisierung.

Nur von daher ist zu verstehen, weshalb die Akkumulation der Opfer – und der Versöhnungsversuche mit ihnen – der gleichen geistigen Haltung entspringt. Heute haben wir einen Bundeskanzler, der in geradezu idealer Weise diese Haltung repräsentiert. Seine aufgrund später Geburt erworbene Anständigkeit exkulpiert zugleich das gesamte Volk und zudem jedes absichtslos zweideutig klingende Wort aus seinem Munde. Er sagt es und er glaubt es, daß er unschuldig ist an »all den Opfern von Mord und Völkermord«, er kann und will sich nicht identifizieren lassen mit jenem »wahnhaften Vernichtungswillen, der die Orte unvorstellbaren Grauens geschaffen« hat. Insofern kann auch der Versöhnungswille – den er immer wieder an die Opfer heranträgt – von ihm als »noble Geste« ausgewiesen werden. Daß die Opfer sich dennoch distanzieren, erregt Unverständnis und »Betroffenheit« und drängt die Absicht dorthin, wo es keinen Widerspruch gibt: zu den Toten. Und auch hier enthüllt sich das antijüdische Ressentiment im Übereifer des Gedenkens an die »umgekommenen« Juden so, als verstünden sich die Morde an Zigeunern, Kriegsgefangenen, Politischen, Homosexuellen und unzähligen Frauen und Kindern von selbst. Damit nicht genug, legt man den Gemordeten versöhnlerisch, im übertragenen Sinne, auch noch ihre Mörder zur letzten Ruhe ins Massengrab, sozusagen als Akt der Gleichschaltung aller Opfer eines dunklen historischen Prozesses. So, wie ursprünglich der Weg nationaler Erneuerung über den Genozid führte, werden die Gemordeten zum gleichen Zweck noch mal geschändet, durch die Generalversöhnung »über alle Gräber hinweg«, indem sie ihrer Geschichte enteignet werden und alles – sie von ihren Henkern Trennende – nivelliert wird.

Im gleichen Maße, wie man über Täter und Opfer die letzte Ruhe verhängt hat, erwartet man nun auch, daß die Überlebenden sie endlich geben. Statt dessen wird von den Medien ein solcher

Widerstand der Überlebenden dagegen wahrgenommen, daß nicht viel gefehlt hätte, und man würde wieder von einer Verschwörung des Weltjudentums gesprochen haben. Der Tatbestand, daß »nach 40 Jahren« Juden in ein deutsches KZ eindringen und Hausfriedensbruch begehen, löst hierzulande das peinliche Gefühl aus, man müsse sich für sie schämen. Man ist daran gewöhnt, daß alles unternommen wird, um »alte Wunden wieder aufzureißen«, kann es aber nicht verstehen, weshalb die Juden glauben, sie könnten in unseren KZs ein und aus gehen, wie sie wollen. Der alte arische Übermachtstraum zeigt sich hier unkaschiert in schöner Kontinuität, und so ließ man die Rabbiner dann auch von der Polizei aus Bergen-Belsen abführen mit der strengen Ermahnung, doch bitte »... die Würde der Stätte zu achten«.

Dieser als »Zwischenfall« bezeichnete historische Moment hat besser als alle übrigen Schamlosigkeiten gezeigt, daß Geschichte sich aller Bewältigung entzieht, denn der deutsche Bundeskanzler trat als Hausherr in einem KZ auf, der befugt ist, sich Art und Anzahl seiner Gäste selbst zu wählen. Und so wurde dann auch in ungestörter Souveränität der Gang – resp. die Fahrt – zum Mahnmal angetreten, der Ort erneut zum Tatort gemacht. Von seltener Monstrosität zeugen diese Gedenkstätten, wenn man sich einmal klarmacht, wofür sie dienen müssen: Sie sind Kranzdeponien bei feierlichen Anlässen und Entsorgungsparks fürs schlechte Gewissen der Erfinder der Sonderbehandlung.

An diesen Orten quellen die gesalbten Reden über jeden Sinn hinaus, und die Betroffenheiten werden als derart tief und schmerzlich ausgegeben, daß sich daneben das Elend der Betroffenen wie eine leichte Verstimmung ausnimmt. Beim jüngsten Besuch dieser Art ging man noch einen Schritt weiter: Sowohl Kohl als auch Reagan wollten etwas »teilen« mit den Toten in den Massengräbern. Kohl den »Mut« und Reagan die »Hoffnung«. Derer, für die beides vergebens war. Den Gemordeten werden umstandslos diese heldenhaften Gefühle unterstellt, damit diese sich als Tugenden exhumieren lassen, die man sich für die freie Entfaltung einer besseren Marktwirtschaft gegenseitig wünscht. Kohl hat schon zuvor auf dem Bankentag den Bankiers jenen »Mut zur Investition« ans Herz gelegt, den ein Häftling im Konzentrationslager – selbst angesichts der Ausweglosigkeit –

angeblich noch hatte. Aber an diese und vergleichbare »Pannen« – wie man im KFZ-Jargon solche Ungeheuerlichkeiten zu nennen pflegt – haben sich alle längst gewöhnt, die Erinnerung an sie überdauert kaum die Zeit bis zum nächsten einschlägigen Ausspruch. Es kommt immer jemand, der es noch schlimmer macht, in diesem Fall sogar der amerikanische Präsident, der in Bergen-Belsen ausrief: »... in all dem hier muß trotz allem ein Sinn liegen«, womit er den Deutschen die gewünschte Weise der Versöhnung offerierte, denn wo ein Sinn im Leiden und Grauen postuliert wird, erklärt man zugleich das Einverständnis mit dem Verlauf, der der Geschichte gegeben wurde. Der Sinn, den der Massenmord stiftet, liegt dann – so Reagan – darin, daß die Ermordeten »uns daran erinnern, daß das Leben über die Tragödie und den Holocaust triumphiert und sogar Leid, Krankheit, Prüfungen und selbst Vergasungen überwunden hat«. Dieser schamlos offenbarte Triumph der Lebenden über die Toten – indem das Leben als Wert gesetzt wird, der auch die Frage nach der Schuld am Tod der Opfer irrelevant werden läßt – nährt zugleich jene Stimmung von Optimismus und Draufgängertum (auch Hoffnung und Mut genannt). Aber auch auf die Schuldfrage fand Reagan eine Antwort: »Das, was im Holocaust geschehen ist, wird das Brandmal der Geschichte tragen.« Im Viehzüchter-Jargon drückt sich aus, daß das Geschehen – durch *ihr* Brandmal gekennzeichnet – jetzt Eigentum *der* Geschichte ist, und Kohl fügte hinzu: »Wir verneigen uns in Trauer vor den Opfern von Mord und Völkermord.«

Es kann getrost gesagt werden, daß wir an diesem Tag in unserem Bundeskanzler einen kompetenten Lagerkommandanten gefunden haben, der den Toten in den Massengräbern gezeigt hat, was eine Versöhnung ist und wie man sie vollstreckt, nämlich mit seinen Gästen auf Klappstühlen ruhend, der »Würde der Stätte« eingedenkend. Auch Himmler wird wohl bei seinen KZ-Inspektionen durchs Lager gefahren worden sein, ebenso wie unser Kanzler und seine Gäste.

Nein, dieses Volk mit seiner Kultur ist nicht an dem Grauen zugrunde gegangen, das es anderen bereitet hat, im Gegenteil, seine Katharsis resultiert aus der Masse der Opfer, die es sich gebracht hat und denen jetzt, nach 40 Jahren, offiziell bestätigt wird, welchen Sinn der Mord an ihnen hatte. Die einzige Irritation, die man den Deutschen anmerkt, ist die der Demütigung, so herabgesunken zu sein von Herrenmenschen zu Mitgliedern einer x-beliebigen Demokratie. Signifikant für den ungebrochenen Antisemitismus ist hierzulande der Eifer, mit dem gerade immer wieder die jüdischen Opfer herhalten müssen, um über sie Gedenkfeiern, Bewältigungsansprachen und unverbindliche Selbstanklagen niedergehen zu lassen. Und wie z. B. auch die jüngsten Feierlichkeiten gezeigt haben, ist dieser Antisemitismus so selbstverständlich und eingefleischt, daß er sich in jeder Stellungnahme äußert – besten Gewissens vorgetragen wird –, gerade dann, wenn sein Gegenteil unter Beweis gestellt werden soll. Der Zynismus hat Tradition, und diese hält man den Juden entgegen, wenn sie empört sind über den ehrenden Staatsbesuch, auch an den Gräbern der Waffen-SS, denn es ist in Deutschland kein Friedhof zu finden, auf dem keine Gräber von SS-Leuten, NSDAP-Mitgliedern, BDM-Führerinnen und Mördern der Stirn und der Faust zu finden wären.

Zusammenfassend muß gesagt werden, daß sowohl die Gräber- und Versöhnungsschau als auch die nationale Erneuerung auf etwas ganz anderes hinweisen, als sie vorgeben, das Motto müßte lauten: »Frieden mit der Vergangenheit – mit den Nato-Partnern gemeinsam den Krieg der Zukunft erarbeiten«. Deutscher Wiederaufbau bis zu den Sternen hinauf ist angesagt, die 50er Jahre sind als geistiges Klima populär wie selbst in den 50er Jahren nicht, inklusive Totalitarismustheorie und russischem Feindbild. Diese Tatortbesichtigung war nichts anderes als ein triumphaler Auftritt auf dem Boden einer anachronistisch gewordenen Macht-, Gewalt- und Kriegspraxis. »Daß so etwas nie mehr geschieht«, dafür können wir getrost bürgen, im Zeitalter der Overkill-Kapazität wirkt eine Todesmanufaktur geradezu komisch. Der konventionelle Genozid ist überwunden, angesagt ist die Gesamtvernichtung der Welt als verfügbare Möglichkeit. Reagan in Hambach: »Wir haben das Außergewöhnliche zum Alltäglichen gemacht.« Wir haben Übermenschliches geleistet.

Volk ohne Heimatliebe

»Viele behaupten, daß es zum 2. Weltkrieg gekommen ist, weil ER nicht studieren konnte.« (Was ich über Adolf
Hitler gehört habe, Berufsfachschüler,
19 Jahre)

Hierzulande schießen wie die Pilze auch die Faschismustheorien, immer synchron zur politischen Wetterlage, aus dem Boden.

Bereits unmittelbar nach der Niederlage resp. Befreiung oder
auch Kapitulation hefteten sich Historiker wie Bluthunde an die
noch frische Spur der Geschichte. An den Quellen fand sich
rasch eine Erklärung für das Schreckliche, das »geschehen« war:
die Führertheorie. Militärisch-diplomatische Quellen sowie
Augenzeugenberichte und Protokolle ergaben das schlüssige
Bild einer militärtechnisch unfähigen und psychisch unbere-
chenbaren Führerpersönlichkeit. Die Ursache für alle Verbrechen, zu denen das deutsche Volk getrieben wurde.

Rechtzeitig zum »Kalten Krieg« warteten die Historiker mit der
Totalitarismustheorie auf. Sie behaupteten die Wesensgleichheit
kommunistischer und faschistischer Systeme anhand der Orga-
nisationsstruktur und Ideologie. Beide Systeme seien geprägt
durch eine offizielle Verheißungslehre, eine Massenpartei unter
diktatorischer Führung, den terroristischen Einsatz einer Ge-
heimpolizei gegen politische Widersacher sowie das Nachrich-
tenmonopol und eine zentrale Lenkung der Wirtschaft. Populäre
Version war »Rot gleich Braun«.

Nach dem Ende des »Kalten Krieges« wurde die Totalitarismustheorie, da sie für außenpolitische Zwecke nicht mehr tauglich
war, für den innenpolitischen Gebrauch modifiziert. Mit der
Studentenbewegung kam Ende der 60er Jahre endlich jene kriti-

sche Faschismusdiskussion in Gang, die bis heute gegen eine konservative Mehrheit ankämpft. Politologen, Soziologen, Psychoanalytiker und einige Historiker analysierten Faschismus, indem sie seine sozialen Entstehungsbedingungen untersuchten. Faschismusforschung wurde zum Gegenstand kritischer Wissenschaft. Die Kontinuität national-sozialistischer Denktraditionen platzte aus ihrer demokratischen Verhüllung beim Versuch, die Studentenbewegung niederzuschlagen und zu denunzieren. Hier bewährte sich dann die Totalitarismustheorie im Hausgebrauch gegen den inneren Feind.

Die etablierten Historiker weigerten sich, Faschismus als interdisziplinären Forschungsgegenstand zu betrachten, und disqualifizierten die kritischen Theorien als unwissenschaftlich. Einige ihrer Vasallen begingen jedoch »Verrat« durch die Hervorbringung einer Mittelstandstheorie und die Übernahme der amerikanischen Modernisations-Theorie. Beide Theorien, einerseits die der Begünstigung des deutschen Faschismus durch Verarmung und Panik der Mittelklasse und andererseits die der wesentlichen Bedeutung des Faschismus für den Industrialisierungs- und Modernisierungsprozeß, wurden auf Fachtagungen und in den einschlägigen Zeitschriften heftig diskutiert.

1973 kamen mit dem Beginn der Wirtschaftskrise mehr und mehr die altbewährten Faschismustheorien zu neuen Ehren. Führertheorie und Totalitarismustheorie sind nun so etwas wie die gültige Staatsdoktrin zur Vergangenheits- und Gegenwartsbewältigung. Der Höhepunkt einer nachfolgenden »Hitler-Welle« war 1977 die Verfilmung von Fests Hitler-Biographie. »Hitler-Welle« und »Deutscher Herbst« sind Ausdruck des erfolgreich beendeten »Kalten Krieges« gegen die »linkstotalitären Umtriebe« im eigenen Land.

Aber erst mit der »Holocaust-Serie« wurde auch der »breiten Masse« die Tür aufgestoßen, durch die sich ein Blick in die Schreckenskammern der Vergangenheit werfen ließ, so als wären es fremde. Stärker als der Film, geschweige denn dessen historische Faktenaufbereitung, traf dann auch die Bürger das Ausmaß ihrer eigenen Erschütterung. Zwanzig Millionen verstörte, mitleidsvolle und weinende Menschen ließen sich leicht in eine gutherzige Relation zu sechs Millionen ermordeten Juden bringen.

Die »Holocaust«-Tränen waren aber nicht, wie fälschlicherweise angenommen, der »Durchbruch zur Fähigkeit zu trauern«, sondern eine lang ersehnte und umstandslose Möglichkeit zur Selbstreinigung.

Seitdem ringt man von rechts bis links um »ein Stück« nationaler Identität, territorialer Souveränität und Liebe zur Heimat. Man ruft nach Schutz vor fremdbestimmter Raketenstationierung in unserem Land, vor Zerstörung unserer heimischen Umwelt oder vor Überfremdung durch ausländische Arbeitnehmer.

Der »Holocaust«-Serie folgten in ununterbrochener Aneinanderreihung Dokumentarfilme über Alltag und Dienst im NS, Spielfilme, Publikationen und Hörfunksendungen. Deren nicht unerwünschter Sättigungseffekt hat dazu geführt, daß das untrügliche Gefühl aufkam, die Vergangenheit sei nun »bewältigt« genug. In diesem Klima der »Faschismus-Müdigkeit« erregten faschistoide Vorstöße von Politikern (wie Fellner u. a.) oder gar die Bergen-Belsen / Bitburg-Versöhnung durch Kohl und Reagan kaum noch Aufsehen.

Daß wir nun seit einem halben Jahr einen sogenannten Historiker-Streit, der parallel zur patriotisch moralischen Aufrüstung läuft, verfolgen müssen, zeigt, daß die herrschaftspolitische Inbesitznahme der Geschichte auf keinen nennenswerten Widerstand mehr stößt. Das verhältnismäßig geringe kritische Echo auf das, was hier vorbereitet wird, ist gerade deshalb so skandalös, weil es sich bei der neukreierten Totalitarismusversion ja nicht um ein Produkt eitler Historiker handelt (und beim Goebbels-Gorbatschow-Vergleich des Kanzlers nicht um die private Dummdreistigkeit eines Kohl), sondern um eine groß angelegte Anstiftung zum Patriotismus um jeden Preis. Gefragt ist eine verschärfte Vaterlandsliebe immer dann, wenn sich nationale und internationale Konflikte zuspitzen. Was debattiert wird und wie, zeichnet sich besonders deutlich an der neuen Schamlosigkeit ab, die man sich als erstes Zeichen der Genesung vom »Selbsthaß« hoch anrechnet. Eine »Renaissance des Geschichtsbewußtseins« (Kohl) ist in der Tat angebrochen. »Gnade der späten Geburt heißt ja auch Auftrag« (Kohl), in dem auch enthalten sei, »daß man nicht pauschal ein ganzes Volk in den Orkus werfen kann«. Daß man, im Falle rechtzeitiger Geburt, zuverlässig den Auftrag, ein ganzes Volk pauschal in den Orkus zu werfen, erfüllt hat, scheint dem zu spät Geborenen nicht bekannt vorzukommen. Altbundeskanzler Schmidt machte in seinem Liebesfilm über Hamburg eine Nebenbemerkung zur Vorkriegszeit, die Juden seien in Hamburg geachtete Bürger gewesen, bis die Nationalsozialisten »kamen«.

Ernst Nolte, Historiker, schreibt von der »sogenannten Vernichtung der Juden während des III. Reiches«, sie könne keineswegs Anspruch auf Originalität oder Einmaligkeit erheben, denn es handle sich um eine »Reaktion oder eine verzerrte Kopie«. Todeslager und Genozid als Fälschung? Hillgruber wundert sich, daß ein »humanistisch gebildeter« Dr. Mengele sich zum Massenmord herablassen konnte. Hildebrand spricht von der altbekannten Analogie zwischen Rot und Braun, meint aber mit der »Vernichtungsqualität des Kommunismus und Nationalsozialismus«, daß überall dort, wo totalitär gehobelt wird, eben auch vergleichbar viele Späne fliegen. Diese Historiker haben den Zeitpunkt richtig gewählt, die »Tabuzone« ist Niemandsland geworden, und auch eine Schamröte gibts seit geraumer Zeit nicht mehr zu retten. Die alte »Schuldbesessenheit« (Stürmer) ist heilbar durch »höhere Sinnstiftung«, und die kann eben »nach der Religion bisher allein Nation und Patriotismus« leisten.

Nolte unterbreitet dem blutigen Laien in der *FAZ* angeblich offene Fragen: »Vollbrachten die Nationalsozialisten, vollbrachte Hitler eine ›asiatische Tat‹ vielleicht nur deshalb, weil sie sich und ihresgleichen als potentielle Opfer einer ›asiatischen Tat‹ betrachteten? War nicht der ›Archipel Gulag‹ ursprünglicher als Auschwitz? War nicht der ›Klassenmord‹ der Bolschewiki das logische und faktische Prius des ›Rassenmords‹ der Nationalsozialisten?«

Genozid im begnadeten Verfolgungswahn? Nolte will nicht, daß wir immer nur »auf den einen Mord« schauen, sondern auch auf den, den der Russe auf dem Gewissen hat. Daß der »eine Mord«, trotz millionenfacher Ausführung, heute an Bedeutung verloren hat und zudem ohnehin nur ein hilfloser Akt der Nachahmung und Notwehr war, will uns Nolte vermitteln. Das Gebilde ist aber in sich nicht schlüssig, denn wozu führt es denn, wenn wir nach einem »gemeinsamen Nexus« von Morden Ausschau hielten, die wir nur deshalb nicht begehen konnten, weil wir erst 1941 in Rußland einfielen, um 20 Millionen »jüdisch-bolschewistische« oder »asiatische Untermenschen« in den Tod zu treiben?

In der »Hanns-Martin-Schleyer-Stiftung« in Berlin tagten die Historiker (ohne Nolte) und kamen zu weiteren Ergebnissen. Diese Stiftung, übrigens eingerichtet von Daimler, um die Verdienste des früheren Arbeitgeberpräsidenten und noch früheren SS-Führers zu würdigen – wobei dessen SS-Führer-Existenz karrieremäßig durchaus als logisches und faktisches Prius seiner späteren Arbeitgeberpräsidenten-Existenz angesehen werden muß –, hat laut Satzung den Auftrag, »gemeinsame Grundwerte« zu erarbeiten. Diesem Auftrag fühlen die Historiker nach und setzen alles daran, daß Geschichte, auch in einer pluralistischen Gesellschaft, auf einen konsensfähigen Nenner gebracht wird. Das aber ist, so die Redner auf der Tagung, dadurch beeinträchtigt, daß die DDR alle »positiven« historischen Traditionen deutscher Geschichte für sich allein beansprucht und wir, bei der Siebenhundertfünfzig-Jahrfeier, auf unseren freigelegten Folterkellern in Berlin sitzen bleiben.

Damit soll nun Schluß sein. Es soll Staat gemacht werden mit einem neuen deutschen Selbstbewußtsein; als wäre nicht gerade mit dem alten und den alten Nazis ein Staat gemacht worden, der heute einer der reichsten der Welt ist. Die ewigen Selbstanklagen sollen ein Ende haben; dabei sind niemals Straftäter schonungsvoller behandelt worden als unsere hochbelasteten Richter, Ärzte, Verwaltungsbeamten, Industriellen usw.

Wir sind immer noch das Land mit dem höchsten Verbrauch an Weichspülmitteln, aber mit dieser und anderen krankhaften Ausformungen eines selbstzerstörerischen Schuldkomplexes soll nun ein Ende gemacht werden. Zwei Museen für deutsche Geschichte sind in Planung, eines in Bonn und eines in Berlin. Ihre Funktion soll darin bestehen, Geschichtswaschanlage zu sein, und die Exponate für die Ausstellung werden schon jetzt von allen Verschmutzungen gereinigt. Für die Siebenhundertfünfzig-Jahrfeier Berlins sind die hoffnungslos infizierten Exponate bereits in eine Isolierbaracke abgeschoben. In einer »zentralen

Ausstellung« soll die Geschichte des »NS-Terrors« separiert gezeigt werden.

Erinnerung scheint ein zentrales Moment im Kulturkampf um
baldiges Vergessen, denn die Zukunft gewinnt, laut Stürmer, nur
derjenige, der »die Erinnerung füllt, die Begriffe prägt und die
Vergangenheit deutet«. Stürmer sucht mitten im Wahlkampf –
sofern er nicht gerade für Herrn Kohl eine Rede schreibt – nach
»deutscher Identität« und »innerweltlicher Sinnstiftung«. Da er
nicht Theologe, sondern Historiker ist, sucht er nach der »verlorenen Geschichte«. Nun ist es aber so, daß der Sinn unserer Geschichte bereits gestiftet ist, man muß ihn nicht lange suchen,
und an Identität mit ihm fehlt es von Tag zu Tag wieder weniger.

Innenansichten vom biederen Massenmörder

Arbeit

»Mein liebes Putteli!
Wieder ist ein harter Arbeitstag zu Ende. Ich sitze allein in meinem Hotel und habe soeben zum Abendessen gekochten Kabeljau mit Salzkartoffeln und Senfsoße zu mir genommen. Jetzt leiste ich mir ½ Flasche ›1934er Crettnacher Eucharienberg‹ von den Ufern der Saar (...) Die heutige Arbeit ging ziemlich flott. Das Haus ›Arafna‹ mit 68 Insassen ist fertig geworden, von denen ich 34 gemacht habe (...) Meine heutige Tätigkeit erstreckte sich also auf erhebliche Todeskandidaten...«

(Friedrich Mennecke, 1941 Selektion in Bethel, an seine Frau)

»Von morgen (Sbd) bis Montag früh ruht unsere Arbeit, weil wir den evangelischen Sonntagsfrieden in Bethel nicht weiter stören wollen.«   (Ders., Brief vom darauffolgenden Tag)

»Als Dr. Steinmayer und ich – wir arbeiten heute allein im KZ – um 18 h Schluß machten, holte ich vom Bahnhof mein Köfferchen ab und ging zum ›Deutschen Haus‹. Das gefiel mir absolut nicht, das Zimmer war unter aller Würde!!! (...)«
                    (Ders., mit »Küßlis aus Oranienburg«
                    an das »liebe Puttli-Muttilein«)

»O Mausi, das mit dem Lufttorpedo ist ja gruselig (…) In den zwei Autos fuhren wir gleich nach Dachau hinaus. Wir fingen heute aber noch nicht an zu arbeiten, da die SS-Männer erst die Köpfe der Meldebögen ausfüllen müssen (…) Es sind 2000 Mann, die sehr bald fertig sein werden, da sie am laufenden Band angesehen werden.«   (Ders., Mit Küßlis und »Ahoi« an
die »liebste Mutti« = Gattin)

»Es ist 17.45 h, ich habe mein Tagwerk vollbracht und sitze wieder im Hotel (…) Die Arbeit flutscht nur so, weil ja die Köpfe schon getippt sind und ich nur die Diagnose, Hauptsymptome et cetera einschreibe, (…) Dr. Sonntag sitzt dabei und macht mir Angaben über das Verhalten im Lager, ein Scharführer holt mir die Patienten herein, – es klappt alles tadellos.«
(Vom »treuen Fritz-Pa«
aus Ravensbrück an dies.)

»Ich sitze in der fabelhaften Halle dieses wirklich vornehmen Hotels in schwerem Ledersessel. (…) All dies schöne und Gewaltige gerade in diesem Hotel, möchte ich nicht so allein erleben, sondern meine Mu soll auch dabei sein! (…) Die Vorbereitung der Bögen wird morgen früh soweit gediehen sein, daß es dann mit vollen Segeln losgehen kann. (…) Auch Gorgaß ist schon hier gewesen, er soll sich in Buchenwald ganz entsetzlich benommen haben, so daß die Lagerleitung auf ihn sehr erbost ist: er habe sich typisch als Metzger aufgeführt, nicht als Arzt, wodurch er unserer Aktion im Renommé geschadet hat. Diese Scharte ist jetzt von uns wieder auszubügeln.«
(Ders., aus Weimar, 1941)

»Somit habe ich gestern und heute zusammen 320 Meldebögen, die Dr. Müller bestimmt nicht in zwei *vollen Tagen* geschafft hätte. Wer schnell arbeitet, spart Zeit!«
(Ders., Weimar, eine Woche später)

»So Mutti, jetzt hat Pa aber wieder ein Gutachten zurechtgezim-
mert, über das er sich selbst freut. Der Mann wird wahrscheinlich zum Tode verurteilt.«
                        (Ders., Res. Lazarett Metz, Nervenschußabt., 1943)

»Da bin ich nun wieder bei Dir, gute Mutti! Ich habe den ganzen
Vormittag geimpft.«   (Ders., von der Ostfront, 1943)

»Gestern habe ich mir den Leichenkeller und Verbrennungs-
ofen, der auch im Keller ist, angesehen. Dieser Verbrennungs-
ofen war für die Beseitigung von Leichenteilen bestimmt, die von
den Präparierarbeiten übrigblieben. Jetzt dient er dazu, um hin-
gerichtete Polen zu veraschen. Fast täglich kommt jetzt das graue
Auto mit den grauen Männern, das heißt SS-Männer von der Ge-
stapo, und bringt Material für den Ofen. Da er gestern nicht in
Betrieb war, konnten wir hineinschauen. Es lag darin die Asche
von vier Polen. Wie wenig doch von einem Menschen übrig
bleibt, wenn alles Organische verbrannt ist! Der Blick in einen
solchen Ofen hat etwas Beruhigendes.«
                        (Tagebucheintragung des Anatomen Hermann Voss,
                                    1941, »Reichsunivers.« Posen)

»Gestern wurden zwei Wagen voller Polenasche abgefahren. –
Vor meinem Arbeitszimmer blühen jetzt wunderschön die Ro-
binien, geradeso wie in Leipzig.«   (Ders., Juni 1941, Posen)

»Unterredung mit dem Oberstaatsanwalt Dr. Heise wegen der
Leichenbeschaffung für das anatomische Institut. Auch Königsberg und Breslau bekommen Leichen von hier. Es sind hier so
viele Hinrichtungen, daß es für alle drei Institute genügt.«
                                    (Ders., Sept. 41, Posen)

Liebesleben

»Na, Guterli, was Deine Frage nach dem Entbehrenkönnen eines weiblichen Wesens betrifft, so kann ich Dir aus ganz freiem Herzen sagen, daß ich mit allen Fibrillen meines Herzens getrost und erhaben solange damit warten kann, bis ich meine einzige gute u. schätzens- und anerkennenswerte liebe Mutti wieder in greifbarer Nähe habe.«   (Mennecke von der Ostfront, 1943)

»Juble ja wieder so vor Lust mein Kind, und wenn ich Dich jetzt hier hätte, dann wärs um Dich einfach geschehen!! Ich würde Dir bestimmt ein paar Rippen brechen, so gewaltig schäumt in mir die Lust zu Dir!!!«*

(Ders., aus der Lungenheilanstalt St. Blasien,
1944, * anläßl. eines eben erhaltenen Päckchens.)

»Ich bleibe noch ein Weilchen liegen, bis... und dann stehe ich auf und mache Sonntag! Innigste Küßlis noch aus den Daunen, Dein treuer Paa!« (Ders., an einem freien Wochenende während der »Arbeit« im KZ Buchenwald, 1941)

Haus und Garten

»Um 14 Uhr stand ich wieder auf, denn zum Schlafen kam ich nicht richtig (...) versorgte die Hühner und setzte mich auf den Balkon zum Strümpfestopfen bis 17 Uhr. (...) Morgen früh habe ich noch viel im Garten zu tun: Erdbeeren, Himbeeren, Johannesbeeren + Zuckererbsen pflücken.«

(Frau Mennecke aus der Euthanasieanstalt
Eichberg, 1942)

»Heute Nachmittag habe ich fleißig im Garten gearbeitet. Es war herrlich.«   (Anatom Voss, Leipzig, 1941)

»Im Garten war Großbetrieb. Die Kirschenernte ging langsam zu Ende und die Pflaumenernte begann. Das Kirschenpflücken hat den Kleinen sehr gefallen.«

(Rosenberg-Mitarbeiter Otto Bräutigam, 1941)

Essen und Trinken

»21.30 h: O Muttili, was hat Dein oller Pa-Schmeckmir – in dieser letzten halben Stunde geschmatzt!! 4 Brötchen mit Butter zu den 100 gr Hack-Hack, und dazu zwei Kirsch...«

(Mennecke, Lungenheilanstalt, 1941)

»Ich habe soeben ein delikates ›Mutti-Brötchen‹ verzehrt mit ›Mutti-Butter‹ und ›Mutti-Wurst‹. Das hat aber sehr nach Frieden geschmeckt.«

(Mennecke, vom Euthanasielehrgang in Heidelberg, 1942)

»Abendessen: dicke warme Fleischwurst + Wirsing + Kartoffeln* (...) Und nun sitze ich hier in einem Café am Markt, habe eine Tasse Kaffee getrunken und zwei Stücke Kuchen gegessen; jetzt habe ich ein Bier bestellt.«

(*SS-Kantine Ravensbrück, Mennecke 1941)

»Brot und Brötchen gibt es ohne Marken. Heute habe ich zweimal, mittags und abends, Schnitzel gegessen ohne Marken. (...) Gestern gab es Eintopfgericht: Bohnen mit Wurst, sehr billig, kräftig und schmackhaft.« (Anatom Voss, Tagebuch Posen 1941)

»Aber im Pfarrhaus erholten wir uns bei einer Tasse Kaffee und Kuchen bald wieder.«

(Ders., Juli 1941, Posen)

»... fand mich auf der Wolfsschanze ein. (...) Der Reichsführer SS erscheint plötzlich bei uns zu Besuch und erkundigt sich, ob wir auch Kaffee und Kuchen bekommen hätten. Als ich dies verneinte, gab er die erforderlichen Anweisungen.«

(Bräutigam, Tagebuch, 1941)

Krieg

»Dein Pa grüßt als leckeres ›sauberes Schweinchen‹, der ein für Ostfrontverhältnisse viel zu gutes Bad gemacht hat, – aber dennoch nicht gut genug, denn wenn man hier die schmutzigen Russen einherlaufen sieht, dann hat man als zivilisierter Mitteleuropäer um so stärker das Bedürfnis, sich reinlich zu halten.«

(Mennecke, 1943)

»Hier liegen wir nun in einem Frontabschnitt, der uns täglich das wahre und harte Gesicht der Ostfront in recht deutlicher Form zeigt.«   (Ders., Version für seinen Vorgesetzten, Leiter v. T 4)

»Nanu, auf Erbenheim und Amöbenburg wurden am Di. Bombenteppiche gelegt?! O, weh!! (...) Daß Dr. Henkels ausgebombt sind, ist auch allerhand!!!«

(Ders., Lungenheilanstalt, 1944)

»Ich bin gar nicht Gegner des Krieges. Kriege müssen sein, sonst verkommen die Völker.«   (Anatom Voss, Tagebuch, 1938)

»Ich habe großes Glück gehabt. In erster Linie natürlich, daß die Bombe nicht in das Institut gegangen ist (...) und zweitens dadurch, daß meine Fensterscheiben nicht zerplatzt sind. Denn wären sie es, so hätte ich den ganzen Scherben- und Splittersegen auf den Kopf bekommen, so nah stand mein Bett am Fenster.«

(Ders., Uni-Posen, Tageb. 1941)

»Die Nachrichten von der Front lauten ziemlich beunruhigend.
Die Stimmung ist gedrückt. Zur Ablenkung wurde der Bridge
vom Vortage wiederholt.«

(Bräutigam, »Wolfsschanze«, Tagebuch, 1941)

Kultur und Reise

»Mit dem Glanz und Kultur des Hotels hält das Café nicht ganz
Schritt (…) der erste Geiger dürfte auch um einige Ellen besser
sein.«   (Mennecke, Weimar, nach Dienstschluß
im KZ Buchenwald, 1941)

»Ich habe heute morgen bei einem Forschungsspaziergang gesehen, wie gerade hier in Weimar alte Kultur mit moderner natio-
nalsozialistischer Kultur vereinigt werden. (…) Überall stößt
man hier auf Genies: Liszt, Goethe, Schiller, Herder, Wieland,
Hitler u. a. m., es ist lohnend.«

(Ders., am selben Ort an einem anderen Feierabend)

»Ich saß auf der Fahrt also wieder mal auf dem Lokusdeckel und
las etwas in Senecas Schriften unter dem Titel ›Vom glücklichen
Leben‹. Ich mußte innerlich lachen über den Titel des Buches
und über die Situation, in der ich mich befand.«

(Anatom Voss, 1941)

»Mit v. Etzdorf machte ich einen längeren Spaziergang an dem
sehr hübschen Bug-Ufer entlang. Vom sogenannten ›Deutschen
Eck‹, dem Begräbnisplatz der Ärzte der Irrenanstalt*, in der der
Generalquartiermeister untergebracht war, hatte man auf den
tiefer gelegenen Bug mit seinen bewachsenen Ufern einen recht
freundlichen Blick.«   (Bräutigam, Tagebuch 1942, Winniza.
* die mit den Patienten zusammen von der
SS ermordet wurden)

Freizeit

»Ich bin bettfertig ausgezogen und habe eben ein schönes Fuß-
bad gemacht und bandagierte in aller Gemütsruhe meine Hüh-
neraugen.«   (Mennecke, Fürstenberg 1942,
                           nach anstrengenden Wochen im KZ-Dienst)

»Nicht nur frisch und munter bin ich jetzt, sondern auch popo-
lär, – und nun kanns wieder losgehen, um nach ein paar Stunden
Arbeit ein schönes ruhiges Wochenende zu begehen.«
              (Ders., Weimar 1941, bevor er seine »Arbeit« begeht)

»Ich erwärme mich ab und zu dadurch, daß ich den alten polni-
schen Schreibmaschinentisch mit Sandpapier abschleife. Unsere
Muskeln sind ja die besten Wärmespender, vor allem deshalb,
weil wir sie immer dabei haben.«
              (Anatom Voss, 1941 in Posen, nachdem er die Muskeln
                   von anderen, die er auch immer »dabei hat«, weglegte)

»Ankunft in Berlin. Zu Hause alles in Ordnung, die Kinder gesund. Amanda steckt auf Verlangen die Zunge heraus.«
                          (Bräutigam, zurück von der »Wolfsschanze«,
                                       wo über Maßnahmen gegen
                           tschechische »Saboteure« beraten wurde, 1941)

Körperpflege

»Übrigens sind meine ›Schweiß‹-Füße total weg. Du wirst stau-
nen. Lediglich die zweimalige Anwendung der Wehrmachts-
Fußsalbe (…) hat genügt, um mich von diesem Übel zu befreien.«   (Mennecke, 1943 von der Ostfront)

»So, Du hast keine Schweißfüße mehr, Lieb? Ich gratuliere Dir dazu! Das gefürchtete Übel, von dem wir im Winter sprachen, ist also bereits überwunden? Ja, wozu der Krieg doch gut ist.«

(Frau Mennecke, an den »herzliebsten Vati«)

»Heute nach dem Mittagessen habe ich eine ¼ Stunde oben dicht unter dem Dach auf unserer ›Knochenbleiche‹ gesessen und mich von der Sonne bescheinen lassen. Rechts und links von mir lagen gebleichte Polengebeine*, die ab und zu ein leichtes Knacken hören ließen.«

(Anatom Voss, 1942, Posen. * Skelette ermordeter Polen und Juden, die vermutlich heute noch als »Lehrmittel« in BRD u. DDR benutzt werden)

Schmerzen

»Ich kann es Dir nicht verhehlen, daß ich abermals eine längere andauernde heftige Kolik hatte.« (Mennecke, 1944, Res.Lazarett)

»Am Auto scheußlich die Finger geklemmt.«

(Bräutigam, Tagebuch, 1942)

Luftlagebericht

»Draußen weht der häßliche Ostwind.«

(Mennecke, 1941, Fürstenberg)

»Seit gestern herrscht hier ein eisiger Ostwind.«

(Voss, Posen, 1941)

»Heftig greifen die Sowjets im Osten an und blutig sind unsere Verluste (…) Wir waren während der Nacht im Luftschutzkeller gewesen, was den Kleinen immer eine nette Abwechslung ist.«

(Bräutigam, 1942)

Man könnte endlos so fortfahren. Nach der Lektüre von 1616 Briefseiten des Euthanasie-Arztes Mennecke fühlt man sich in dessen kleiner und überschaubarer Welt wie zu Hause. Es hat etwas Beruhigendes zu wissen, daß sein Keller immer voll mit Eingemachtem ist. Sämtliche Kosenamen der Gattin könnte ich auswendig hersagen, und die aufgezählten Speisen bleiben im Gedächtnis haften, so als hätte man sie selbst gegessen.

Auch in den Tagebuchaufzeichnungen des Anatomen Voss und des Rosenberg-Mitarbeiters Bräutigam findet man die Gedanken normaler freundlicher Bürger aufgeschrieben, die nichts anderes tun, als ihrer Arbeit nachzugehen. Daß sie keine unschuldigen Bürger geblieben sind, scheint reiner Zufall.

Man kann sich natürlich fragen, ob es sich überhaupt lohnt, die Zeit zu verplempern mit dem Lesen banaler Briefe und Notizen. Ich kann nur versichern, es lohnt. Anschaulicher läßt sich wohl nirgendwo sonst studieren, wie Massenvernichtung und Krieg ganz normaler Alltag waren im Nationalsozialismus, betrieben von Leuten, die einen Feierabend hatten, Familien, Pläne.

Sie sind keine abnormen Einzelgänger mit bestialischen Trieben, sondern ganz normale mehr oder weniger akademisch gebildete deutsche Menschen, mit einer Vorliebe fürs Kulturelle und Gefühlvolle. Mit Kindern vielleicht, sorgenden Gattinnen, Haus und Garten. Von dieser soliden Basis aus gehen sie hinaus ins Berufsleben und tun, was getan werden muß. Ordentlich, zuverlässig, gesellig. Sie unterscheiden sich in nichts von ihrem Nachbarn, der vielleicht nur Lehrer ist. Ihre Ideale, moralischen Empfindungen und Interessen gleichen denen der großen Mehrheit, den allgemeinverbindlichen Lebensauffassungen.

Dieser unbeugsamen Tüchtigkeit erschloß die nationalsozialistische »Sozialpolitik« bis dahin ungekannte Entfaltungsmöglichkeiten. Besonders den Akademikern wurden Laufbahnen ausgelegt, auf denen auch junge Berufsanfänger schnell vorankamen mit der nötigen Anpassungsfähigkeit. Und die Nutznießung am Massenmord, die Entscheidungsbefugnis über Leben und Tod anderer, mußte nicht befohlen werden, im Gegenteil, der Arbeitseifer, der an den Tag gelegt wurde, ergänzte in geradezu idealer Weise die Beschlüsse »aus Berlin«. Die berufliche Laufbahn von Akademikern scheint da in einem ganz besonderen Maße ein ausgeprägtes Arbeits-, Ordnungs- und Anpassungsideal zu erzeugen, es gleicht aufs Haar dem nationalsozialistischen für diesen Bereich, nicht zuletzt natürlich deshalb, weil die politischen und sozialpolitischen Konzepte von Akademikern stammten.

Merkwürdig ist die absolute Selbstgewißheit, mit der z. B. jemand wie Mennecke die großen »Aufgaben« in Angriff nimmt. Schaut man sich einmal solch einen Meldebogen an, wie er sie zu Tausenden in den Irrenhäusern und Konzentrationslagern ausgefüllt hat zu Selektionszwecken, dann liest man in etwa immer ähnliche »Befunde«, sie lauten: »Prognose ungünstig, da arbeitserziehungsunfähig. Asozialer Charakter / vollkommen einsichtslos / handelt unkontrolliert / Hat kein Interesse an seiner Umwelt.« Ein solcher Eintrag führte zur baldigen Vergasung. Daß diese »Diagnose«, die Mennecke seinen Opfern stellte, genauestens auf ihn selbst zutraf, wäre ihm im Traum nicht eingefallen.

Mennecke und seine Kollegen waren in der Regel weder besonders brutal noch verschlagen. Sie haben ihr Handwerk nicht gewissenlos, sondern gewissensvoll betrieben. Unreflektiert, routiniert. Mit derselben Kälte, mit der heute Leben gerettet wird mittels technischem Gerät, haben Mennecke und Kollegen Leben vernichtet; unter Beachtung der Vorschriften und der ärztlichen Kompetenz.

Da, wo die Dienstbeflissenen in ihren Briefen und Selbstzeugnissen so etwas wie Gefühlsüberschwang oder lasterhafte Neigungen äußern, geht es allemal um den Genuß der Aneignung. Lebensmittel, zumal günstig erworbene, verschaffen höchste Genugtuung, die sich nicht nur aus der Kriegssituation heraus erklären läßt. Besonders Mennecke verschlingt alles, was er sich nur einverleiben kann. Er »vertilgt« – wie er es nennt – Kuchen und »Hack-Hack«, bis ihm die Knöpfe vom Braunhemd platzen. Er arbeitet sich richtiggehend durch SS-Kasinos in Konzentrationslagern und Heilanstalten, ist so etwas wie der ewig hungrige Stellvertreter seines Gewissensbisses.

Das heftige Glück über »Kaffee und Kuchen«, auf das man bei allen Schreibern stößt, gehört offenbar zur unerschütterlichen Psyche wie die Krawatte zum Anzug. Sogar der »Reichsführer SS« kümmert sich um solche, doch an sich nebensächlichen Kleinigkeiten und gibt, Herr Bräutigam kann es gar nicht schlicht genug ausdrücken, höchstpersönlich »die erforderlichen Anweisungen«. Wo in Deutschland »Kaffee und Kuchen« auf den Tisch kommen, da wohnen »gute Menschen«, es ist friedlich, feiertäglich, Nachmittag; egal, was davor geschah oder danach sein wird.

Auffallend ist auch, daß alle drei das innige Bestreben haben, nichts umkommen zu lassen. Weder das Obst im eigenen Garten soll verderben (noch das in fremden). Mennecke schickt altes Brot von der Ostfront nach Hause zu den Eltern, gedacht als Hühnerfutter. Schnur und Einwickelpapier der Meldebögen, die ihm die Berliner Behörde (für Euthanasie) zuschickt, werden aufgerollt und glattgestrichen aufbewahrt. Voss mag nicht zusehen, wie die Leichen der Ermordeten Polen und Juden sinnlos »verascht« werden, wo in diesen Körpern doch Skelette mit einem Verkaufswert von RM 140 und Schädel von RM 15 an aufwärts bereitlagen. Es entstand bald ein schwungvoller Handel mit Knochen, Organen usw. zwischen der »Reichs«-Universität Posen und unzähligen Instituten und Privatleuten.

Alle standen sie in gespannter Erwartung mit gezücktem Eß- oder Sezierbesteck bereit, sich ihren Teil aus der Beute herauszuschneiden. Das Einlegen von Obst aus dem Gärtchen hinter dem Haus verschafft ebensoviel Freude und Genugtuung wie das Einlegen von Gehirnen der frisch Vergasten für späteres Sezieren oder Verschenken an Vorgesetzte. Mennackes Stolz darüber, daß er dem berühmten Heidelberger »Euthanasie«-Spezialisten Prof. Schneider mit – wie er sie nennt – *seinen* Eichberger Gehirnen aus einer kleinen Verlegenheit helfen kann, schielt nur zum Teil auf persönliche Vorteile. Bräutigam hingegen grämt sich, daß im Garten zu Hause das »Kernobst« reift, während er durch »dringende Ostarbeiten« an der Ernte gehindert wird.

Ungute, gar ängstliche Stimmungen werden dem Wetter und

später dann dem Luftlagebericht als Verursacher zugeschrieben. Alle drei erwähnen etliche Male den *Ostwind* – so als brächte er nun die Vergeltung für alles, besonders für das im Osten Getane –, er ist kalt, gar eisig, rüttelt und gibt keine Ruhe, bis er mindestens die Ziegel vom Dach gerissen hat. Der Ruf des Kuckucks hingegen – ein durch und durch deutsches Tier offenbar – kommt immer von Westen. Das Unterbewußte zeigt sich komisch wie immer, wenn es hier die Doppeldeutigkeit von Gerichtsvollzieher und Heimweh zur Deckung bringt.

Überhaupt, wenn man es sich so überlegt, schimmert der helle Wahnsinn durch alle Zeilen hindurch, seis nun beim »Nanu«, weil »Bombenteppiche« nicht nur auf Erbenheim und Amöbenburg fielen, sondern auch »Henkels« obdachlos machten, oder weil der Krieg gut sei, um die Völker vor dem »Verkommen« zu retten oder auch vor dem »Schweißfuß«. Es wimmelt von solchen Stellen, wahrscheinlich gibt es überhaupt nur solche Stellen. Zudem fiel mir auf, daß unentwegt von allen alles verwechselt wird, so z. B. »heraus« mit »hinaus« und »herauf« mit »hinauf«. Sie schauen zum Fenster »heraus«, obgleich sie drinnen im Haus sitzen, Bräutigam schreibt, seine Kinder seien auf den Baum »herauf« geklettert. Er selbst ist aber keineswegs schon oben, sondern steht unten und sieht ihnen zu. Es scheint so, als hätten alle ein wenig den Überblick darüber verloren, wo überall sie zugleich sind.

Die volle Verwendungsfähigkeit solcher Charaktere für Kriegs- und Friedenszeiten, für Faschismus und Demokratie hat sich in der Nachkriegszeit erwiesen.

Der »Euthanasie«-Gutachter Mennecke wurde zwar zum Tode verurteilt, würde aber zweifellos noch viele unbeschwerte Jahre vor sich gehabt haben, wenn er sich nicht, in Verkennung der politischen Entwicklung, selbst das Leben genommen hätte.

Der Anatom Voss machte zügig Karriere, ausgerüstet mit den Forschungsergebnissen und Präparaten, die er aus den Leichen »im Osten« gewonnen hatte. Zwar konnte er sein Institut in der Universität Posen nicht behalten, kam aber anderweitig sehr gut unter. Bis zu seiner Emeritierung 1962 war er Ordinarius der Universität Jena und ausgezeichnet u. a. als »hervorragender

Wissenschaftler des Volkes«. Jeder deutsche Medizinstudent benutzt, heute wie gestern, das Anatomische Taschenbuch von
Voss.

Bräutigam wurde Ministerialdirigent und Leiter der Ostabtei-
lung in der Adenauer-Regierung. 1958 wurde er, eines der wenigen Opfer »neuer Schicklichkeit«, in den Fernen Osten versetzt.
Dort saß er, Träger des großen Bundesverdienstkreuzes, als
Diplomat in Hongkong.

Einschneidende Maßnahmen
Der Anatom und sein Material

In den vergangenen Wochen kam es zu aufsehenerregenden Enthüllungen. Die Medien berichteten, daß deutsche Universitäten heute noch Präparate-Sammlungen besitzen, die zugleich Überreste von NS-Opfern sind.

Dieser Sachverhalt ist in einschlägigen Kreisen seit der Entstehung dieser Präparate bekannt. Man fand nichts auszusetzen an solch einer Lehrmittelsammlung.

Kritische Mediziner und Historiker haben schon vor längerer Zeit darüber berichtet. Es gibt eine Studie (Schönhagen) und das »Gräberfeld X« (den Begräbnisort der Anatomieleichen in Tübingen), Ringvorlesungen an der Uni Tübingen zum Thema wurden veranstaltet, 1988 lief in der Fernsehreihe »Abenteuer Wissenschaft« ein Film über die »Präparate von NS-Opfern« (W. Reschel machte ihn). Aber erst nach heftigen Reaktionen aus Israel erhob man hierzulande das Thema in den Rang eines Universitätsskandals. Pflichtschuldig wurden die Fakten ausgebreitet.

Mehrere Tage lang herrschte hektische Aktivität, man recherchierte, sichtete die Präparatesammlungen und Leichenbücher, gab Unbedenklichkeitserklärungen ab vor der Öffentlichkeit. Die Universitäten Tübingen und Heidelberg mustern immer noch ihre Bestände. Die Freie Universität Berlin wies mit Fanfarenstößen der Empörung jeden Verdacht von sich. In der Anatomie, so wird versichert, habe man damals bei der Gründung »mit nichts angefangen.«

Diese Freie Universität, so viel jedenfalls steht fest, hatte als einen ihrer Gründerväter auch Max Brandt, Professor für Pathologie, vormals Lehrstuhlinhaber an der medizinischen Fakultät der »Reichs«-Universität Posen. Er war dem Anatomie-Professor Voss, ebenfalls an der Uni Posen tätig, freundschaftlich verbunden. Ich kann mir eigentlich nicht vorstellen, daß solch ein Mann mit leeren Taschen antrat nach dem Krieg.

Aber noch bevor der aufgewirbelte Staub Gelegenheit hatte sich zu legen, war es eine ausgemachte Sache in der öffentlichen Darstellung, daß, bis auf »bedauerliche Ausnahmen«, die deutschen Universitäten sich nicht solcher Präparate bedienen oder gar solche besitzen. Interessenten am Thema wird von den Instituten immer wieder empfohlen, sich besser mal in der DDR umzuschaun, dort liegen mit absoluter Sicherheit »jede Menge«.

Diese anatomischen und histologischen Präparate, von denen so gesprochen wird, als seien sie durch seltsame Zufälle zwischen die »sauberen« Bestände geraten, haben eine Geschichte. Sie ist verbunden mit der Geschichte der Forschung, in der diese Präparate benutzt wurden, und mit den Forschern und Präparatoren, die sie herstellten.

»Es ist ein besonderes und seltenes Glück für eine an sich theoretische Forschung, wenn sie in eine Zeit fällt, wo die allgemeine Weltanschauung ihr anerkennend entgegenkommt, ja, wo sogar ihre praktischen Ergebnisse sofort als Unterlage staatlicher Maßnahmen willkommen sind« – E. Fischer, Direktor des »Kaiser-Wilhelm-Instituts für Anthropologie, menschliche Erblehre und Eugenik«.

Und wie es sich bedingte, wurden staatliche Maßnahmen dann wiederum als »Unterlage praktischer Forschung« benutzt: So schrieb z. B. der Direktor der Anatomie an der Medizinischen Fakultät Danzig in einem Brief an die Heil- und Pflegeanstalt Conradstein u. a.: »Ich habe wirklich ernstliche Sorgen wegen der Leichenversorgung durch ihre Anstalt. Wir haben soviele Studenten in der vergangenen Zeit gehabt, daß unser Leichenmaterial erschöpft ist (…) ich bitte Sie, auch im Namen von Senator Großmann, doch dafür Sorge zu tragen, daß wir jetzt wieder mit einer stärkeren Versorgung mit Material rechnen können…« Den Interessenten an den Leichen aus den »Euthanasie«-Anstalten scheinen die staatlichen Mordmaßnahmen nicht umfangreich genug gewesen zu sein.

Der schon erwähnte Hermann Voss, Anatom in Posen, verfaßte in der Zeit seines Wirkens dort eine »Chronik des Anatomischen Instituts der Reichsuniversität Posen«. Unter dem 31.10.1941 ist folgendes eingetragen: »Außer den üblichen Muskel- und Gelenkpräparaten wurden Präparate von den Brust-, Bauch- und Geschlechtsorganen angefertigt. Die Organpräparate von den Hingerichteten waren so schön, wie ich sie noch nie auf dem Präpariersaal gesehen habe.«

Aus den Leichenbüchern geht hingegen hervor, daß die Hingerichteten vor dem Herrichten im Seziersaal in einem häßlichen Zustand waren. Vermerkt ist, daß den Erhängten, zu Tode gefolterten Widerstandskämpfern und KZ-Häftlingen vor der Einlieferung in die Anatomie die Goldzähne herausgebrochen worden waren.

Voss betrieb auch einen florierenden Handel mit Skeletten, Schädeln und Präparaten, sie gingen nach Breslau, Leipzig, Wien, Königsberg, Hamburg usf. Über ein Studentenfest 1942 schrieb er: »Sehr hübsch ausgedacht war ein anatomisches Rätselraten, das mit 10 Preisen, bestehend aus Knochen, die ich gestiftet hatte, belohnt wurde. Der 1. Preis war ein schöner Schädel.«

Julius Hallervorden, Professor am Kaiser-Wilhelm-Institut, schrieb 1942 an die Deutsche Forschungsgemeinschaft: »Außerdem konnte ich im Laufe dieses Sommers 500 Gehirne von Schwachsinnigen hier selbst sezieren und zur Untersuchung vorbereiten.« Die Gehirne stammten von Kindern, die in den »Euthanasie«-Anstalten Bernburg, Eichberg, Brandenburg-Görden usw. umgebracht und deren Gehirne an Forschungsstellen verschickt wurden. Die Deutsche Forschungsgemeinschaft finanzierte dieses und andere Projekte, bei denen die Opfer wissenschaftlich aufbereitet wurden.

Daß sich die Nachkriegswissenschaft von diesem »Erbe« nicht trennt, beweist u. a. die »Sammlung Hallervorden«. Sie ist heute im Besitz des »Max-Planck-Institutes für Hirnforschung in Frankfurt am Main«, und Götz Aly wies bei seinen Recherchen nach, daß die Präparate samt dem dazugehörigen Aktenmaterial

der ehemaligen Patienten für die Forschung benutzt werden. Was nicht verwundert, dazu Knauers Lexikon:
»Kaiser-Wilhelm-Gesellschaft zur Förderung der Wissenschaften, 1911 gegr., unterhielt (bis 45) 34 K. W. I. Aufgaben durch die Max-Planck-Gesellschaft übernommen.«
Hallervorden selbst wurde nach 45 von der Universität Gießen übernommen.

August Hirt, Professor für Anatomie an der »Reichs«-Universität Straßburg, schrieb 1942 in einem Bericht an Himmler: »Der Krieg im Osten bietet uns jetzt Gelegenheit, diesem Mangel (an »jüdischen Schädeln«, Anm. G. G.) abzuhelfen. In den jüdisch-bolschewistischen Kommissaren, die ein widerliches, aber charakteristisches Untermenschentum verkörpern, haben wir die Möglichkeit, ein greifbares wissenschaftliches Dokument zu erwerben, indem wir ihre Schädel sichern.«

Typisch für diesen begehrlichen Blick des Anatomen z. B. scheint die Unbefangenheit zu sein, mit der über Schädel gesprochen wird, während die ahnungslosen Opfer in ihrem Kopf noch über eine Fluchtmöglichkeit aus Auschwitz nachsinnen. Aber dort hat sich schon der Anthropologe Bruno Berger an die Arbeit gemacht und »79 Juden, 30 Jüdinnen, 2 Polen, 2 Usbeken und einen usbekisch-tadshikischen Mischling, sowie einen Tschuwaschen aus dem Gebiet von Kasan« ausgewählt, befragt und vermessen.

SS-Standartenführer Sievers, Leiter der »Stiftung Ahnenerbe«, schrieb 1942 an Eichmann: »Betrifft Aufbau einer Sammlung von Skeletten. Insgesamt 115 Personen (...) im MKL Auschwitz untergebracht und befinden sich in Quarantäne. Zur weiteren Bearbeitung der ausgesuchten Personen ist nunmehr eine sofortige Überweisung an das KZ Natzweiler erforderlich.«

Ende 1944, als die Kriegslage zu ernsthaften Bedenken Anlaß zu geben schien, schrieb Sievers wiederum an Himmler. Hirt habe sich an ihn gewandt und »erbitte Weisungen«, was nun mit den »verbliebenen 80 Stück« zu geschehen habe. »Er kann Entfleischung und damit Unkenntlichmachung vornehmen, dann allerdings gesamte Arbeit teilweise umsonst (...) Skelettsammlung als solche nicht auffällig. Weichteile würden deklariert als Übernahme der Anatomie, durch Franzosen hinterlassene alte Leichenreste.« Im Oktober 1944 wurde ein Teil der Leichen verbrannt. Einige wurden zurückgelassen. Den meisten hatte man die Häftlingsnummer aus dem Unterarm geschnitten.

Zu bedenken ist, daß es sich bei diesen und anderen Akademikern, die sich Lebende und Tote sicherten, um sie arbeitsteilig und im Sinne der Forschung zu zerlegen, um unauffällige ordentliche Bürger handelte. Die meisten waren weder zynisch noch dem Rassenwahn verfallen. Viele waren nicht einmal Parteigänger im Sinne einer Überzeugung. Es vertrug sich durchaus mit der Amtsausübung, ein distanziertes Verhältnis zur Partei zu haben oder religiös zu sein, Antisemiten und sonstige Fanatiker milde zu belächeln. Jedenfalls im Privatleben. Im Berufsleben jedoch wurde ganz selbstverständlich mit anderen Maßstäben gemessen, mit großem Ehrgeiz und unermüdlichem Fleiß stellten sie den Massenmord auf eine wissenschaftliche Grundlage.

Daß die Ergebnisse dieser Wissenschaftsauffassung heute noch in Forschung und Lehre verwendet werden, weist auf mehr hin als nur auf den Tatbestand eines Skandals. Nämlich auch auf die Kontinuität, in der sich Lehre und Forschung auf den alten Grundlagen weiterentwickelt haben. Die Deutsche Forschungsgemeinschaft finanziert – was auch immer –, die Max-Planck-Institute forschen – woran auch immer. Die alte Erblehre tritt im modernisierten Gewand der Genforschung wieder auf, das Minderwertige und Leistungsschwache soll herausgeschnitten werden, der Vorgang ist bekannt. Es bedarf keines faschistischen Staates, um eine totalitäre Wissenschaft praktisch anzuwenden.

Ein Stück Euthanasie
A und B, Bein oder Zeh?

In Zeiten, in denen selbst die Werbung ihre Produkte nicht mehr mit dem Hinweis auf den Nutzen, sondern als Transportmittel für mehr Lebensqualität anpreist, ist die Frage nach den Zwecken ins Leere hineingesprochen.

Auch jene *Zeit*, Wochenblatt für »Politik, Wirtschaft, Handel und Kultur«, ist am Thema Lebensqualität nicht vorbeigegangen. In den vergangenen Monaten konfrontierte sie ihre Leser mit der Frage: »Haben schwerstbehinderte Neugeborene ein Recht auf Leben?« Dieser Aufmacher ist ein Zitat des australischen Moralphilosophen Singer; im Original ohne Fragezeichen. In den Redaktionen ging man das Thema beherzt und im Jargon der Eigentlichkeit an: »Noch immer verhindert die Erinnerung an die Schrecknisse der Nazi-Zeit die Diskussion der Euthanasie, obwohl die moderne Medizin das Problem neu aufgeworfen hat.«

Bevor jedoch die *Zeit* es »aufwarf«, wollte Peter Singer das in Marburg tun, auf dem Symposion »Bio-Technik-Ethik-geistige Behinderung«. Er kam aber nicht dazu, seine Thesen zur praktischen Euthanasie vorzutragen. Massive Proteste der Krüppelbewegung und anderer Gruppen bewirkten, daß am Ende das gesamte Symposion abgesagt werden mußte. Eingeladen hatte u. a. die »Lebenshilfe für geistig Behinderte«, die in aller Einfalt den NS-Sonderbehandlungsbegriff »Behinderte« in ihrem Verbandsnamen führt; deren Mitbegründer und Vorsitzender des Wissenschaftlichen Beirats der Euthanasiearzt und »T4«-Gutachter Werner Villinger war; und auf deren Votum sich heute ein Gesetzesentwurf der Bundesregierung zur Zwangssterilisation »Geschäftsunfähiger« stützt. Vor diesen und anderen interessierten Kreisen kam Singer diesmal nicht zu Wort.

Angesichts solch undemokratischer Auswüchse fühlte sich die *Zeit* zur Schutzpatronin eines unserer wertvollsten Güter: Freiheit von Wissenschaft und Forschung berufen. Sie öffnete wochenlang ihre Spalten, um dem mundtot gemachten Moralphilosophen – und seinen Thesen gegen ein prinzipielles Lebensrecht – zur öffentlichen Diskussion zu verhelfen. In aller Unvoreingenommenheit bemühte man sich, ethische, moraltheologische, medizinische und juristische Kriterien für oder gegen die »Vernichtung lebensunwerten Lebens« zu finden.

Daß Unvoreingenommenheit überhaupt erst dazu berechtigt, solche Fragen zu überdenken, hat der Wissenschaftsredakteur dem aus Protest vor der Haustür angeketteten Herrn Christoph in aller Deutlichkeit klar gemacht: »Sie sind als Betroffener in dieser Frage unfähig zu rationalem Denken!« Herrn Christoph als Krüppel fehlt es einfach an Ein- und Weitsicht. Behindernde sind oft sehr irrational und klammern sich, trotz schwerer Gebrechen, an ihre mangelhafte Lebensqualität. Nicht zuletzt deshalb wurde das Problem »neu aufgeworfen« – wie die *Zeit* so nimmermüde wie treffend im Totengräberjargon formuliert.

Eine »neue« Eugenik ist auf dem Vormarsch, aber nicht erst seit Juni 1989. Schaut man einmal nach dem Erscheinungsjahr einschlägiger Werke, so zeigt sich, daß das Thema bereits zwischen 1969 und 79 Hochkonjunktur hatte. Anfang der 70er Jahre, und das erklärt einiges, waren »In-vitro Fertilisation« und »pränatale Diagnostik« praxisreif. Für die Verwalter der Volksgesundheit kam der Kampf der Frauenbewegung gegen den § 218 wie gerufen. In die Liberalisierung des Paragraphen schmuggelte man das Kuckucksei der »eugenischen Indikation«. Ein Heer von Familienberatungsstellen, Humangenetikern und Gynäkologen nahm sich hinfort der pränatalen Auslese an, versorgt mit Daten von Kinderärzten, Gesundheitsämtern und Sozialämtern.

Als sich die wirtschaftliche Krise deutlicher abzuzeichnen begann, mehrten sich fachinterne Debatten über zu erwartende »Fallzahlsteigerungen von Mutanten im Atomzeitalter« und radikale Sparvorschläge. Die Studie eines Volkswirtes und eines Humangenetikers z. B. wies nach, daß »das Down-Syndrom« jährlich 48 Millionen Mark Kosten verschlingt, die sich durch Früherkennung leicht einsparen lassen könnten. Eine andere Studie schlug vor, 5–10 % der Ausgaben für Behinderte zu kürzen und ihrer Prävention zuzuleiten. (Siehe dazu: Ludger Weß, »Aktuelle Programme der Humangenetik«, in: Mitteilungen, 2. Jg. 1986, Heft 11/12, zu beziehen: Laufgraben 37, 20146 Hamburg).

Schon damals begann man erneut – jedoch fachintern – eine intensive Euthanasie-Debatte zu führen. Dazu muß natürlich gesagt werden, daß sie in der BRD nach 45 ohnehin nie abgebrochen worden war, aber, sofern der eine oder andere Gedanke an die Öffentlichkeit kam, als anrüchig galt. Heute ist der Deckmantel des Tabus zu eng geworden. Es besteht »Handlungsbedarf«. Bevor aber der Gesetzgeber ihn regelt, bedarf es offenbar einer gründlichen »Öffentlichkeitsarbeit«. Als kurios entpuppt sich der Einfall, Eulen nach Athen zu schaffen: weil ausgerechnet die Spezialisten der Euthanasie sich einen Berater aus dem fernen Australien zur Klärung des Problems holen.

Die Zeit, in ihrer Rolle als Katalysator, jedenfalls versichert, daß der australische Euthanasieimport frei von faschistischem Gedankengut sei. Angenommen – erst einmal – das stimmt, so ist am Gedankengut noch gar nichts gebessert. Allein schon die Methode ist bemerkenswert. Mit durchtriebener Perfidie schleusen die Propagandisten der Euthanasie ihre »Fragen« in die öffentliche Diskussion hinein. Perfidie deshalb, weil die »moralische Ebene« als taktisches Gefechtsfeld genutzt wird, um vorab die Euthanasie des Gewissens in den Griff zu bekommen. Denkbeamte wie Singer lassen den moralischen Laien ohne viel Aufwand in die fachmännisch vorbereiteten Gruben purzeln. Er schlägt z. B. vor, daß gegen die Ausmerzung von Blutern nichts einzuwenden ist. Wehe dem, der nun feurig das Lebensrecht des Bluters verteidigend argumentiert, der Bluter sei doch geistig vollkommen normal. Schon ist das Todesurteil über nicht Genormte gesprochen. Spätestens dann folgt bei allen Befürwortern der todsichere Entwaffnungstrick mit der »Spina bifida«: offenes Rückgrat, Wasserkopf, verbunden mit Lähmungen, Inkontinenz und Verblödung. Wer möchte da noch seine schützende, gar helfende Hand ausstrecken! Und wenn doch, so zieht er sich den Vorwurf der Leidensverherrlichung und des »terroristischen Humanismus« zu.

Es ist vollkommen gegen jede Vernunft, sich von Stammtischphilosophen und Haarspaltern moralische Stellungnahmen abverlangen zu lassen. Die Fachwelt selbst hat Bedarf an praktischen und nicht an ethischen Spielräumen. Zu fragen ist also nicht nach dem moralischen Für und Wider von Euthanasie, sondern nach ihrem Zweck. Daß der nicht darin besteht, auf persönlichen Wunsch hin schöne Tode zu vergeben, ist offenkundig. Der Zweck ist rein volkswirtschaftlicher Natur. Behindernde erbringen keinen, allenfalls einen geringfügigen Beitrag zum Bruttosozialprodukt (durch Konsum sozialer Dienstleistungen und Arznei- und Pflegemittel). Kosten-Nutzen-Analysen haben keine Rechnung offen gelassen; Effektivität und Effizienz der Sparkonzepte sind in der Erfassung aller Details sogar pedantischer, als es ähnliche Berechnungen im Nationalsozialismus waren. Damals wie heute jedoch ergibt die Summe unterm Strich, daß der Schaden, den die Opfer gegebenenfalls haben, durch den volkswirtschaftlichen Nutzen für das »Humanvermögen« mehr als aufgewogen wird.

Die Diskussion um Ethik und Euthanasie verschleiert aber nicht nur den Zweck, sondern zugleich auch seine Konsequenzen. Würde die Frage nämlich lauten, ob man für oder gegen die totale Entfesselung wirtschaftlicher Interessen gegen sich selbst ist, so wäre damit zu rechnen, daß der Bürger seine Interessen unwillkommen hoch bewertet; insofern kann das Problem nicht subjektivem Ermessen anheimgestellt werden.

Eine Möglichkeit, die Propagandisten zu packen, besteht darin, ihren Umgang mit den Widersprüchen bloßzustellen. Die moderne Medizin z. B., so sagt die *Zeit*, habe »das Problem neu aufgeworfen«. Kliniker sehen sich zunehmend mit schwersten Leiden konfrontiert, die sie nicht beenden, sondern nur überwachen dürfen. Nun fragt man sich, was das heißt. Einerseits leistet die Medizin, kühl bis ins Herz hinein, Übermenschliches, wenn es darum geht, Organe zu verpflanzen, Embryonen zu splitten oder andere komplizierte Eingriffe vorzunehmen. Andererseits

wird sie beim Anblick einer Mißgeburt derart von Kummer und
Mitleid überwältigt, daß sie deren Qual nur durch Anwendung
des unmodernsten Mittels zu beendigen in der Lage ist: durch
Tötung.

Vom Standpunkt der Medizin aus ist durch moderne Technik
ein Problem entstanden, nämlich das der verminderten Letalität
von Alten, Schwerkranken und Defekten. Durch Anwendung
moderner Technik und Beachtung der Rechtsvorschrift muß
z. B. ein ganzes Heer von Minderwertigen ins fortpflanzungs-
fähige Alter hineinrehabilitiert werden. Die Medizin sieht sich
gezwungen, den Bock zum Gärtner zu machen; genetisch und
sozial. Darin besteht der Kummer von Medizinern, Erbhygie-
nikern und Kostenträgern. Die Interessenten pochen auf ge-
setzliche Regelungen, weil legalisierte Maßnahmen, pränatale
Auslese und Sterilisation sich als unzureichend erwiesen haben,
schon weil sie den relevanten Personenkreis zu sehr einschrän-
ken. Mit dem »Einbecker Katalog«, 1986 von Medizinern, Juristen und Ethikern erstellt, ist schon ein erster Schritt getan. Für
Neugeborene mit »schwersten Schäden« besteht keine »Be-
handlungspflicht« mehr. Sie dürfen auf natürliche Weise einge-
hen, durch Verhungern und Verdursten. Eine andere Praxis bei
Säuglingen mit »Down-Syndrom«, denen die Verbindung zwischen Magen und Darm fehlt, besteht ebenfalls im unbehandel-
ten »Liegenlassen« mit denselben Folgen. Mitten in dieser Neo-
Barbarei werden gestreßten Geschäftsleuten By-Pässe am Fließ-
band verlegt.

Besonders einfallslos sind die Propagandisten der Euthanasie
dann, wenn sie die Analogie zum Faschismus, gar zu seinen
schnöden materiellen Motiven, weit von sich weisen. »Aber ist
für die Massenmorde der Nazis nicht eher der Rassismus verantwortlich zu machen als die Euthanasie?« fragt Singer und
schlußfolgert, wo kein Rassismus ist, gibts keine Nazigreuel,
sondern nur ideologiefreie, einzig von ethischen Erwägungen
geleitete »Vernichtung lebensunwerten Lebens«. Die Nazi-
bestie als das ganz andere darzustellen, verkürzt die Prozedur,
kann der Zustimmung sicher sein. Bemerkenswerterweise war
aber ein beträchtlicher Teil der »T4«-Mitarbeiter in den 20er
Jahren an der Reform des Anstaltswesens beteiligt und setzte

sich für fortschrittliche Therapieformen ein, die fast an das heranreichten, was Basaglia in den 70er Jahren in Italien durchsetzte.

Am Beginn der Euthanasie stand also keineswegs eine rassistische und sadistische Mörderbande, sondern eine Gruppe von Medizinern, Wissenschaftlern und Juristen mit Reputation, die sich, aus dem Arbeitszusammenhang heraus, ganz selbstverständlich in die Dialektik von Fortschritt und Vernichtung hineinlebten. Nicht der glühende Faschist hat beobachtet, selektiert, seziert, beforscht, sondern der glühende Forscher hat den Faschismus als Zulieferer für Forschungsmaterial, Forschungsgelder und Posten genutzt und ist so mit ihm identisch geworden. Auch Singer steht fest in der Tradition einer Wissenschaft, die sich seit der Jahrhundertwende bis heute mit Rassenanthropologie, Erbgesundheit, Rassenhygiene und Humangenetik befaßt und glaubt, in der Gen- und Reproduktionstechnologie eine politisch neutrale Ambition für sich reklamieren zu dürfen.

Eine andere Möglichkeit, die Befürworter zu packen, besteht darin, ihre Argumente mit solchen aus der Zeit vor dem Faschismus zu vergleichen, z. B. mit denen von Karl Binding (Dr. phil. et jur.) und Alfred Hoche (Dr. med.). Beide gaben 1920 gemeinsam die Schrift »Die Freigabe der Vernichtung lebensunwerten Lebens. Ihr Maß und ihre Form« heraus. Sie wurde zur Bibel der Ausmerzer, vor, während und nach dem Faschismus.

Sowohl Binding / Hoche als auch Singer fühlen sich gleichermaßen durch bereits praktizierte Selektion und Tötung zu ihren Forderungen legitimiert und angespornt. Binding / Hoche – ihr Lieblingsmodell ist der Schwerverwundete – durch die Praxis des Gnadenschusses auf den Schlachtfeldern des 1. Weltkrieges, aber auch durch das Verhungernlassen von Patienten in den Heil- und Pflegeanstalten (allein in Preußen sparte man so 45 000 »hungrige Mäuler« ein). Singer hingegen beruft sich auf die pränatale Selektion, das industrielle Produzieren und Töten von Tieren und das Verhungernlassen von Millionen Menschen in der 3. Welt.

Auch die Methode, das eigentliche Argument – daß es nämlich nicht nur ein Recht auf Leben, sondern auch eine Pflicht zu sterben geben muß – sittsam bedeckt zu halten und durch Erwägung aller Einwände fürsorglich zu umspielen, ist allen dreien gleich. Singer braucht dazu allerdings 300 überflüssige Seiten, Binding / Hoche 62.

Allseits beliebt sind Beispiele, an denen die Einwände moralischer Laien zerschellen sollen. Zuerst Binding: »Wenn zwei Freunde zusammen in abgelegenster Gegend eine gefährliche Bergwanderung machen, der eine schwer abstürzt und beide Beine bricht, der andere ihn aber nicht fortschaffen kann, auch menschliche Hilfe nicht errufen oder sonst erlangen kann, so ist eben der Zerschmetterte unrettbar verloren.« Und der Freund muß ihm den Gnadentod gewähren, ehe er von dannen geht.

Und nun Singer: »Man stelle sich vor, ich treffe nach einem Erdbeben auf zwei Opfer, das eine mit zerquetschtem Bein, im Sterben begriffen, das andere mit einem verletzten Oberschenkel und leichten Schmerzen. Ich habe nur zwei Morphiumspritzen übrig. Gleiche Behandlung würde bedeuten, daß ich jeder der beiden verletzten Personen eine Injektion gebe, aber die eine Injektion würde nicht viel zur Schmerzlinderung bei der Person mit dem zerquetschten Bein beitragen. Sie werde immer noch mehr Schmerzen leiden als das andere Opfer, und erst wenn ihr nach der ersten auch noch die zweite Spritze gegeben würde, brächte ihr das größere Erleichterung, als eine Spritze für die Person mit den geringeren Schmerzen bedeuten würde.«

Hier illustriert er, daß das Ideal der Gleichheit für die Praxis nicht taugt. Gleiche Schmerzen für alle lassen sich ethisch ebensowenig vertreten wie »gleiche Einkommensverteilung«. Wie das Problem zu lösen sei, beweist er im variierten Erdbebenszenario:

»Nehmen wir wiederum an, daß es zwei Opfer gibt: das eine ist schwerer verletzt als das andere; doch hat diesmal das schwerer verletzte Opfer A ein Bein verloren und läuft Gefahr, eine Zehe des anderen Beins zu verlieren! Das leichter verletzte Opfer B hingegen hat eine Beinverletzung, aber das Glied kann gerettet werden. Unsere Medikamente reichen nur für eine Person. Benutzen wir sie für die Schwerverletzte, so können wir höchstens ihre Zehe retten, benutzen wir sie dagegen für das leicht verletzte Opfer, so können wir sein Bein retten. Mit anderen Worten, wir

setzen folgende Situation voraus: Ohne ärztliche Behandlung verliert A ein Bein und eine Zehe, während B nur ein Bein verliert; wird A behandelt, so verliert A ein Bein und B ein Bein; wird B behandelt, so verliert A ein Bein und eine Zehe, während B nichts verliert. Unter der Annahme, daß es schlimmer ist, ein Bein zu verlieren als nur eine Zehe (selbst wenn es eine Zehe am einzig verbliebenen Bein ist), kann das Prinzip des sinkenden Grenznutzens in dieser Situation nicht aufrechterhalten werden.«
Wessen Auge jetzt noch trocken ist, der ist verloren. Diese Herren scheinen eine besondere Panik vor Beinverletzungen zu haben. Grund zur Flucht haben sie jedenfalls, »wir« könnten höchstens ihre Zehe retten.
Ich mache hier einen Einschub, der genau an dieser Stelle sein muß: Der polnische Schriftsteller Tadeusz Holuj, ehemaliger Auschwitzhäftling, sagt, es gab in Auschwitz Funktionshäftlinge mit folgender Ansicht: »Wenn ich wählen müßte, weil ich nur eine Pille für zwei Kranke habe, von denen der eine zu einer Gruppe mit Überlebensmöglichkeit gehört und der andere zur Vernichtung verurteilt ist, also beispielsweise einen kranken Juden und einen kranken ›Arier‹, dann würde ich die Pille dem kranken ›Arier‹ geben, auch wenn der Jude sie nötiger hätte.« Tadeusz Holuj fragt, wie es überhaupt möglich war, »solche Bedingungen und ein solches Wertesystem zu schaffen«, unter dem »eine unterbewußte Assimilierung an die Bedingungen, die uns aufgezwungen wurden«, zur Unterstützung des Vernichtungssystems führten. (Aus: »Die Auschwitz-Hefte«, Über historische, psychische und medizinische Aspekte des Lebens und Sterbens in Auschwitz, Beltz Verlag Weinheim / Basel, 1987)
Nun wieder ein Zitat von Singer: »Ist ein Wesen nicht leidensfähig oder nicht fähig, Freude oder Glück zu erfahren, dann gibt es nichts zu berücksichtigen.«
Binding: »Die unheilbar Blödsinnigen (...) haben weder den Willen zu leben noch zu sterben. So gibt es ihrerseits keine beachtliche Einwilligung in die Tötung, andererseits stößt diese auf keinen Lebenswillen, der gebrochen werden müßte.«
Hoche: »Mitleid ist den geistig Toten gegenüber im Leben und im Sterbefall die an letzter Stelle angebrachte Gefühlsäußerung; wo kein Leiden ist, ist auch kein Mit-Leiden.«

146

Das ist ein schönes Beispiel fachspezifischer Begründung. Was dem Präferenzutilitaristen Glück und Interessen sind, ist dem Juristen Wille und Vertrag, dem Mediziner die diagnostizierte Anästhesie. Wo kein Interesse, da kein Interessenskonflikt; wo kein Rechtssubjekt, da kein Rechtsschutz. So arbeitet auch eine Ethikkommission.

Sowohl Ethikkommissar Singer als auch Binding/Hoche teilen ihre Todeskandidaten in drei Kategorien auf. Singer in »*Freiwillige Euthanasie*«, »*Unfreiwillige Euthanasie*«, »*Nichtfreiwillige Euthanasie*«.

Unter die *erste* Kategorie fallen Kranke, die in vollem Bewußtsein um Sterbehilfe bitten.

Zur *zweiten* ist ihm folgendes Beispiel eingefallen, um die fehlende Einwilligung zu erklären: »Aus diesem Grunde mag man eine Person töten, die – obwohl sie es noch nicht weiß – in die Hände von mörderischen Sadisten gefallen ist, die sie zu Tode foltern werden.«

Nach dieser Sicht der Dinge ist der in Auschwitz selektierende Mengele ein verantwortungsbewußter, ethisch geleiteter Erlöser gewesen. Eine andere Erklärung wäre unglaubhaft, denn im gewöhnlichen Leben wird »man« oder Singer wohl kaum Gelegenheit finden, dem Sadisten sein Opfer streitig zu machen, um es prophylaktisch umzubringen.

In der *dritten* und einzig für ihn relevanten Kategorie faßt er »Wesen« ohne »Interessen« und mit »mangelhafter Glücksbilanz« zusammen, die nicht fähig sind, sich als »distinkte Entitäten zu sehen«, nicht »in der Zeit existieren« und also auch den Unterschied zwischen Leben und Tod nicht begreifen (Tiere und gesunde Säuglinge nimmt er aus).

»In dieser Situation sind schwer mißgebildete oder stark zurückgebliebene Säuglinge sowie Menschen, die durch Unfall, Krankheit oder hohes Alter die Fähigkeit auf Dauer verloren haben, das Entscheidungsproblem zu verstehen...«

Binding faßt seine Kategorien prägnanter zusammen: »Die Personen also, die für die Freigabe ihrer Tötung allein in Betracht kommen, sind stets nur die unrettbar Kranken, und zu deren Unrettbarkeit gesellt sich stets das Verlangen des Todes oder die Einwilligung, oder sie würde sich dazugesellen, wenn der

Kranke nicht in dem kritischen Zeitpunkt der Bewußtlosigkeit verfallen wäre oder wenn der Kranke je zum Bewußtsein seines Zustandes hätte gelangen können.«

Zum Fall des Irrtums, d. h. wenn versehentlich eine Person trotz guter »Glücksbilanz«, »Geschäftsfähigkeit«, »Leidensbewußtsein« von der Tötung betroffen würde, äußern sich alle drei pflichtschuldig:

Der Moralphilosoph Singer: »Dieser sehr kleinen Zahl von unnötigen Todesfällen, die eintreten könnten, wenn die Euthanasie legalisiert ist, müssen wir die sehr große Summe von Leiden und Qual gegenüberstellen, die von wirklich todkranken Patienten erlitten werden, wenn die Euthanasie nicht legalisiert ist. Längeres Leben ist kein so hohes Gut, daß es alle Argumente aufwöge.«

Der Arzt Hoche: »Es kann dies nur für einen Laien Sorge sein, für einen Arzt besteht nicht der geringste Zweifel, daß die Auswahl mit hundertprozentiger Sicherheit zu treffen ist.«

Der Jurist Binding: »Die Menschheit verliert infolge Irrtums so viele Angehörige, daß einer mehr oder weniger wirklich kaum in die Waagschale fällt (...) Sein erhaltbar gewesener Lebensrest darf als ein nicht übertriebener Kaufpreis für die Erlösung so vieler Unrettbarer von ihren Leiden betrachtet werden.«

Nach Kaufmannsmanier, die beim Wiegen gern zum Kunden schielend fragt: »Kanns ein bißchen mehr sein«, wird im gleichen Moment der Profit durchkalkuliert.

Binding / Hoche rechnen unbefangen: »... daß der durchschnittliche Aufwand pro Kopf und Jahr für die Pflege der Idioten bisher 1300 M. betrug. Wenn wir die Zahl (...) der in Anstaltspflege befindlichen Idioten zusammenrechnen, so kommen wir schätzungsweise etwa auf eine Gesamtzahl von 20–30000. Nehmen wir im Einzelfall eine durchschnittliche Lebensdauer von 50 Jahren an, so ist leicht zu ermessen, welch ungeheures Kapital in Form von Nahrungsmitteln, Kleidung und Heizung, dem Nationalvermögen für einen unproduktiven Zweck entzogen wird.«

Und Singer, der sorgfältig darauf achtet, sich vom vulgären Materialismus zu distanzieren, vermerkt nebenbei: »Diese Version des Utilitarismus wird manchmal als ›ökonomischer Utilitarismus‹ bezeichnet, weil es die Art von Utilitarismus ist, mit der die Ökonomen im Bereich der ›Wohlfahrtsökonomie‹ arbeiten.« Und: »Auch für den Präferenzutilitarismus ist das dem getöteten Wesen zugefügte Übel nur *ein* zu beachtender Faktor, und die Präferenz des Opfers könnte manchmal durch die Präferenzen von anderen aufgewogen werden.«

Zwischen Binding/Hoches Streitschrift und der von Singer liegt der real vollzogene Massenmord an »Lebensunwerten«, »Artfremden« und »Nutzlosen«. Die Begründung für den Mord war vom gleichen Nützlichkeitsdenken durchdrungen, wie es auch Singer propagiert. Weit entfernt von jedem historisch-materialistischen und gegenwärtig politischen Gedanken, glaubt Singer sich neutralisieren zu können durch Statements wie: »Wenn die Euthanasie aus irgendeinem Grund zwangsläufig zu den Greueltaten der Nazis führen würde, dann wäre das ein Grund, die Euthanasie zu verdammen.«

Der Satz ist von gleicher Qualität wie der über Moral und Klasse. Zu Engels' Definition, daß alle Moral stets Klassenmoral sei, sagt Singer: »Wenn alle Moral relativ ist, was ist dann so Besonderes am Kommunismus? Warum soll man für das Proletariat Partei ergreifen und nicht für die Bourgeoisie?«

Von diesem begnadeten Denker sollten sich alle schleunigst ein Stück abschneiden!

Er sei ein letztes Mal zitiert: »Im Rahmen dieser Ethik ist es möglich und notwendig, lebenswertes und lebensunwertes Leben zu unterscheiden und das lebensunwerte zu vernichten.« (So in seinem Schlußwort auf dem 7. Internationalen Kongreß für Humangenetik 1986 in Berlin.)

Singersche Vernichtungsethik und nationalsozialistische Vernichtungspraxis folgen dem gleichen Zweck. Es ist gar nicht notwendig, nachzuweisen, ob sie sich in der ideologischen Begründung ähneln oder nicht, weil vollkommen genügt, daß sie sich einig sind in der Gewißheit, daß der Massenmord technisch möglich und selektierende Diagnose rechtlich und wissenschaftlich gültig sei. Singer ist das beste Beispiel dafür, daß die »Greueltaten der Nazis«, wie er zu sagen pflegt, nicht einfach historischer Fakt und durch Vergangenheitsbewältigung entschärft sind, sondern sehr gegenwärtig, als Problembewältigungsstrate-

gie auf hohem technischem Niveau, modernen Dimensionen zu-
strebend. Wo der Sachzwang längst das verbindliche Ethos ist,
schlägt sich die Betriebsphilosophie mit dem moralischen Argument für die Interessen der Stärkeren.

Das Lächeln von Barbie

Die Empörung über den unpassenden Gesichtsausdruck eines NS-Täters scheint wie aus einem Munde zu kommen. Vom *Spiegel* bis zum *Pflasterstrand* sind sich alle Kommentatoren darüber einig, daß ein lächelnder Barbie zu weit geht. Im *Pflasterstrand* schreibt Dany Cohn-Bendit: »Nur sieht ein Dracula der Moderne eben nicht wie ein Dracula aus, sondern wie der sanfte alte Mann, der des Enkels liebster Opa sein könnte. Wäre nicht sein Lächeln.« Beschrieben wird es als ein »Lächeln aus dem Jenseits der Menschlichkeit«, ein »tiefgekühltes und unbewegliches Grinsen«. Was ist gemeint? Wie sieht die Bestie aus, die nicht gerade damit beschäftigt ist, bestialisch zu sein? Ist ihr vorzuwerfen, daß sie wie ein lieber Opa wirkt, oder ist dem Opa vorzuwerfen, daß er nicht sein wahres Gesicht zeigt? Ist das Lächeln die Entstellung der Bestie? Und weshalb kommt es aus »dem Jenseits der Menschlichkeit«? Soll das Diesseits der Unmenschlichkeit in Frage gestellt werden? Dany Cohn-Bendit will jedenfalls, daß es aufhört. Daß die Angst vor der Rache es beenden möge.

Der *Spiegel* überschreibt seinen Artikel zum Prozeß in Lyon mit den Worten: »Gewisses Grinsen«. Im Text heißt es, Barbie halte sich »versteckt hinter seinem leeren Grinsen«, sein Gesicht sei »wie leergeräumt von allen Gefühlen, eine Maske, unter der sich ein Niemand befand«. Nachdem beschrieben wird, wie der Angeklagte dem Gericht und dem »totenstillen Publikum« sein Grinsen zuwarf, heißt es weiter: »Dann setzte er sich und grinst von nun an in sich hinein«. Der *Spiegel* fährt fort, daß Barbie, selbst bei der Konfrontation mit seinen Opfern, sich verhalte »wie ein grinsender Automat«. Also was denn nun? Da sitzt also einer mit einem »leeren Grinsen«, das dennoch etwas »Gewisses« habe, zugleich aber eine Maske sei, hinter der sich niemand versteckt. Dieser Niemand grinst »in sich hinein«. Man fragt sich, wo hinein? In einen Niemand? Dieses wunderliche Gebilde, das uns der *Spiegel* im Übereifer der Betroffenheit ausmalt, ist also ein maskiertes Nichts mit vollautomatisch leerem, wenn auch gewissem Grinsen. Trotz allem, suggeriert der *Spiegel*, gebe es eine geheime und empörende Verständigung zwischen dem Äußeren der Gesichtszüge und einem irgendwo drinnen hausenden bösen Selbst.

Wozu diese Versuche, das Bekannte nicht zur Kenntnis zu nehmen, es auszugrenzen in ein Jenseits, zu behaupten, es sei fremd?

Einmal abgesehen davon, daß permanent Grinsen und Lächeln miteinander verwechselt werden – denn beim Grinsen werden die Zähne gebleckt, während das Lächeln noch zwischen der Entscheidung schwebt, die Lippen zu öffnen oder nicht –, sind lächelnde NS-Täter kein Novum. H. Langbein z. B. erwähnt sie im Zusammenhang mit dem Frankfurter Auschwitzprozeß: »Man sollte sich nicht zu sehr wundern, daß die Angeschuldigten oft lächeln oder fast ironische Antworten geben. Das ist nicht Zynismus.« Sondern, so erklärt Langbein, Unverständnis gegenüber der Opfer-Realität, weil ihnen das Gedächtnis nur ihre eigene und damit grundverschiedene Erinnerung und Perspektive aufbewahrt habe.

Ich meine, es ist das verbindliche Lächeln eines höflichen Menschen, der sich jede Verbindlichkeit verbittet. Barbie sagt vor Gericht, er sei – im juristischen Sinne – nicht anwesend. Er habe nichts zu sagen. Das ist wahr, er hat nichts mehr zu sagen, anderswo hatte er. Dort war er auch anwesend, im juristischen Sinn, der ihn befugte. Der *Spiegel* interpretiert das so: »Er verleugnet nicht nur sich selbst, sondern auch die Leiden seiner Opfer, den Prozeß, das Gericht.«

Barbie verleugnet wahrheitsgemäß jedes Selbst, von dem er irgendwann die Überzeugung gewonnen hat, daß es weder beruflichen noch politischen Interessen mehr förderlich ist. Mit Individuen, die darauf bestehen, ein moralisch integres Selbst zu entfalten, ließe sich weder ein totaler Staat noch ein totalitärer Kapitalismus machen. Was nun die Leiden der Opfer betrifft, so käme es einem professionellen Verhörspezialisten sicherlich nie in den Sinn, sie zu leugnen. Gerade die Erzeugung von Schmerz und Qual sind ja der wesentlichste funktionale Bestandteil seiner »peinlichen Befragung«. Als Angeklagter fühlt er sich nicht zuständig.

Es geht um Identität und um den Vorwurf, daß ein Täter so tut, als hätte er keine. Jetzt, wo er kein Phantom mehr ist, wo man ihn als den Barbie identifiziert hat, soll er sich auch zu sich bekennen. Daß er Phantom bleibt, auch als Wiedererkannter, scheint unglaublich. Er soll sich mit seiner Schuld identifizieren und sein Selbst mit seinem Gewissen. Man erwartet vom Täter dieselbe Unfähigkeit, sich zu distanzieren, wie von den Opfern. Aber wie soll das zugehen? Weshalb sollte der alt gewordene Täter den Anblick seiner alt gewordenen Opfer schlechter ertragen können, als er ihn damals ertrug, wo er sie zu Opfern machte?

Barbie ist ein Mann ohne Eigenschaften, aber mit Fähigkeiten. Man fand vor und nach 1945 Verwendung für seine Fähigkeiten aufgrund seiner soliden Ausbildung, Erfahrungen und Eignungen. Er ist der Prototyp des reinen Funktionärs mit hoher Arbeitsmoral. Ansonsten bleibt seine Werteskala moralisch neutral, lediglich orientiert an organisatorischer Effizienz und Rationalität. Seine Weltanschauung ist die der internationalen Sicherheits- und Geheimdienste. Aus dieser Perspektive ist die Welt wahrscheinlich sehr klein. Was sich an der Schauseite der jeweils nationalen Macht – sei sie nun faschistisch oder demokratisch – abspielt, ist nicht relevant. Barbie begreift sich als Mitglied des technischen Personals, das im geheimen den Motor der Staatspolitik in Händen hält und antreibt. Über die Vorstellung, die sich der Laie von Geschichte und Politik macht, kann er nur lächeln. Er fühlt sich zu Recht entführt in den Bereich eines zivilen Rechts, das innerhalb der geheimdienstlichen Tätigkeit keine Geltung hat oder hatte. Seine Arbeit und Moral sollen nach berufsunspezifischen Maßstäben gemessen werden, nach denen der Menschlichkeit. Von diesem Ansinnen kann er sich nur distanzieren. Wahrscheinlich gibt es für ihn nur eine einzige und große Verunsicherung, nämlich die, daß er überhaupt angeklagt werden konnte. Er wird sich vorwerfen, irgend etwas falsch gemacht zu haben. Nicht in den 40er, sondern in den 70er und 80er Jahren, sonst hätte man ihn nicht fallengelassen und ausgeliefert.

Fast ebensosehr wie über das Lächeln und die Uneinsichtigkeit in die eigene Schuld erregt sich der *Spiegel* darüber, daß Barbie Bildung besitzt. Der Reporter beobachtet Barbie im Gerichtssaal beim Lesen und vermutet entsetzt, es könnten womöglich Hexameter sein. Was auch immer Barbie gelesen haben mag – in seiner Zelle jedenfalls soll er Homer gelesen haben –, der *Spiegel* hält es für eine unpassende Lektüre. Ein weiterer Beweis für absolute Skrupellosigkeit. Der Vorwurf läßt sich offenbar ausdehnen.

Barbies Lektüre ist nicht überraschend. Adorno / Horkheimer sprechen in der *Dialektik der Aufklärung* vom »blinden Lob des blinden Lebens«, das in der Stellung des Kulturfaschisten zu Homer zum Ausdruck komme. Gesucht und gefunden werde nicht Aufklärung, sondern Identifikation und Selbstbestätigung. Den *Spiegel* aber interessiert nicht die Rezeptionsweise der Barbies, sondern die Sauberhaltung abendländischen Kulturgutes. Ungebrochen hält er an einem Kulturbegriff fest, der gerade durch die Barbies und ihre Nachfolger widerlegt ist.

Es ist gar nicht so sehr die Erkenntnis, daß es der Kultur bis heute nicht gelungen ist, uns die Mordlust auszutreiben, die zu erschüttern hätte, sondern vielmehr die Tatsache, daß uns Kultur die Fähigkeit eingetrieben hat, kühl und rationell zu morden, vollkommen ohne Lust.

In diesem Sinne ist Barbie ein moderner und kultivierter Mensch, auf der Höhe seiner Zeit. Das zeigt sich vielleicht gerade dort am deutlichsten, wo man ihn am heftigsten der Unmenschlichkeit bezichtigt, an den Ausdrucksformen seiner Kultiviertheit. Die Tatsache, daß er in den Folterpausen in einem Nebenraum Chopin spielte, um sich hernach wieder neugestärkt der Arbeit zuzuwenden, ist ja der schönste Beweis für ein Verhältnis zur Kultur, das wir alle mit ihm teilen, wenn auch in scheinbar harmloserem Rahmen. Aber er ist nicht nur in den

Folterpausen Kulturmensch, sondern auch beim Foltern selbst. Der Vorwurf, er sei eine Bestie, ist ganz haltlos – diese hätte ja starke Affekte –, er verwehrt sich Gefühlen und dem Rückfall in den unzivilisierten Blutrausch. Über den Konvulsionen seiner Opfer ist er kühl geblieben und hat gelächelt, das ist verbürgt.

Den lebenslänglich fortwirkenden Schaden, den er seinen Opfern beigebracht hat, kann Barbie nicht nachvollziehen. Wenn sie heute vor ihm stehen, wird er sich wahrscheinlich weder an sie persönlich noch an ihre Geständnisse oder Weigerungen erinnern. Für die Opfer hingegen ist das unbegreiflich, denn er hat ihnen nicht nur Aussagen entrissen, sondern – so beschreibt J. Améry die Folgen der Tortur – das Gefühl, in der Welt heimisch zu sein.

Barbie hingegen hat von sich den Eindruck, auch bei jenen Handlungen, die als unmenschliche verurteilt werden, Mensch geblieben zu sein. Auf der Anklagebank in Lyon sitzt kein krankhaft krimineller Außenseiter, sondern ein Mann, der all die Eignungen und Fähigkeiten hat, die zu einer modernen Charakterstruktur gehören. Seine Erbarmungslosigkeit ist kein persönliches Merkmal, sie bestimmt allgemein Bewußtsein und Wahrnehmung, auch wenn das in Friedenszeiten nach geltendem juristischem Recht kein Verbrechen gegen die Menschlichkeit darstellt.

In Kafkas *Prozeß* sagt der Prügler: »Ich lasse mich nicht bestechen. Ich bin zum Prügeln angestellt, also prügele ich«, und Günther Anders schreibt dazu: »Ist der Mensch nichts als sein Beruf, erschöpft sich seine Existenz in der Rolle, als die er gemeint ist, dann ist er selbst Nichts, nicht wirklich, sondern gewissermaßen nur das Duplikat seines, auf seinen Namen lautenden Aktenstükkes.« Von Barbie wird gesagt, er sei ein idealistischer Faschist. In den Nürnberger Ärzte-Prozessen wurden idealistische Motive noch strafmildernd beurteilt. Heute herrscht offenbar Konsens darüber, daß wir auch ohne Idealismus zu allem fähig sind.

Dieses Hinausschleichen der Berichterstattung aus jeder Ähnlichkeit mit dem Täter, das umstandslose Sich-auf-die-Seite-der-Opfer-Stellen, diese moralhygienische Empörung ist durch keinerlei Zweifel getrübt. Die Heuchelei, mit der behauptet wird, wir seien Außenstehende, und gefordert, das fremde Monster solle endlich unsere Schuld bekennen, zeigt, daß es der Presse nicht um die justizförmige Abwicklung des Prozesses geht, sondern ums psychohygienische Kapital, das sich aus dem »Schlächter von Lyon« ziehen läßt.

Den Opfern wird durch das Urteil, wie auch immer es ausfällt, kein Recht widerfahren können. Sie nämlich sind und bleiben die einzigen Außenseiter, gezeichnet von der Gewalttat, identifizierbar. Sich mit ihnen zu identifizieren, vorgeblich aus Gründen der Solidarität – was freilich ohne praktische Folgen bleibt und nur nach ihrer Unschuld trachtet –, ist eine Unverschämtheit und zeugt von jener skrupellosen Indifferenz, die auch Barbie aufweist.

Die leergefegten Presseplätze nach der Weigerung Barbies, an den Verhandlungen teilzunehmen, Aussagen seiner Opfer anzuhören, sprechen eine deutlichere Sprache als alle Worte, die in den Zeitungen gemacht wurden.

Einigkeit und Recht und Freiheit…
Wie man in der »Zigeunerfrage« an einem Strang zieht

Deutschland ist nun wieder Herr im eigenen Reich. Die Gleich-schaltungsfeierlichkeiten hatten die dem Anlaß gemäße Würde, mit »des Glückes Unterpfand« wolle man nicht wieder Schindlu-der treiben, wurde versichert, vielmehr werde man sich ganz aufs »Blühen« konzentrieren. Einfühlsam, wie der Wolf spricht, wenn er den Wanst voller Kreide hat, erläuterte der Bundesprä-sident in seiner Festrede den Charakter und die Aufgabe der neu-geborenen Nation. Man lebe »im Kreise der westlichen Demo-kratien« und strebe »eine möglichst schnelle Herbeiführung einer gesamteuropäischen Vereinigung« an. Dabei wolle man die »Schlüsselrolle« übernehmen. Hier spätestens müssen die Ohren klingen, wenn mit tausendmal abgegriffenen Worten mitten im Festakt verlautbart wird, man gedenke, sich die osteuropäischen Märkte zu sichern.

Daß man im Ausland beunruhigt ist oder die Vereinigung gar ablehnt, wird hierzulande ignoriert. Vertreter von Rechts bis Grün versichern der internationalen Presse, Deutschland sei heute ein freiheitlich demokratisches Land, von dem keine Ge-fahr mehr ausgehe. Man strebe nichts weiter an als friedliche Ko-existenz und Zusammenarbeit. Dazu gratulieren ganz besonders herzlich jene Länder, die es zwar aus eigener Erfahrung besser wissen, aber nun zu arm sind – oder zu arm sein werden –, um dem künftigen Brotherrn die Wahrheit ins Gesicht zu sagen. Die sowjetische Nachrichtenagentur TASS frohlockt, von nun an werde es nur noch »Frieden, Wohlstand und Stabilität geben für das deutsche und sowjetische Volk, für Europa, für die ganze Weltgemeinschaft«.

Deutschland hat aus der Geschichte gelernt. Insbesondere, daß auch andere Mittel als die der nackten Gewalt den alten Zweck erfüllen können. Daß deutsche Wirtschaftsmacht ebenso zielsicher einschlägt wie ehedem die »V2«. Daß man Waffen und Giftgas klugerweise verkauft, anstatt sie selbst umständlich anzuwenden. So kann man zivilisiert und gesittet seinen Geschäften nachgehen ohne die Sorge, dabei vielleicht den Feind aus den Augen zu verlieren.

Lediglich den Opfern des Faschismus ist klar, daß dieses Deutschland nach wie vor alle untrüglichen Kennzeichen der Gemeingefährlichkeit aufweist. Ihnen bringt man in neuer Tateinheit wieder die Flötentöne bei, für die Verbrechen der Nazis soll haften, wer Schuld war. Die bescheidene Bitte, daß in der Präambel zum Einigungsvertrag auch der Völkermord Erwähnung finden möge, den Deutsche planten und ausführten – und das Gedenken an die Opfer, die Achtung vor ihnen und den Menschenrechten –, wurde kommentarlos übergangen. Mit diesem »unerfreulichen Kapitel deutscher Geschichte« will man sich nicht gleich wieder das Leben schwer machen lassen. Auschwitz? Schwamm drüber!

Zuallererst sollen jetzt einmal die Menschenrechte der Ostdeutschen Beachtung finden, so lautet das Gebot der Stunde. Denn schließlich haben sie unter den Kommunisten so viel Leid und Schrecken erlitten, daß auch das fast an Auschwitz grenzte. Ihnen muß geholfen werden, wirtschaftlich und rein menschlich, da bleibt für artfremde Hilflosigkeit kein Rest übrig. Weder für russische Juden noch für die Verfolgten anderer Länder. Schon gar nicht aber für die schon vor fünfzig Jahren rassekundlich als Schmarotzer beforschten Zigeuner. Sie kommen als »Roma-Welle«, wie der *Spiegel* formuliert, in unser Land und wollen nur das »Eine«.

Darum hat auch der Bundesrat sich zuallererst mit dem Antrag auf Änderung des Asylrechts zu befassen. Oskar Lafontaines Vorschlag, den Artikel 16 (»Politisch Verfolgte genießen Asylrecht«) unter einen Gesetzesvorbehalt zu stellen, hat die Zerstörung des Asylrechts gesellschaftsfähig gemacht. Die rechtsverbindliche Festlegung, daß in bestimmten Staaten »nach allgemeiner Überzeugung keine politische Verfolgung stattfindet«, würde dann zur Folge haben, daß Flüchtlingen aus diesen Ländern automatisch die Asylberechtigung fehlt. Sie kämen also gar nicht erst dazu, auch nur einen Antrag zu stellen. Das entlastet den bürokratischen Apparat, die öffentliche Hand, dient dem Vorwärtskommen im Wahlkampf.

In der Zukunft würde dann gelten, daß in Rumänien, Jugoslawien, Polen, Ungarn, der Tschechoslowakei »nach allgemeiner Überzeugung« unserer Politiker »keine politische Verfolgung stattfindet«. Will man einmal davon absehen – was ja der Fall zu sein scheint –, daß nach »allgemeiner Überzeugung« der Roma und Sinti ihre Menschen von Deutschen verfolgt, erschlagen und vergast worden sind ohne jeden Grund, dann bliebe immer noch ein weiteres Argument gegen die Lafontainesche Konstruktion: Wenn nämlich Zigeuner in Deutschland, das an ihnen nicht weniger als einen Völkermord »wiedergut«zumachen hätte, verfolgt und behandelt werden wie der sprichwörtlich letzte Dreck, wie erst wird man sie dann in ihren »Heimatländern« behandeln?

Bis es soweit ist, schaffen Bürger und Ordnungskräfte mit wiedervereinigter Schlagkraft die Probleme provisorisch aus dem Weg. Und man kann schwer entscheiden, wer diese Aufgabe besser bearbeitet, der sozialistisch erzogene Mensch oder der Kapitalist.

Deutsche demokratische Volkspolizei nahm nach einem Überfall der Neonazis auf dem Bahnhof Berlin-Lichtenberg die gute Gelegenheit wahr und räumte knüppelnd das gesamte Bahnhofsgebäude. Von Skinheads und von deren Opfern, den obdachlosen Roma-Familien, die dort seit Wochen auf dem nackten Boden der Schalterhalle nächtigten.

Wo die DDR-Neonazis noch kostenlos tätig werden, müssen westdeutsche Bürger, denen die SA fehlt, für den Ersatz schon ein wenig in die Tasche greifen. Fünftausend Mark sollen, laut *Spiegel*, Essener Bürger bezahlt haben fürs Terrorisieren der Roma. Von solchen Ausnahmen abgesehen, finden sich in allen deutschen Städten immer genug Freiwillige, die nachts Zelte und Wohnwagen der ungebetenen Gäste mit Benzin übergießen und anzünden.

In Königs-Wusterhausen trat den Bürgern der Schaum vor den Mund, als die örtliche LPG eine volkseigene Wiese vorübergehend als Rastplatz für westdeutsche Sinti zur Verfügung stellen wollte. Die alten Frauen, die im 3. Reich gelernt haben, was zu tun ist, nahmen die Wäsche ab, sperrten die Kinder ins Haus und die Tiere. Die Königs-Wusterhausener protestierten so lange vor dem Gemeindehaus, bis die Sinti den ungastlichen Ort verließen.

In Nordrhein-Westfalen und im Saarland entsteht angesichts »der Zigeunerflut« besonders viel böses Blut. Arm in Arm gehen CDU, SPD, Pfaffen, Bürgerinitiativen, Lehrer und Schüler aus Bottrop oder Bad Salzuflen auf die Straße, protestieren und machen Sitzblockaden gegen die »Überfremdung« ihrer Stadt. Eltern, Lehrer und Schüler von den staatlichen bis hin zu den Waldorfschulen erklären mehr oder weniger offen, daß sie die kleinen Analphabeten, Schmutzfinken und Langfinger nicht in ihrer Klassengemeinschaft dulden werden.

Bürgermeister versprechen ihren Bürgern Abhilfe und Landesherren gar, wie Oskar Lafontaine, Lösungen. Der sozialdemokratische Hoffnungsträger macht sich zum Anführer von Bürgerwehr und Volkssturm, um gegen eine verschwindende Minderheit von Roma anzutreten, die in großer Armut leben und nicht einmal in Deutschland bleiben wollen. Damit sich daran auch nichts ändert, beschloß man, ihnen nur noch »Sammelverpflegung« auszuhändigen statt Bargeld.

Schließlich, einkaufen hätten sie ja doch nichts können vielerorts. Lebacher Geschäftsleute z. B. hielten ihre Läden geschlossen aus Protest gegen das Zigeunerpack. Heutzutage heißt es bei uns nicht mehr »Bürger, kauft nicht bei Juden!«, sondern: »Bürger, verkauft nichts an Zigeuner!« Und weil zu Antisemitismus und Rassenhaß auch die hysterische Angst vor einer »Durchseuchung des Volkskörpers« mit ansteckenden Krankheiten gehört, haben Lebacher Bürger um ihr öffentliches Schwimmbad herum einen Stacheldrahtverhau gezogen, damit die dunklen Gestalten nachts nicht einsteigen und ihre Keime hinterlassen können. Man findet es ja schon schlimm genug, wie sie tagsüber herumlungern, die bürgernahen Anlagen verschmutzen und überhaupt, schon vom Aussehen her, dringend verdächtig sind, Straftaten wie Betrug, Diebstahl, Vergewaltigung und Mord zu begehen. Sie passen einfach nicht in unser Straßenbild.

Die Gefährdung des Einkaufs- und Badeerlebnisses, als Deutscher unter Deutschen, kommt einem Anschlag auf die öffentliche Sicherheit und Ordnung gleich. Daß der fremdrassige Kunde dann auch noch keck, mit unserem Geld in der Tasche, einkaufen gehen darf, muß unterbunden werden. Eine angemessene Wegzehrung erfüllt auch ihren Zweck. Verantwortungsvolle Politiker haben erkannt, wie wichtig es ist, jede Provokation zu vermeiden. Denn wenn der an sich gutmütige Deutsche erst einmal die Beherrschung verliert, dann kann er seinen Vergasungswunsch nicht länger unterdrücken, angesichts all der Massen, die unbefugt bei ihm eintreten.

Leuten, die nicht nach einer altdeutschen Schrankwand, einem fünfflammigen Leuchter, der Sitzecke, dem Panoramafenster mit Blick auf die eigenen Trittrasen zwischen den Krüppelkoniferen, einem neuwertigen Mittelklassewagen und dem Treffer im Lotto lechzen, werden wohl bald wieder die Ohren vermessen. Wer der Meinung ist, daß Lohnarbeit, gar industrielle Lohnarbeit, eine Schande für die ganze Menschheit ist, der soll auch nicht essen. Ein hergelaufenes Volk, das in den letzten tausend Jahren alle Energie und Sorgfalt auf die Pflege der eigenen Sprache, Kultur und Überlebenskunst verschwendet hat, statt, wie es der Brauch ist, wenn Heimat, Geschichte und Kultur entstehen sollen, sich mit Eroberungskriegen, Kreuzzügen, Brandschatzung, Unterjochung, Gewalt und Herrschaft herumzuschlagen, bleibt am Ende mittellos und heimatlos. Bleibt fremd und einsam, Nomaden ohne Herde.

Das Dilemma der Zigeuner ist schrecklich und von existentiellem Ausmaß, denn einerseits sehnen sie sich nicht nach einer gesicherten bürgerlichen Existenz, in der alles nach der Uhr geregelt ist, andererseits sehnen sie sich freilich auch nicht nach Armut, Hunger, Krankheit, polizeilicher Verfolgung und sozialer Ohnmacht. Daß dazwischen kein Platz bleibe, schon gar nicht für ein fremdes anarches Volk, dafür wurde gründlich gesorgt. Daß Roma, Sinti, Kal-dera, Gitanos u. a. Gruppen sich dennoch den unbequemsten Weg wählen, macht sie noch exotischer.

Und das ist es auch, was den Bürger so gegen sie aufbringt. Dieser Mangel an Anpassungsfähigkeit und Bescheidenheit. Diese unverwüstliche Lebenslust auch noch unter den barbarischsten Bedingungen. Daß »der Zigeuner«, selbst aus der Gosse heraus noch, anmaßend ist und nicht bereit, die Beine einzuziehen, kann man weder verstehen noch verzeihen. So beispielsweise im Falle jener alten Frau, die mit ausgestreckten Beinen mitten auf dem Bürgersteig vor dem Kaufhaus saß, um Almosen zu sammeln. Neben ihr lag ein etwa vierjähriger Junge auf dem Boden und schlief. Die zart gerötete Kinderbacke ruhte im Schmutz auf dem grauen Beton und erregte weder Mitleid noch Sorge. Die Barbaren gingen vorbei, ohne zu bezahlen.

Überhaupt, dieser Umgang mit den Kindern empört den Bürger, und selbst ansonsten wohlmeinende Grüne finden es unmenschlich, daß Roma-Mütter ihre Kinder zum Betteln oder gar Stehlen anhalten, egal ob sie noch im Vorschulalter sind oder nicht. Ganz vergessen ist der hierzulande weitverbreitete und auch den Grünen bekannte Brauch, sein eigen Fleisch und Blut durchzufikken vom Säuglingsalter an aufwärts. Für Zigeuner vollkommen unvorstellbar, wie viele andere Sitten und Bräuche der Deutschen auch. Sie befinden sich beispielsweise lediglich im Gefängnis – und das in der Regel auch nur wegen kleinerer Eigentumsdelikte –, niemals aber in Altersheimen, Waisenhäusern und der Psychiatrie. Für Hilfsbedürftige sorgt man selbst.

Aus der Sicht von Sinti und Roma ist es auch seltsam, daß, kaum hat der erste Urlaubstag begonnen, die Deutschen mit Auto und Caravan fluchtartig ihr Land verlassen. Andere wiederum lassen sich durch Schlepperorganisationen wie Neckermann und Tigges über die Grenzen nach Griechenland, Italien, Spanien und Portugal schleusen. Ganz egal scheint es zu sein, wohin man fährt, nur weg wollen alle.

Da fragen sich die, denen man vorwirft, Scheinasylanten zu sein und sich nur ein bequemes Leben bei uns machen zu wollen, natürlich, wie es damit bei den Deutschen aussieht. Was hält sie eigentlich in diesem Land? Weshalb bleiben sie, wenn es ihnen anscheinend anderswo insgeheim besser gefällt? Weshalb also wollen sie ausgerechnet in Deutschland leben, wenn nicht der materiellen Vorteile wegen, die ihnen ein besseres Leben bescheren, als sie es in Griechenland, Italien, Spanien und Portugal hätten. Der geltenden Logik nach müßte das doch ein Ausweisungsgrund sein, wenn einer nur zum Schein den Staatsbürger vortäuscht.

Wiedervereinigung fremder Menschen, fremder Sitten

Die Bilder massenhaft fliehender DDR-Bürger flimmern über die Mattscheiben, bis alle im Westen sich ordentlich sattgesehen haben an den jungen, steingewaschenen Familien, wie sie ihre Säuglinge über Botschaftszäune reichen, um dann hinterherzusteigen in die Freiheit.

Überschwengliche Gefühle halten nie lange an, schon gar nicht kollektiv gehegte. Anfangs begrüßte man auf den bayrischen Bahnhöfen die ankommenden Flüchtlingssonderzüge noch mit Blasmusik. In der Manier der 50er Jahre empfing man die ankommenden wie Spätheimkehrer aus russischer Kriegsgefangenschaft, die nur mit knapper Not den stalinistischen Todeslagern entronnen waren. Das Rote Kreuz stand mit Schwestern in Schürzchen und Häubchen bereit, es gab Tee, heiße Suppe, vor allem Bananen und Pampers. Die Flüchtlinge bedankten sich schluchzend und skandierten tränenüberströmt »Deutschland, Deutschland, Deutschland« vor der Kamera. Einige riefen nur *Freiheit* und winkten ins Objektiv. Man stattete sie mit den obligatorischen 100 Mark Begrüßungsgeld aus – das auch dem winzigsten Säugling noch zusteht –, gab ihnen eine Notunterkunft und einen Paß der Bundesrepublik Deutschland. Danach war von ihnen erst mal in der Öffentlichkeit nichts mehr zu sehen.

Anfangs feierte man hier die sprunghaft ansteigenden Flüchtlingszahlen noch als Triumph über den Sozialismus und seinen bevorstehenden Bankrott. Dann aber änderte sich die Volksmeinung recht bald, angesichts solch starken Andranges auf unsere

Wohnungen, Arbeitsplätze, Lebensqualität. Die Mauer schien mehr und mehr Züge eines brechenden Staudammes zu bekommen, aus dem sich eine verheerende Sturzflut über all das zu ergießen drohte, was sich fleißige Bundesbürger in vierzigjähriger harter Arbeit aufgebaut haben. Die Brüder und Schwestern aus dem Osten erzeugten, sobald leibhaftig vorhanden, eine unüberwindliche Abneigung in den reichen Blutsverwandten. Diese Entwicklung begrüßend, traf man in der DDR Vorbereitungen, um die enttäuschten Rückkehrer zu empfangen. Ihnen wurde Straffreiheit zugesagt und die Rückkehr in die eigenen versiegelten Wohnungen, dazu 150 Mark Begrüßungsgeld in Ost. Einige nahmen dieses wirklich kulante Angebot wahr. Die meisten aber bestanden darauf, hier zu bleiben.

Anfangs genügten noch Zelte, Turnhallen, Ferienhotels und Container, um die Flüchtlinge aufzunehmen, dann aber wurden auch diese Unterkünfte knapp, und man griff zu allen Mitteln, die noch zur Verfügung standen. Da kam es dann zu höchst unkonventionellen Lösungen des Problems. So was würde man einer stumpfsinnigen Bürokratie gar nicht zutrauen. So wurde z. B. Hamburgs berühmtestes ehemaliges Bordell, das *Eros-Center*, provisorisch umgerüstet und mit Neuankömmlingen belegt. Im Kontakthof spielte die Freie Deutsche Jugend, sächselnd und blond, mit Walkman, Skateboard und Ghettobluster. Die etwas schwerfälligeren Eltern mußten draußen auf der Reeperbahn im Schnellkurs lernen, was Kapitalismus und was alles Ware ist.

Eine andere originelle Idee bestand darin, die Flüchtlinge in »militärisch sensiblen Bereichen« unterzubringen. Soldaten räumten ihre Kasernen, biwakierten bei Nachtfrost im Freien, und die Bundesländer öffneten sogar ihre Zivilschutzbunker mit allen ABC-Einrichtungen, als sei der »Ernstfall« eingetreten. Großmütter und Enkelchen, Vater und Mutter mußten mit fensterlosen, neonbeleuchteten Betonbehausungen Vorlieb nehmen und mit der Sauerstoffversorgung aus der Filteranlage. Hinter elektronisch schließenden Stahlschleusen nagten sie an ihren Notrationen, bis etwas Besseres für sie gefunden war.

Um den Aberwitz zu vervollkommnen, hielt man gleichzeitig das alljährliche Nato-Herbstmanöver ab. Die Übung *Wintex* bestand in der Aufgabe, vorrückende Panzertruppen des *Warschauer*

Paktes durch »Zündung von 20 Atombomben« im »grenznahen Bereich« zu zerschlagen und am Vordringen in den Westen zu hindern. Im Bombenszenario machte man dem gesamten verpflichtbaren Personal Beine und ließ es mitüben. Die Malteser und das eben noch mit dem Aufklappen von Flüchtlingsbetten befaßte Rote Kreuz rasten mit ihren Rettungswagen ins Katastropheneinsatzgebiet – im grenznahen Bereich –, um erste Hilfe zu bringen. Die Feuerwehren dekontaminierten sich und das Gerät unter scharfem Strahl, und durch die entlaubten Wälder robbte die Infanterie mit geschwärzten Gesichtern unter den camouflagefarbenen Helmen. Der eigenen Zivilbevölkerung fiel der Part »Todesopfer« zu, während die ehemaligen DDR-Bürger es sich in unseren atomsicheren Schutzbunkern wohlergehen ließen.

Es war ein einziges Durcheinander, in dem vollkommen ignoriert wurde, daß die meisten Unterzeichnerländer des Warschauer Vertrages an einer Zerstörung desselben und am schnellstmöglichen Abbau des Feindimages arbeiteten. Gleichzeitig überschlugen sich in der DDR die Ereignisse. Rücktritte lösten einander ab. Massendemonstrationen fanden zunehmend im Westen weit mehr Unterstützung als die unvermindert stark anwachsenden Flüchtlingsströme. Auf den Montagsdemonstrationen in Leipzig wurden diejenigen, die »Wir sind das Volk« riefen, von denen überstimmt, die »Wir sind ein Volk« riefen und »Deutschland – Deutschland«. Bald hatte man diesem immer mächtiger werdenden Block aus dem Westen Fahnen zugespielt, die nun anfingen, die DDR-Flaggen medienwirksam zu verdrängen.

Bis dann am 9. November abends während einer im Fernsehen übertragenen Pressekonferenz Günther Schabowski vollkommen überraschend die »Reisefreiheit für alle Bürger der DDR« verkündete, mit sofortiger Wirkung. Daraufhin brach allgemeine Hysterie in den Medien aus, noch bevor die Bürger in Ost und West richtig begriffen hatten, was nun auf der Tagesordnung stand. In aller Eile nahmen Ost- und Westfernsehen die Sendungen und Filme zum »Gedenken an die Reichskristallnacht« aus dem Programm.

Statt dessen nutzte man alle Kapazitäten für die Übertragung der Ereignisse in dieser »großen Deutsch-Deutschen Schicksalsstunde« und berichtete »vor Ort« über alles Sehenswerte. Vogel machte bald darauf den Vorschlag, als guter Sozialist und Patriot, der 9. November solle künftig der *Tag der deutschen Einheit* heißen. Und während die Stimmung in den jüdischen Gemeinden in Ost und West entsprechend dramatisch war, erhob sich in Bonn der versammelte Deutsche Bundestag und sang – während die Grünen schwiegen – wie ein Mann das Deutschlandlied.

In der Vereinigungsnacht überquerten Tausende DDR-Bürger die Grenzen. Zu Fuß, mit Autos und Fahrrädern wälzten sich die Massen an den schier bewußtlosen Grenzorganen vorbei, stürzten sich in die Arme der schaulustigen Westler, es gab noch einmal ehrliche, heftige Gefühlsausbrüche, Freudentänze und Besäufnisse, bevor es wiederum zu einer bloß gefürchteten Angewohnheit der DDRler wurde, an Wochenenden den Westen zu stürmen.

Nun verliefen die Begegnungen eher in der Art jenes beliebten Zeitlupengags, bei dem zwei freudige Menschen mit ausgebreiteten Armen aufeinanderzu- und, im letzten Moment, haarscharf aneinandervorbeilaufen. Überhaupt brachte die allgemeine Verkennung der Realität seltsame Früchte hervor, wovon die bemerkenswerteste wahrscheinlich der Bananenkult war.

Vielleicht hat sogar die Bereitschaft, sich ihm zu beugen, der alten Regierungsriege vollends das Genick gebrochen. Es war ein unübersehbares Zugeständnis, daß man, kurz vor den Feiern zum 40. Jahrestag der DDR, per Staatsratsbeschluß sozusagen, ein großes Kontingent Bananen in den staatlichen Handel brachte. Aber es fruchtete nichts mehr. Die historische Chance war längst verpaßt, sich durch solche Gesten die Liebe des Volkes zu sichern.

Die Frucht hatte eine politische Symbolbedeutung, die von allen politischen Lagern benutzt wurde. Zur großen Kundgebung auf dem Alexanderplatz am 4. November hatten Demonstranten die Türklinke am Hause des Ministerrates mit einer Banane versehen, und das war, wie man fünf Tage später sah, kein gutes Zeichen. Nach der Öffnung der Grenzen verfiel man gesamtdeutsch in einen Bananenrausch. In Nürnberg klemmte man falsch parkenden Trabis und anderen DDR-Fahrzeugen statt eines Strafzettels Bananen unter den Scheibenwischer, Fremde West schenkten Fremden Ost spontan Bananen, auf dem Fischmarkt in Hamburg wurden sie den DDRlern plastiktütenweise für geringe Preise zugeworfen, wo man die Ostfamilien sah, sah man sie Bananen-essend und -schleppend. Das ging sogar soweit, daß selbst im Sex-Shop von Beate Uhse zeitweilig Präservative mit Bananengeschmack ausverkauft waren.

In diesen Tagen zeigte der Kapitalismus sich in Hochform. Man entlockte den DDR-Bürgern nicht nur im Handumdrehen das eben erst erhaltene Begrüßungsgeld durch ein übersteuertes Warenangebot, sondern vollbrachte das Zauberkunststück, ebenso schnell auf den Bedarf von mehreren Millionen Bananen zu reagieren, ohne eine »Versorgungslücke« entstehen zu lassen.

Man fuhr nicht ungestraft zwei U-Bahnstationen von einer Welt in die andere. Die Bananen wurden hier richtiggehend ausgelegt wie Köder für die Ratten, die ihre Wirkung erst nach der Rückkehr in den Bau entfalten. Aß man eben noch unschuldig Bananen, war man im nächsten Moment schon darauf konditioniert, es sich auch auf der Seite der Ausbeuter gemütlich zu machen, sich von United Fruit und Del Monte fremder Hände Tagewerk billig verkaufen und munden zu lassen. Der DDRler wurde verstrickt und verstrickte sich eifernd ins Gewirr komplizierter Abhängigkeiten, man verwandelte ihn in einen übernahmereifen unpolitischen Fresser, der den Hegemonialanspruch der BRD bedingungslos akzeptiert. Es versteht sich natürlich von selbst, daß nicht nur Bananen den Ausschlag gaben, sondern CD-Player, Videorekorder und die ganze Masse dessen, was sonst noch die Leute durcheinanderbringt.

Dennoch, der Banane kommt der Rang zu, Symbol gewesen zu sein für das sich einigende Vaterland. Sie wurde begehrt, als sei sie der Inbegriff eines Menschenrechtes, das man dem DDR-Bürger all die Jahre vorenthalten hat. Nun kann man sich vergeblich fragen, weshalb begrüßte die Bundesrepublik ihre Brüder und Schwestern ausgerechnet mit Bananen, einer Frucht, die hier nicht wächst? Weshalb nicht mit Orangen und Zitronen, die wenigstens noch auf dem europäischen Festland wachsen und deren Mangel ja einmal als drastisches Zeichen sozialistischer Mißwirtschaft galt? Aber das war nur ein Intermezzo, dem unmißverständlicheres Verhalten folgte.

100. Kampftag der Arbeiterklasse in Greifswald

In der Haupteinkaufsstraße drängen sich die Massen. Morgen ist erster Mai, deshalb schließen die Geschäfte heute bereits um elf Uhr. Die Leute sind beladen mit Netzen, Taschen und fächerblättrigen Zimmerpflanzen. Wer noch eine Hand frei hat, umklammert ein Soft-Eis und versucht, es im Gedränge zu essen. Im Gegenstrom bewegen sich die, die dorthin streben, wo die anderen gerade herkommen, zum Marktplatz, auf dem sich ein Hamburger Wochenmarkt ausgebreitet hat.

Auf den ersten Blick wirkt das Treiben südländisch, man erwartet überquellende Gemüse- und Fischstände, findet statt dessen im Gewühl aber nur Tische, die sich biegen unter minderwertiger Ware. Da werden vollsynthetische Jogginganzüge feilgeboten mit aufgedruckter Werbung; Kunstlederjacken, denen unter ein bißchen Sonne bereits ein atemberaubender Kunststoffgeruch entsteigt; Goldkettchen als Meterware; praktische Küchenhelfer; Damenhandtaschen; Autowachs, das »für 12 Wäschen« reicht; Süßigkeiten; Herrenkosmetik, und neben all diesen Ladenhütern verkauft ein junger Ausrufer von der Rampe eines Lastwagens herab die überaus begehrten Blattpflanzen.

Obgleich hier alles nur gegen »Deutschemark« und zu drastisch überzogenen Preisen zu haben ist, blühen die Geschäfte. Für die vom Kaufrausch Ermatteten ist nicht viel da zum Rasten. Am Platz ist ein einziges Café. Hier verschlingen strapazierte Kleinfamilien ihre Eisbecher mit Sahne, unter gelben Camel-Schirmen und den mißbilligenden Blicken der Wartenden.

Mitten im Gewimmel jemanden anzusprechen, wegen einer Auskunft über den morgigen ersten Mai, ist gar nicht so einfach. Ein älterer Arbeiter endlich sagt uns, wie wir zum FDGB-Haus kommen, vor dem 10 Uhr vormittags eine Kundgebung sein soll. Der Platz liegt zwei Kilometer außerhalb der Stadt, merkwürdigerweise. Der Mann zuckt mit den Schultern und sagt: »Ich glaubs ja nicht, daß viele da sein werden morgen… und sonst ist ja nichts weiter, dieses Jahr…, eigentlich ist das ja ein bißchen enttäuschend.« Er erklärt uns auch noch den Weg zum Kraftwerksgelände, das in derselben Richtung liegt. »Da fahrnse immer raus, Richtung Lubmin!«

Die Straße zum Kernkraftwerk ist für die Durchfahrt gesperrt. Sie ist breit und in einem hervorragenden Zustand, schließlich muß sie Schwertransporter überstehen. Alle paar Meter weisen Schilder darauf hin, daß nur Betriebsfahrzeuge und Betriebspersonal passieren dürfen. Als uns ein entgegenkommender Lastwagen Zeichen macht, beschließen wir, umzukehren und uns von hinten zu nähern. Wir fahren über kleine Ortschaften, an einem verfallenen Gut oder Kloster vorbei, auf der Suche nach einem Dorf, das es nicht mehr gibt, wie sich zeigt, statt dessen geht die Landstraße in Betonplatten über, und das bekannte Verbotszeichen versperrt wiederum den Weg. Während wir noch beratschlagen, tritt eine alte Frau ans Auto und fragt, ob wir nach Lubmin möchten. Über unsere Skrupel wegen des Schildes lächelt sie: »Da fahren Sie einfach durch, da fahren alle durch!«

Offenbar herrscht unterdessen in manchen Bereichen eine fröhliche Anarchie, das beflügelt uns, und so gelangen wir direkt vor den Haupteingang der *Bruno-Leuschner-Werke, VEB-KKW*. Man stellt sich gefährliche Orte immer irgendwie anders vor, als sie sind, vielleicht moderner, kälter, aber dieses Eingangsgebäude hier könnte ebensogut zu einer Nähmaschinenfabrik gehören. Dahinter allerdings ragen die Blöcke auf, das Gelände ist sehr groß. Man fährt an einer nicht enden wollenden Betonmauer entlang, und über sie hinweg kann man ein bißchen hineinsehen. Ein Gewirr von Röhren ist zu erkennen, von abgestellten schweren Bauteilen, rostigen Gerätschaften. Weiter vorn ragen riesige Kräne in den Himmel, hier ist die Baustelle, auf der vier weitere Blöcke entstehen sollen. Das Ganze macht einen chaotischen und vielleicht auch deshalb furchteinflößenden Eindruck. Ganz offensichtlich aber nicht auf die fröhlich fußballspielende Werksfeuerwehr. Die großen Löschfahrzeuge und grauen Barkas-Rettungswagen der Einsatzgruppe sind schräg am Hang einer Wiese geparkt, die Mannschaften toben bis zur Erschöpfung hinter dem Ball her, und man sieht es förmlich vor sich, wie sie bei Alarm mißmutig das Spiel abbrechen würden.

Das gesamte Kraftwerksgelände ist von Natur umgeben. Direkt neben dem Zaun in einem üppig wuchernden Mischwald, der sich bis zur Küste hinunter und an ihr entlangzieht, liegen Ferienobjekte verschiedener Kombinate. Selbst hinter dem Zaun, also auf dem Kraftwerksgelände, ist ein Erholungslager zu sehen, mit Grillplatz und Bänken. Auf einem verwitterten Schild läßt sich entziffern, daß es den fleißigen Pionieren zugedacht ist: *FDJ Jugendobjekt Großbaustelle.*

Zu all diesen Ferienanlagen versperrt jeweils eins der DDR-typischen Eingangstore den Zutritt. Diese Tore stehen oft auch vor Stasi-Objekten und lassen sie freizeitmäßig und harmlos aussehen. Sie wirken fragil und haben eine Sonne mit Strahlenkranz in jedem Flügel, aus Eisenrohr gefertigt. Meist sind sie grau lackiert, die Sonne hingegen ist kreidig in rosa oder gelb gefärbt.

Neben dem Zaun zum KKW führt ein Waldweg bis zur Küste, wir fahren bis ganz nach vorn und beschließen hier, unter den Kiefern, im Rücken die Wellen der See, über Nacht zu bleiben. Bei Sonnenuntergang spazieren wir mit den Hunden und recht gemischten Gefühlen am sandigen Ufer entlang. Und wie um die leise Panik für ein paar Sekunden in helles Entsetzen zu verwandeln, erfüllt plötzlich ein unheimliches Geräusch die Luft: Ein lauter und lauter werdendes Schwirren und Hecheln, und dann landet schreiend, knatternd und aufplatschend eine Armada von mindestens 300 weißen Schwänen. Sie formieren sich und schwimmen hinüber, offenbar zum fischreichen und warmen Kühlwasser aus dem Sekundärkreislauf. Dort gleiten sie auf und ab, Köpfe und Hälse im Wasser versenkend. Diese Idylle, zartrosa angehaucht auf einer schiefergrauen Wasseroberfläche, ähnelt schon sehr einer Katastrophe.

Am nächsten Morgen sind wir bereits eine halbe Stunde vor Beginn der Feier am Gewerkschaftshaus. Das Gebäude sieht aus wie eine moderne Schule. Hinter allen Fenstern prangen große Scherenschnitte aus weißem Papier, mit Motiven zum hundertjährigen ersten Mai. Vier Gewerkschaftsfahnen sind gehißt, aber keine DDR-Fahne, keine rote. Neben dem Eingang steht ein zierliches Rednerpult, flankiert von zwei fast doppelt so großen, schwarzen Lautsprecherboxen. Aus ihnen heraus dröhnt über den leeren Platz hinweg ein deutscher Schlager mit – für diesen Anlaß – merkwürdig zweideutigem Text: »(...) Ich weiß, daß ich verlor, daß mit mir auch die Trauer verlor, ich komm verlassen mir vor, adios, adios, Amor... so muß das Leben wohl sein, es holt alle Verlierer mal ein...« Das ist sicher kein Zufall, aber ich vermute, es wird auch nicht irgend jemandes Sinn für Komik zu verdanken sein. Vielleicht ist es so, wie es bei Vierzehnjährigen ist, die in ihrem Liebeskummer auch solche Schlager, die ihnen aus dem Herzen sprechen, wieder und wieder hören möchten. Der nächste, der aus den schwarzen Boxen dröhnt, handelt ebenfalls vom Abschiednehmen.

Außer uns ist nur noch eine Frau zu sehen. In sonntäglich rosafarbenem Kleid sitzt sie auf dem Mäuerchen vor der Universitätsapotheke und raucht. Irgend etwas stimmt nicht mit ihr. Sie ist unregelmäßig kurzgeschoren, so als hätte ihr jemand wahllos das Haar abgeschnitten. Als ich näher komme, ruft sie schon: »Na, auch schon da?« und auf meine Frage, was sie voriges Jahr am ersten Mai gemacht habe, antwortet sie ohne zu zögern: »Ich wurde geschlagen!« Meinen überraschten Gesichtsausdruck ignoriert sie und fährt schnell fort: »Heute bin ich arbeitslos. Fristlos gekündigt. Voriges Jahr hatte ich noch Arbeit. Aber die Unterstützung nehme ich nicht an, mit mir nicht!« Dann krempelt sie den linken Ärmel hoch und zeigt mir auf der Innenseite ihres Handgelenkes mehrere dickwülstige rote Narben, zieht ernst die Augenbrauen hoch und lacht dann mit jenem leicht schiefen Mund, den Leute sich angewöhnen, die eine Zahnlücke verbergen wollen: »Ich hab keine Arbeit, kein Einkommen... und schwanger bin ich auch schon wieder.« In der weiteren Erzählung stellt sich heraus, daß der Mann im November in den Westen ging und sie mit drei Kindern sitzenließ. Nach einem ersten Selbstmordversuch nahm man ihr die Kinder weg, und das führte zu einem zweiten. Die Kinder sind in einem Kinderheim, und sie darf sie nicht sehen. Alle weiteren Selbstmordversuche hat sie in einer Nervenklinik gemacht, in die man sie eingewiesen hatte. Nun ist sie endlich wieder ein wenig freier, hat Ausgang, darf demnächst zu ihren Kindern, aber die Arbeitsstelle ist weg, in der Wäscherei. Wo sie jetzt das Geld verdienen soll, weiß sie nicht.

Allmählich füllt sich der Platz, einzelne Arbeiter, junge Kleinfamilien. Eine prachtvoll uniformierte Kapelle nimmt Aufstellung mit ihren funkelnden Instrumenten, das *Fanfarenorchester der Reichsbahndirektion Greifswald*, und nun wird die Musik aus dem Lautsprecher abgestellt.

Ich gehe herum und spreche einen Rentner an, frage, was er voriges Jahr am ersten Mai gemacht habe. Er erzählt bereitwillig, streicht sein festtäglich frisches Hemd glatt und hüstelt: »...Wissense, das war so, voriges Jahr – da hat ja alles noch in der Stadt sein müssen... Aufmarsch und so... der ganze Betrieb. Da wurden dann erst mal die Ansprachen gehalten, dann gabs ein Winken und Vorbeimarschieren und eine kleine Festveranstaltung vom Betrieb aus. Das nu hier... ich wills mal ehrlich sagen... da bin ich enttäuscht. Ob noch was kommt, ich weiß es nicht. Und auch der Platz hier. Hier war noch nie, seit ich hier lebe, und ich lebe seit 1954 hier, ein erster Mai! Auf unserem alten Platz ist ja jetzt ein Wochenmarkt aus Westdeutschland... das ist ja auch nicht in Ordnung so was, hätte man ja auch anders organisieren können alles. Also ich bin richtig enttäuscht, die wenigen Leute, das alles hier... und die hundert Jahre, das ist doch ein Datum! Dann so was! Die Parteien? Nee, da läßt sich keiner blicken. In den Betrieben auch nichts! Damals, da haben wir immer was gemacht, Maifeier, Biergarten, diesmal gar nichts. Ich bin ja nun raus, aber man war ja trotzdem immer noch mit dabei, wenn was zu feiern war, aber diesmal, niemand hat was gesagt, niemand rührt sich, keiner traut sich, nachzufragen. Die haben alle Angst, sogar vor ner Betriebsfeier! Na, ich bin nicht drauf angewiesen, das ist kein Grund, wir haben unsere Feier vorgezogen in der Gartenkolonie. Gestern abend haben wir vor der Datsche von meinem Nachbarn ein Wildschwein gebraten, am Spieß, das hatte jemand organisiert, und das war schon seit Herbst abgesprochen. Wunderbar war das, die ganze Nacht ham wir gefeiert, dann, gegen Morgen, wurds schon etwas kühl...«

Zwei Herren in hellen Anzügen, frisch rasiert, duftend, mit weißen Schuhen fallen mir auf. Sie stehen vor dem Mäuerchen und
betrachten mit merkwürdig distanzierten Mienen das Treiben.
Die Herren sind Russen, ihr »Wir sprechen sehr schlecht, leider…« geht in den Fanfarenstößen der Reichsbahnkapelle unter.
Man spielt offensichtlich in Ermangelung eines dem Anlaß gerechten Repertoires, und das sozialistische ist ja passé – *Nun
Brüder eine gute Nacht*. Es klingt sehr schmissig, der Mißgriff ist
aufgefallen, im Publikum kichert es höhnisch.
Zwei ältere Gewerkschafter mit roter Nelke im Knopfloch wirken dennoch ergriffen, oder deshalb. Gefragt, ob sie bis jetzt zufrieden sind, sagt der Ältere: »Vielleicht… bis auf… es könnten
eigentlich noch mehr kommen. Aber wir ham ja noch Zeit, da
kann noch einiges kommen, vielleicht liegts aber auch an dem
Platz hier, sonst waren wir ja immer auf dem Markt…«
Der Jüngere wirft ein: »Es ist jetzt so ein Trödel auf unserem
Platz, da verkaufen sie uns, was die drüben nicht mehr losschla-
gen können, so ist das! Die nehmen uns aus, das ist eine Schande!
Verlangen für einen Karton Negerküsse 15 West, und wenn man
bedenkt, ich hab mir das ja angesehen, daß eine Büchse Spargel
drüben bei Aldi dreifünfzig kostet, und die verkaufen sie hier für
das Dreifache, dann packt einen die kalte Wut…«
»Und wir müssen hier, außerhalb der Stadt… eine Schweinerei
ist das. Und noch was: Hätte der FDGB nichts gemacht, dann
wäre hier heute für Greifswald nichts gewesen«, fügt der andere
hinzu.
Die Kapelle spielt einen preußischen Marsch. Elisabeth kommt,
glühend vor Wut. Zum wiederholten Mal ist ihr ein Film vom
VEB Wolfen beim Zurückspulen gerissen, sie muß zum Auto
und ihn unter den Decken aus der Kamera nehmen. Da habe ich
es leichter, mein Tonbandgerät funktioniert klaglos. Ein Arbeiter, Anfang Fünfzig, mit großporiger roter Nase, großen Händen und Schnapsfahne, scheint nach anfänglichem Mißtrauen gegenüber meiner Frage geradezu erfreut zu sein über die Abwechslung: »Was ich voriges Jahr gemacht habe am 1.Mai? Wie
soll ich sagen, ich bin mitmarschiert mit meinem Betrieb, das
erwartete man ja von uns. Es waren natürlich mehr Menschen da
als heute, und wir waren nicht hier – das wäre viel zu eng gewor-

den –, es war in der Stadt, auf dem Platz der Freundschaft. Da ist dann immer die Tribüne mit den Prominenten und für die Ausgezeichneten, man defiliert vorbei, und danach ist dann was los! Im Betrieb war das so: Wir haben uns vorher getroffen, bevor man zum Stellplatz ging, denn zuerst wurden die Auszeichnungen vorgenommen für vorbildliche Leistungen und so, dann gingen wir los. Ich bin jetzt bei *GHG-Textilien* hier in Greifswald, da ham sie für diesmal gar nichts gemacht, dieses Thema gabs gar nich bei uns. Na ja, die Betriebe ham im Moment andere Sorgen.

Sehn Sie, ich wohne hier draußen in Schönwalde, in der großen Siedlung, die ham Sie vielleicht gesehen, die ist damals für die Belegschaft der Leuschner Werke gebaut worden. Ich will Ihnen was sagen: Ich hab heute Morgen in der ganzen Siedlung nicht eine einzige Fahne hängen sehen, vollkommen anders als früher. Die dort sind heut die ersten, die ich sehe, auch unterwegs, nichts! In der Stadt ist es sicher auch nicht anders. Ich selber hab ja auch Fahnen im Keller, weil ich dieses Jahr als Haus-Vertrauensmann gewählt worden bin. Den ganzen Abend gestern hab ich überlegt, häng ich sie raus, häng ich sie nicht raus. Da sind ja nicht nur rote Fahnen, auch unsere Staatsflagge ... und da frag ich mich, ist die nun noch gültig oder nicht? Die von drüben haben wir ja nicht, aber wir sind doch immer noch die DDR? Und dann, vielleicht werden sie mir abgebrannt, was weiß man, und dann darf ich sie bezahlen am Ende? Also hab ich nichts rausgehängt. Andererseits, die rote hätte ich raushängen können, auf alle Fälle, ist ja der Kampftag der Arbeiterklasse, daran ist ja nichts auszusetzen. Ich habe die ganze Zeitung gelesen, aber es war nichts drin über Fahnen zum ersten Mai. So geht das bei uns! Und ich hänge zwischen Baum und Borke. Die haben zu mir gesagt im Haus, was machst du dir Sorgen, der Flaggenzwang ist abgeschafft seit Anfang des Jahres, wir ham sowieso genug davon gesehen. Aber das finde ich nicht richtig, daß jetzt wieder alle hier so tun, als hätten wir ein Flaggenverbot, und gar nichts mehr heraushängen. Dabei solls doch frei entschieden werden.

Ich muß ehrlich sagen, ich kenne mich nicht mehr aus. Genauso mit den Kommunalwahlen. Das schießt jetzt wie Pilze aus dem Boden, das Neue. Da haben sie neulich in der Zeitung die Vertreter vorgestellt... ich hab mir wirklich die Mühe gemacht und alles genau gelesen, aber glauben Sie mir, ich kenne ja nicht einen von denen. Lauter neue Gesichter. Bin ja nun schon lange hier, kenne fast alle... aber nun... wirklich, da weiß man ja nicht mehr, was man wählen soll. Und überhaupt, wenn ich das mal sagen darf, sind das wieder keine richtigen Wahlen, denn es wird alles von drüben, vom Westen her, entschieden, der Termin, alles. Deshalb sind auch heute hier so wenig Leute, die glauben an nichts mehr und sitzen lieber in der Sonne und wissen dann, daß man ihnen nichts vorerzählt.

Ja, warum bin ich eigentlich da... gestern hatte ich Küchendienst – meine Frau und ich, wir teilen uns das ein zu Hause – heute is sie dran, da dachte ich, gehste mal, schauste dir das mal an. Ich war ja immer dabei. Und es ist ja auch so: In diesem geballten Wohngebiet in Schönwalde, da kann man nich den ganzen Tag zu Hause sitzen, und draußen is alles nur 0815. Es ist ja nichts los, Schönwalde I und II, alles ist das gleiche. Da wohnen ein paar Tausend auf einem Haufen und nichts sonst! Eine Kneipe gibts, und offen hat die auch nicht immer. Von allem zu wenig, keine Kulturstätten, nichts.

Ich habe ja eine *AWG-Wohnung* (Arbeiter-Wohnungsgenossen- schaft), die habe ich praktisch bezahlt. Früher, als die Kinder noch da waren, da hatten wir die Zweieinhalb, und dafür mußte ich 590 Stunden leisten und 2400 in bar zahlen. Das ist ein ganz schöner Klotz am Bein, wenn man die 590 Stunden in der Freizeit ableisten muß. Wie die Kinder dann weg waren, ham wir sie ein- getauscht gegen eine Eineinhalb, aber der, mit dem wir getauscht haben, der mußte trotzdem noch mal einen Teil Stunden ablei- sten, obwohl ich die ja eigentlich schon gemacht hatte. Das find ich ungerecht.

Aber nun fühlen wir uns wohl. Das ist schon schön... ich hab von Kindesbeinen an auf dem Hof gewohnt, habe Hufschmied gelernt, und immer war alles ganz primitiv. Nun komme ich nach Hause, die Stube ist warm, man muß sich nicht um Brennmate- rial kümmern, alles ist sauber, und wenn man das Bedürfnis hat, geht man einfach in die Wanne. Sehr schön ist das. Die Wohnung ist zwar nun meine, aber doch nicht. Ich kann sie nicht vererben und nicht verkaufen, so schreibt es die Genossenschaft vor.

Daß wir so nah am Kraftwerk liegen, das macht uns eigentlich nichts aus, mir auch nicht. Wir haben ja bessere Sicherheitseinrichtungen als die Russen, jedenfalls hören wir das so. Da ist der Deutsche ja allgemein etwas pingeliger, mit diesen Dingen. Ich glaub eigentlich nicht, daß da mal was passiert. Sonst hätten sie ja nicht die eigenen Leute so in der Nähe untergebracht, stimmts? Ne, darunter leidet hier keiner, aber was versäumt worden ist hier, das ist die Gastronomie, das Kulturelle, damit siehts schlecht aus. In Greifswald z. B., da gibt es nur noch ein Kino. Darunter leiden wir. Und in unserer Kaufhalle, aber auch in den anderen Geschäften, ist die Belieferung seit einiger Zeit so schlecht, daß es viel schlimmer ist als vorher. Mal gibts kein Fleisch, mal keinen Fisch. Woran das liegt: wir wissen es nicht, früher jedenfalls war die Belieferung viel besser.

Und sonst, na ja, ich z. B. hätte gern so eine kleine Datsche. Aber daran ist nicht zu denken. Eine Neuerschließung kann ich mir nicht leisten – gesundheitlich, wegen dem Rücken –, und für eine fertige, da fehlt mir das Geld. So zwischen 10 000 und 15 000 kostet ein fertiger Garten, mit allem, was hineingehört. Das hab ich einfach nicht, leider. Ich bin jetzt manchmal müde, so was gabs bei mir früher gar nicht. Fünfzehn Jahre hab ich noch bis zur Rente. Und wer weiß, was noch alles passiert, vielleicht wird der Betrieb zugemacht, das weiß bei uns ja heute keiner, wie es weitergeht.«

Die Kapelle, zu der sich unterdessen noch eine weitere, ebenso umfangreiche dazugesellt hat, die der *Freiwilligen Feuerwehr Greifswald*, stellt sich im Halbrund auf, und alle blicken zum Rednerpult. Eine Frau eröffnet die Kundgebung:

»Ich begrüße Sie herzlich zum 1. Mai, der sich heute zum hundertsten Mal jährt. Unser Motto lautet: Arbeit für alle, Mitbestimmung für alle, soziale Sicherheit für alle. (...)«

Ein Sprecher der Sektion Gesundheit und Soziales ruft zum Eintritt in die neu zu schaffenden Gewerkschaften auf. Er erntet aber erst dann etwas dürren Beifall, als er dazu auffordert, diese »Organisation zur Vergabe von Ferienplätzen« umzustrukturieren zu einer Kampforganisation der Arbeiter in der freien Marktwirtschaft. Alle müßten sorgen für eine wirkliche soziale Gerechtigkeit usw.

Ihm folgt eine junge Gewerkschafterin vom KKW Bruno Leuschner. Bei den etwas brisanteren Themen erhofft man sich offenbar durch weibliche Besetzung eine gewisse Pufferwirkung. »Leider«, ruft sie, »haben die Diskussionen um das KKW Greifswald, ausgehend von politischen Kräften, zu Angst und Unsicherheit geführt…« Die helle Stimme verklingt ungehört im zunehmenden Gemurmel der Menge, man begrüßt Bekannte, die Kinder rasen kreischend zwischen den Beinen der Erwachsenen herum und blähen die Brüstchen unter dem West-T-Shirt mit Aufdruck. Alle würden gern schon zum geselligen Teil der Veranstaltung übergehen, aber es ist noch ein Westgewerkschafter dran, Bezirksleiter der Eisenbahnergewerkschaft aus Hamburg. Er sieht aus wie ein Herr. Noch ehe er ein Wort gesprochen hat, wird applaudiert. Man erhofft sich, daß nun gleich ein Fachmann spricht, der berichten kann, wie es in der Zukunft aussehen wird. Seine Rede ist lang, vorgetragen mit geschulter Stimme, der kein Zweifel anhaftet. Der Jargon stimmt, die Pausen sitzen perfekt. Er umspielt das Verhältnis zwischen Arbeitgebern und Gewerkschaften, das bestimmt sei durch ein ausgewogenes Kräfteverhältnis. Er erklärt den Anwesenden, die soziale Marktwirtschaft in der BRD funktioniere nur deshalb so gut, weil die Gewerkschaft das Soziale immer neu erkämpft.

Der Applaus ist – zwar von der Vorfreude auf den Biergarten gezeichnet – sehr herzlich und anhaltend, verstummt aber vor den zwei Blasorchestern, die ihrerseits ihr Bestes geben. Sie schmettern irgend etwas herzzerreißend Trauriges, Getragenes, womit man ebenso einen sizilianischen Mafia-Boß zu Grabe tragen könnte, die Trommeln wirbeln dumpf, das Blech ist schrill und tragisch verstimmt. Wenige Tage später wird die Auflösung des FDGB angeordnet werden.

Vorerst aber streben alle, vorbei an dem Tischchen, an dem sich neue Mitglieder eintragen sollen, hin zu den Zapfhähnen der Bierfässer, den Rostbratwürsten, der »Kuchenbar«, auf der die vereinigten Backkünste von Gewerkschafterfrauen dargeboten werden. Die längste Schlange weit und breit aber bildet sich vor einem Stand, an dem es, verschweißt zum Achterpack, Letscho in Gläsern zu kaufen gibt. Die Kapellen spielen noch ein paar Stücke über den leeren Platz, dann packen sie zusammen, denn hinten, am Garten des Gewerkschaftshauses, hat auf der Tribüne schon eine Rockband mit dem Unterhaltungsprogramm begonnen.

Wir machen uns auf den Weg, fahren durch Schönwalde an wohlbestellten Kleingärten vorbei, in denen die Familienväter und Rentner harken, rechen und in der Sonne sitzen. Vorbei an der großen Neubausiedlung für die Kraftwerker, von der ich gerade gehört hatte, und an den Silhouetten des Kraftwerks. Wir fahren durch Dörfer und Ortschaften, in denen tatsächlich nirgendwo Fahnen hängen, außer natürlich denen, die eine Ländersouveränität demonstrieren sollen, die von Mecklenburg-Vorpommern.

Um so erstaunter sind wir, in Wolgast vor einem Backsteingebäude zwei knallrote Fahnen im Wind flattern zu sehen. Wir beschließen, der Sache nachzugehen. Auf der Hauswand prangen die Profile von Marx, Engels, Lenin, mit Mosaiksteinen in eine stilisierte Fahne eingelegt. Auf einem Schild über dem Eingang lädt die PDS zu einem politischen Frühschoppen ein. Junge Flugblattverteiler stürmen aus dem Haus, innen auf den Treppen kugeln die Kinder durcheinander. Im Flur vor dem Festsaal steht eine fröhliche Schlange vor dem Bierfaß an.

Innen im Saal herrscht aber eine gelähmte Stimmung. Bürgerinnen und Bürger aller Altersgruppen sitzen an langen Tischen vor Bier oder Brause, es sieht aus, als wäre ein Wolkenbruch roter PDS-Luftballons über den Gästen niedergegangen. Überall wallt es, ab und zu platzt einer, und die Leute fahren erschrocken zusammen. Der ganze Raum atmet noch den Mief und Ernst vergangener Tage aus. Es herrscht Rauchverbot laut Wandtafel, und die Raucher gehen vors Haus. An der Stirnseite hängt ein riesiger gewebter Wandteppich aus dem *Karl-Marx-Jahr 1983*, unter der Losung »Proletarier aller Länder, vereinigt euch« haben sich hier die treuesten Mannen der ehemaligen SED versammelt. Aber außer ein bißchen Unterhaltung miteinander hat man sich nicht viel zu bieten, so scheint es, oder doch nur wieder Papiernes, wie ehedem: Auf einem langen Büchertisch im Saal wird all das verschenkt und verkauft, was aus alten Beständen noch tragbar erscheint und was die PDS zu Werbezwecken für sich neu hat herstellen lassen. Anstecker mit der Aufschrift *Machs mit Ver-*

nunft, *PDS*, Aufkleber ähnlicher Art, Broschüren für die Wahl am kommenden Sonntag, Faltblätter, Zeitungen, Zeitschriften und ein großformatiges Poster mit dem Konterfei von Modrow sind zu haben. Letzteres soll offenbar in der Provinz erst einmal aufgebraucht werden, bevor man auch hier den aktuellen Gysi bekommt. Alles, was da ist, wird uns kostenlos zugesteckt, obgleich wir betonen, daß wir Westler sind: »Das macht nichts, wir haben überall Sympathisanten«, sagen die Damen und bedauern, daß sie nichts von Gysi haben. Ich frage nach dem Parteivorsitzenden, und nach einer Weile kommt ein dynamischer Mittvierziger, der jovial und geschäftig tut und sofort bereit ist zu einem kleinen Interview. Er ist einer dieser ehrgeizigen Nachrücker, die normalerweise nie auf diesen Posten gekommen wären, jetzt aber darunter leiden, daß er eigentlich nichts mehr wert ist. Vor Eitelkeit vergißt er ganz danach zu fragen, wo das Interview denn erscheinen solle.

»Was soll ich groß sagen… Ich bin Vorsitzender seit Februar, von Hause aus bin ich eigentlich Schlosser, Rohrschlosser. Habe auf der Werft gearbeitet. Vor der Wende war ich Parteisekretär. Ich habe ein Studium gemacht in Berlin, auf der Parteihochschule, leider in einer Richtung, die heute nicht mehr so gefragt ist, ich bin Diplom-Gesellschaftswissenschaftler. Was soll ich machen! Parteimitglied bin ich seit 1974. Den Vorsitzenden hier, den mache ich hauptberuflich, das ist so geregelt bei uns, das kann man nicht ehrenamtlich machen, da hängt viel zu viel Arbeit und Verantwortung dran. Wie es allerdings später wird, das weiß ich nicht, aber wenn es sein muß, werde ich mich dann eben wieder um Arbeit kümmern, ich habe ja eine solide Fachausbildung, habe einen Schweißerschein, alles.

Na ja, und was uns hier betrifft, so muß man leider zugeben, wir sind stark geschrumpft. Gegenwärtig haben wir 1500 Mitglieder, vor der Wende waren es mehr als fünfmal so viele. Am meisten schmerzt es mich, daß uns so viele Arbeiter verlassen haben, alte Genossen. Andererseits aber, und das muß man auch sehen, die, die jetzt Mitglieder sind, die sind es, ohne von uns Vorteile zu erwarten. Das sind unsere zuverlässigsten Genossen. Die Alten, die haben das alles natürlich nur schwer verkraftet. Ich kümmere mich, wie ich kann, gehe zu Geburtstagen, silbernen und goldenen Hochzeiten. Erst vorgestern war ich wieder… aber man kann ja niemanden zwingen, optimistisch zu sein…

Die meisten Neuaufnahmen, die wir zu verzeichnen haben, sind Junge unter 30. Wir führen ja nun nicht mehr diese Statistiken, wie das früher der Fall war, damals wurden ja eigentlich auch nur Arbeiter aufgenommen. Aber wer heute Mitglied werden will, stellt einfach nur einen Antrag bei der jeweiligen Organisation. Das gab es früher auch nicht, da mußte man sich dort organisieren, wo man arbeitete, heute kann jeder da hinein, wo er möchte. Es gibt nun bei uns auch keine Kandidatenzeit mehr, das ist abgeschafft. Wer aufgenommen ist, der ist auch sofort vollwertiges Mitglied. Das kommt natürlich bei unseren Jugendlichen hier gut an.«

Wir sitzen draußen vor dem Haus auf einem Mäuerchen in der Sonne. Er wollte mich in sein Büro bitten, fand es dann aber publikumswirksamer, das Interview vor den vorbeikommenden Genossen zu geben. Gerade als er den letzten Satz gesprochen hat, federt ein punkartig aufgemachter Knabe von vielleicht 17, mit gelb-grünem Irokesenschnitt, zerfetzter schwarzer Jacke und Hose voller Nadeln und Kettchen, vorbei, über der Schulter eine PDS-Fahne tragend. Er grüßt salopp mit einem andeutungsweise erhobenen Fäustchen.

»Unsere alternative Jugend«, erklärt der Vorsitzende mit echtem Stolz und bemerkt gar nicht, daß die das nunmehr leicht erschwingliche Emblem wie eine Trophäe herumträgt, »wir haben gestern im Saal hier die erste Disko veranstaltet, das heißt, nicht ich, eine Arbeitsgruppe junger Genossen hat alles vorbereitet und organisiert. So was hat es hier vorher noch nie gegeben, im Haus des Kreisvorstandes! Es war ein absoluter Erfolg. 180 Jugendliche waren da, viele davon Nichtmitglieder. Für mich ist das richtig wohltuend, so, wie heute unsere Partei aussieht, mit dieser Basisdemokratie, nicht mehr so verknöchert, und, Sie sehen es ja selbst: für alle offen. Einige der Ausgetretenen sind heute sogar zum Frühschoppen gekommen. Das ist doch schon mal ein schöner Erfolg, nicht?

Was allerdings in der Zukunft noch auf uns zukommt, das wissen wir nicht. Ganz schlimm wäre z. B., wenn die Werft hier z. B. abbaut. Dann haben wir keine Alternative, arbeitsplatzmäßig.

Ebenso siehts aus, was die voraussichtlichen Entlassungen bei der Armee betrifft. Darauf müssen wir uns vorbereiten. Jetzt ist es ja noch so, daß man sich aufgrund der immer noch geltenden DDR-Gesetze vor Kündigung schützen kann. Wir beraten die Leute, wenn so was vorkommt, daß man sie einfach entläßt. Später dann aber müssen wir eine Anlaufstelle für Arbeitslose schaffen, wo man punktuell helfen kann, beraten.

Also, bis jetzt ist hier noch keiner aus irgendeinem Betrieb rausgegangen, ohne eine neue Arbeit zu haben, auch hier, aus diesem Hause nicht. Dafür sorgen wir schon, so lange es geht. Aber wie gesagt, ich weiß ja nicht, was alles auf uns zukommt, aber ehrlich gesagt, ich blicke eigentlich optimistisch in die Zukunft, wenn wir uns in der Kommunalpolitik vorrangig auf die sozialen Bedürfnisse spezialisieren, werden wir genug zu tun haben. Und das glaube ich eigentlich schon, daß uns die Leute das abnehmen, daß wir es ernst meinen mit unserem Programm, im Gegensatz vielleicht zu so manch anderer Partei, die sich heute nicht mal getraut, den 100. Kampftag der Arbeiterklasse zu feiern.«

Was kostet das Hüetli vom Russen?

Wir haben März 1990. Die Klimakatastrophe wartet verschwenderisch mit blauem Himmel und Wärme auf. Zuversichtlich schwellen Knospen, gurren Tauben, bewachen Rotarmisten das Russische Ehrenmal.

Auf den Fahrbahnen rund um die Siegessäule glitzern Splitter vergangener Auffahrunfälle im Sonnenlicht. Darüber hinweg schieben sich Autoschlangen Richtung Brandenburger Tor, durchkreuzt von berittenen Polizisten, die das Parkverbot verteidigen, gegen Mercedes und Trabant.

Auf dem Parkplatz neben dem Reichstagsgebäude quellen zwei Dutzend alte Herren in knitterarmer Freizeitkleidung aus einem sauerländischen Bus, bilden einen Halbkreis und schmettern mit trainierten Stimmen deutsches Liedgut hin zu den grauen Sandsteinquadern, die nun wieder belebt werden sollen. Oben steht: »Dem deutschen Volke«.

Ein paar Meter entfernt von den Sängern sitzt eine vierköpfige türkische Familie und picknickt gemächlich auf dem Grünstreifen zwischen den parkenden Autos. Vorn am Kanal kreisen Möwen über den weißen Ausflugsdampfern, und drüben, in der Charité, wird vermutlich gerade das Mittagessen ausgeteilt, nachdem die »fliegende Wahlurne« auf allen Stationen für Stimmabgabe gesorgt hat. Heute ist nämlich Wahl in der DDR.

Hinter dem Reichstag herrscht dichtes Gedränge. Hier flanieren Einheimische und Touristen hinüber zum Brandenburger Tor, vorbei an den Klapptischen der zahlreichen Händler. Die Mauer wird verscherbelt in Form bunter Brocken und Splitter, aber auch kunstgewerblich veredelt. Es gibt den antifaschistischen Schutzwall in Acryl, als Ohrclip, Anhänger, auf Brettchen befestigt und mit Stacheldraht umwunden und im verglasten Holzkästchen vor einem Mauerpanoramafoto. Aber offenbar hat man sich schon sattgekauft an diesen bunten Betonbröckchen, die zudem, wie man nun hört, Asbest enthalten sollen, was ja Lungenkrebs verursacht.

Besser gehen die Geschäfte bei den Händlern, die sich auf den dekorierenden Nachlaß der SED spezialisiert haben, auf Orden, Ehrenzeichen, Urkunden, Parteiabzeichen, Fahnen, Uniformteile, Nippes und Wandbilder der ehemaligen Führungsriege. Präsentation und Preisgestaltung sind noch ein wenig uneinheitlich, was am unerschöpflichen Vorrat liegen mag und dem Kunden Vorteil bringt.

Was hier auf samtenen Stoffpolstern dargeboten wird, zierte einst die Brust eines Mannes, der es geschafft zu haben glaubte. Ein paar Schritte weiter findet sich derselbe Orden in der Krabbelkiste um fünf Mark billiger. Hier gibt es auch all die Dinge, die einmal der große Moment im Leben junger Pioniere, fleißiger Arbeiter und treuer Lehrer war – oder werden sollte. Nun betasten unbefugte Touristen und Sammler abschätzend das *Banner der Arbeit* oder den *Karl-Marx-Orden* und fragen nach dem Preis. Ein Kunde möchte den *Stern der Völkerfreundschaft Stufe Eins*, der ist aber momentan vergriffen, man hat nur noch Stufe zwei und drei auf Lager. Reifere Damen und Herren, die nie auch nur andeutungsweise etwas für den Sozialismus übrig hatten, gehen herum und haben sich den Einkauf aufs Revers geheftet: SED-Parteiabzeichen, *Vaterländischer Verdienstorden* in vier Stufen, *Hans-Beimler-Medaille, Scharnhorst-Orden, FDJ-Abzeichen*. Aber es sind ja nur Trophäen. Jedenfalls treten die derart Dekorierten ohne Scheu an die wachhabenden DDR-Grenzorgane heran und holen leutselig Auskünfte ein. Da sieht man manch bitteres Mienenspiel.

Minderjährige Knaben aus Ostberlin verkaufen ihr letztes Hemd aus der FDJ, das blaue Halstuch aus steifem Plastmaterial, ihre Pionierausweise, Fähnchen, Abzeichen und Handbücher. Auch ihre leicht vergilbten Parteiabzeichen der Eltern und Großeltern sind im Angebot: Händedruck vor roter Fahne, glasiert, auf ovalem Kupferblättchen, als Einsteckknopf für den Herrn, als Nadel für die Dame. Sogar die Lehrer scheinen Ballast abgeworfen zu haben zum Vorteil ihrer Schüler: Die echt silberne Pestalozzi-Medaille am blauen Band ist bei einem kleinen Burschen bereits für 5 Mark West zu haben.

Vor dem Brandenburger Tor steht mitten im Gedränge ein Leierkastenmann und wechselt die Walze. An seinem Kasten hängt ein handgeschriebenes Schild: »Mir könnse ooch mieten für sämtliche Jelejenheiten«. – Mit dem Ruf »Nur wo Stasi draufsteht, ist auch Stasi drin!« präsentiert ein Händler Orden, Schulterstücke und Mützen. Daneben auf einem Klapptisch werden rote Parteibücher zu horrenden Preisen angeboten, neue und benutzte, mit Paßbild, Namen und Adresse, hinten ist gestempelt, bezahlte Mitgliedsbeiträge bis November 89. Vorn auf dem mit Lederimitat überzogenen Einband steht in goldenen Lettern: »Proletarier aller Länder, vereinigt Euch«. Innen sind reichlich Seiten, um zwanzig Jahre lang Beiträge quittieren zu können, und ein Vermerk, daß nur »Leitende Parteiorgane«-Änderungen vornehmen dürfen. Auf der letzten Seite wird der Genosse ganz persönlich angesprochen: »Dein Mitgliedsbuch ist das wichtigste und wertvollste Dokument, das Du besitzt. Es ist sorgfältig zu behandeln, sicher aufzubewahren und vor Verlust zu schützen. Bei Verlust des Dokumentes ist die Leitung Deiner Grundorganisation sofort zu verständigen ...« Man hat wirklich an alles gedacht, nur nicht daran, wer im Falle des Verlustes von Staat und Partei sofort zu verständigen sei.

Auf dem Tisch daneben liegen kolorierte Honecker-Bilder in diversen Zierrahmen. Das Gesicht, bonbonrosa vor himmelblauem Hintergrund, verschiebt sich unter der braunen Hornbrille zu landesväterlichem Lächeln. Auch Tisch und Mittag sind im Angebot und tun mimisch das ihre. Es gibt diverse Parteiliteratur, das Statut der SED von 1988 usf., dazwischen liegen glasierte Broschen mit rotem Winkel auf blauweißen Streifen: 40. Jahrestag der Befreiung vom Hitlerfaschismus. Die befreite Kundschaft ist von Fettschwaden belästigt und schimpft über den Gestank: Ein Vietnamese backt Frühlingsrollen in brodelndem Öl, und nur die grün-alternativen Vegetarier freuen sich.

Der gestandene Deutsche kann ein paar Stände weiter durch den Kauf einer echt bayrischen Brezel für drei Mark die Perestroika in der UdSSR unterstützen, und das ist ihm allemal lieber.

Vor dem Grenzübergang stehen lange Schlangen und warten auf Abfertigung. Geht man weiter an der Mauer entlang, kommt man bis zum ehemaligen Hotel Esplanade. Auf dieser Strecke wird gearbeitet. Notwendiges Werkzeug kann an Klapptischen stundenweise gemietet werden, beim Hammer & Meißel-Verleih. Das männliche Geschlecht aller Altersgruppen und verschiedener Nationalitäten hämmert auf die letzten noch farbigen Betonteile ein. Durch die gesamte Länge der Mauer tönt ein dumpfes Dröhnen, setzt sich von Segment zu Segment fort, allmählich höher werdend und in ein metallisches Schwirren übergehend. Das Ergebnis ist unübersehbar: Dicke Schichten sind bereits abgetragen, überall ragen Moniereisen hervor, klaffen große Löcher und Spalten. Die Kinder schlüpfen hindurch und machen einen kleinen Spurt über den Todesstreifen. Eine schwere Betontür – vordem gefürchtet, weil ab und zu Ostgrenzer daraus hervorsprangen und den festnahmen, der hier unbefugt im Niemandsland stand – hängt nur noch lose in den Angeln, die Familien steigen durch und sehen sich an, wies drüben ist, kommen aber sofort zurück, denn es patrouillieren immer noch Soldaten.

Da, wo der Tiergarten zu Ende ist und sich ein großflächiges Ödland ausbreitet bis hinüber zum Esplanade, hat sich eine Dreiergruppe von bebrillten Mittdreißigern verteilt, um gemeinsam einen schwarz-rot-goldenen Drachen steigen zu lassen. An ihm befestigt eine lange Schnur, die ebenfalls mit vielen kleinen Drachen bestückt ist. Das Ganze soll – so jedenfalls das Vorhaben – in großem Bogen über die Mauer manövriert werden und ein Symbol der Vereinigung bilden. Aber leider, der Herr, der für den DDR-seitigen Schwanz zuständig ist, hat durch ungeschicktes Benehmen alles verdorben, und so flattert es ungezügelt hinauf in vorwiegend westliche Höhen und wird immer kleiner.

Ein Wartburg und zwei Trabanten – die zusätzlich das Drachenmanöver behinderten – stehen an der Mauer und sind umgeben von Kundschaft. Hier findet man ein reichhaltiges Uniformsortiment aller ehemaligen sozialistischen Bruderländer im Angebot. Auf den Kühlerhauben liegen Webpelzmützen von NVA und Roter Armee, Schulterstücke und Mützen aus Polen, der Tschechoslowakei und Ungarn, polierte Embleme, Gürtelschnallen mit schweren Messingsternen. Es gibt Mäntel, Hosen, Stiefel, ja ganze Uniformen. Ein gutgekleideter älterer Schweizer dreht prüfend die Offiziersmütze eines Rotarmisten in der Hand und fragt: »Was kostet des Hüetli?« Fünfundzwanzig soll es kosten, erfährt er vom Sachsen, da nimmt er doch gleich noch zwei Webpelzmützen und eine komplette Uniform samt Gürtel dazu. Hochbeladen geht er davon.

Ganz am Ende dieses Mauerstreifens, da, wo eine Öffnung hineingeschnitten wurde für einen PKW-Übergang, stehen noch einige Absperrgitter an Stelle der Mauer im Sand. Hier lehnt ein dicker Rentner über eines dieser Gitter und fuchtelt mit seinem Stock in Richtung einer Grenzpatrouille, die das hinter der Mauer liegende Gelände überwacht. Als er uns sieht, sagt er: »Zücken Sie mal ne Waffe, dann könnse sehen, wie die das Laufen kriegen, Mann! Wie die Hasen rennen die vor Angst. Ham wa allet schon ausprobiert hier, mit Wasserpistole… nee, wie die Hasen!«

Gegen Abend strömen die Massen aus Ost und West, Nah und Fern, vor die Bildschirme, um den Tagesereignissen beizuwohnen. Die Zeitgeistschickeria strebt über die Grenze, um den Abend auf den diversen Wahlpartys zu verbringen. Daß die Brüder und Schwestern drüben heute zum ersten Mal frei wählen dürfen, halten die Wessis, die ja Erfahrung darin haben, wie wenig das fruchtet, für einen komischen Gag. Das muß man sich ansehen.

Aber sie haben alles richtig gemacht drüben. Bereits die erste Hochrechnung zeigt, daß die Mehrheit der DDR-Bürger das Kreuz über die Republik gemacht hat. Damit hat man offenbar nicht gerechnet, in den Wahlstudios mißtraut man anfangs noch den eigenen – mit westlichen Computern errechneten – Zahlen.

Schnelles Hin- und Herschalten von Sender zu Sender läßt die deutsch-deutsche Raserei deutlich hervortreten: In Dresden z. B. werden Bürger interviewt, und eine Frau weiß kaum zu sagen, was jetzt schöner ist: »Daß die CDU nun die Wahl gewonnen hat, oder daß der Heino aus der BRD gleich hier für uns singen wird«. Und schon singt er los. Hunderttausende, die hier unlängst noch »Helmut, Helmut« gerufen haben, rufen nun »Heino, Heino«, so daß der ganze Anfang von »Blau, blau, blau blüht der Enzian« darin untergeht. Aber es kommt ja noch »Barbara« usw., er schwingt zackig die Hüfte, greift mit fahrigen Gesten symbolisch nach dem Publikum und lächelt durchgehend frostig mit den singenden Lippen. Der Sänger tänzelt ganz in Weiß über die Bühne, und nun kommt auch noch die Gattin mit Dirndl und tiefem Dekolleté, sie singen gemeinsam, der ganze Platz schunkelt und dann der Applaus... der so groß ist, daß man glaubt, alle Scheiben der umliegenden Häuser müßten zerspringen unter dieser Druckwelle. Das ist ein Geschenk der Christlich-Sozialen, und es kommt beim Bürger, der sie nicht umsonst gewählt hat, ausgesprochen gut an.

Auf dem anderen Kanal schlurft Udo Lindenberg mit hängendem Lederhosenboden durchs schrille Farbenspiel und greint seine ranzigen Songs ins jugendliche Publikum hinunter. Heute abend sind ja drüben alle wacker bemüht um Emotionen, und so kommen auch die an sich eher abgeneigten Musikfreunde – denn immerhin hat er dem Honecker seine Lederjacke geschenkt – ins Schaukeln und in Stimmung. Die Hochrechnungen:

Allianz: 48% – SPD: 21% – PDS: 16% – Liberale: 5,3% – Bündnis 90: 2,9% – Grüne und Frauen: 1,9%

Man hat Studiogäste vor die Kamera gesetzt, die etwas Passendes sagen sollen:

Martin Walser bramarbasiert mit der üblichen Geschwätzigkeit, denn er hat ja nun doch Recht bekommen von der Geschichte, und andere sind nun kleinlaut: »Ich bin sehr froh, daß diese Wahl so gegangen ist«, sagt er und ist wirklich froh.

Walter Jens hingegen weniger. Er liest hektisch Ratschläge für die »Freunde von der PDS« vom Zettel ab: »...anlehnungsbedürftig, wie wir sind, gehen wir mit den stärkeren Bataillonen, aber genausowenig ist es richtig, sich jetzt in die Feste Burg zurückzuziehen, das ist linkes Sektierertum, ist nicht die demokratische Art, jetzt muß man sich stellen und hier mit den anderen in offener Feldschlacht debattieren...«

Manchmal, in großen historischen Momenten, versagt jede Rhetorik, und nur noch der Militärjargon scheint den Dingen trotzen zu können, wobei sich allerdings zeigt – unmittelbar darauffolgend im DDR-Programm –, daß die wirklichen Militärs ganz anders reden:

»Interview mit Offizieren eines Fliegerhorstes der NVA:

Interviewer Was nun, wie soll es weitergehen?
Flieger Mir gehts ja in erster Linie nicht um die Luftabwehr, sondern darum, daß ich meinen Beruf, das Fliegen, fortsetzen kann.
Interviewer Wie lebt es sich denn nun, ganz ohne Feindbild?
Flieger Das Feindbild wurde ja bereits nach der Wende abgebaut. Nun sind wir dabei, ein neues Wehrmotiv aufzubauen.
Interviewer Was für ein Wehrmotiv?
Älterer Offizier Nun, ein Wehrmotiv dieser Art, daß wir die neuen Aufgaben erfüllen, mit hoher militärischer Meisterschaft... und dafür sind wir ja da.
Interviewer Herr Künzel, können Sie sich vorstellen, mit der Bundeswehr in einem Bundesheer zu leben?
Künzel Konkrete Angebote liegen uns noch nicht vor... sich das vorzustellen fällt sehr schwer... aber heutzutage soll man nie *Nie* sagen!
Interviewer Sie stehen ja nun alle vor einem Trümmerhaufen Ihrer alten Ideale, trifft das auch auf Sie zu? Sie waren ja mal ein führender Politoffizier?
Künzel Trümmerhaufen; ich würde sagen, die Gerippe meiner Ideale stehen nach wie vor!«

Zu solch einem Satz ist natürlich kein Akademiker fähig, deshalb sei er allen ins Stammbuch geschrieben.

Der Osten ist tot

Die Brüder und Schwestern in der ehemaligen SBZ können sich nun endlich auch mal was leisten: Bedingungslose Kapitulation. Ihren politischen, wirtschaftlichen und sozialen Offenbarungseid hat man hierzulande mit überschäumender Schadenfreude abgefeiert, und die Geschädigten haben sich nach Kräften mitgefreut. Nach fünfundvierzig Jahren Demütigung hat die BRD endlich den zweiten Weltkrieg doch noch gewonnen. Der Bolschewismus und seine Rote Armee sind an allen Fronten zusammengebrochen. Sie vernichtend zu schlagen durch Vormarsch und Endsieg der DM ist nur noch eine Frage der Zeit. Niemand wird Deutschland diesmal aufhalten können.

Mit der Bescheidenheit und Demut, die dem Besiegten ansteht, haben die DDR-Nachlaßverwalter ihre fadenscheinigen roten Teppiche vor dem Westkapital ausgerollt, bitten darum, alles aufzukaufen, und zeigen anklagend auf ihre Dächer, die ungedeckt sind. An den Rändern stehen die ehemals geknechteten Werktätigen – Bestandteil der Konkursmasse –, jubeln und schwenken begeistert bundesdeutsche Fähnchen. Sie sind »Ein Volk« und wollen deshalb endlich auch echte Lohnarbeiter werden, dafür geben sie jeden Mehrwert hin, nur knallbunt soll das Leben sein.

Schrecklich, was man so hört. Die Schlachthöfe in der DDR können ihren Plan nicht mehr erfüllen wegen Personalmangels. In den LPGs der Tierproduktion stehen nun die Schweine larifari herum, fressen unnütz Futter und setzen ungebetenen Speck an.

Aber Hilfe in dieser tragischen Lage ist bereits zugesagt: »Nicht nur in Bobitz warten weitere Schweine darauf, im Westen geschlachtet zu werden.«

Die Bonner Rotzlöffel laden sich derweilen die Übergangsregierung vor den Hochstand, um sie der belustigten Jagdgesellschaft vor dem Abschuß ordentlich zu präsentieren. Herzig mitanzusehen, wie Herr Modrow zwar beflissen, aber ungeschickt, das kapitalistische Einmaleins an den Fingern nachzählt und sich andauernd schrecklich verrechnet. Kapitalismus – oder näher bekannt seit einem Vierteljahr unter der westlichen Bezeichnung »Soziale Marktwirtschaft« – soll das Land sanieren, wünscht Modrow, aber nur, wenn dabei auch das Soziale die Oberhand behält. Alten, Kranken, Krüppeln, Müttern mit Kindern usf. soll kein Schaden entstehen, und das fundamentale Recht auf Arbeit oder auch Abtreibung soll gesichert bleiben. Zu all diesen irrwitzigen Forderungen erwartet man dann auch noch finanzielle Zuwendungen in Form einer »Soforthilfe«. Darüber biegt sich die Jagdgesellschaft derart, daß die Hochstände schwanken.

Offensichtlich muß dem sozialistischen Menschen erst erklärt werden, daß das Kapital nicht akkumuliert zum sozialen Zweck. Was er alles abzubauen hat an roten Errungenschaften, damit es auf einen Grünen Zweig geht und Glaubwürdigkeit unter Beweis gestellt wird, ist ja schon angedeutet worden. Also weg mit 30 Milliarden Subventionen: für Lebensmittel, Mieten, Gesundheitswesen, Kindergärten, Arbeitsplätze, Schulspeisung, Ferienplätze usw., Schluß mit der falschen Umverteilung, und ein Ende muß auch gemacht werden mit der wettbewerbsverzerrenden Subventionierung der Kombinate und Betriebe! Das muß sich alles über den Markt regeln, über Steuern, Sozialabgaben und freien Wettbewerb. Schließlich, bei uns und anderswo geht es ja auch.

Also, Ihr Werktätigen, schmeißt weg Eure Thälmannmützen, sie haben ausgedient, nun winkt höherer Lohn! In die Hände gespuckt und gearbeitet, daß Euch Hören und Sehen vergeht… Denn bedenkt, gegenüber den Taiwanesen habt Ihr nur einen Standortvorteil, sonst nichts. Und tröstet Euch, für die Wegrationalisierten bleiben ja immer noch soziales Netz und Datscha. Und Euch, Ihr Frauen, wird nun nicht länger Doppelbelastung abverlangt. Die Losung heißt: Hinaus aus der Produktion, zurück ins Heim, nun dürft Ihr wieder treusorgende Mütter und Hausfrauen sein, befreit von der Knechtschaft. Und nicht vergessen, Geburtenrückgang ist unerwünscht, und das mit der Abtreibung kann auch nicht so bleiben.

Und Ihr, Ihr Alten, was ist? Wollt Ihr ewig leben? Hauswirtschaftspflege und Essen von der Volkssolidarität gehören einer finsteren Vergangenheit an. Der mündige Bürger sorgt für sich selbst! Bedenkt, jeder von Euch kann in Würde alt werden, wenn er nur will, seis nun im privaten Pflegeheim oder im Feierabendheim mit dem Sechsbettzimmer. Allerdings, für Eure faschistische oder antifaschistische Vergangenheit gibts nix extra. Bei uns sind vor dem sozialen Tod alle gleich!

Und Ihr, Kranke, Krüppel, Alleinerziehende, aufgepaßt! Beeinträchtigungen der Produktivität und Mobilität mindern manchmal spürbar Euren sozialen Stellenwert und die Leistungsansprüche. Nun ist Schluß mit der unprofitablen Beschäftigung aller möglichen Krüppel an allen möglichen Arbeitsplätzen, alles muß den Anforderungen eines behindertengerechten Arbeitsplatzes entsprechen, so, wie es die »beschützenden Werkstätten« entwickelt haben.

Und Ihr Mieter! Die Hälfte Eures Einkommens ist nun wirklich nicht zuviel verlangt für den Mietzins, dafür, daß es nicht mehr durchregnet und kein Schimmel mehr hinter Eurer Schrankwand wuchert. Und viel mehr braucht man ja nicht. Daß der Hausbesitzer aus dem Westen auch leben will, das versteht doch jeder. Schließlich kümmert er sich um alles, auch darum, daß Ihr schleunigst auszieht – im Notfall.

Auch auf Euch, Ihr Juristen, warten große Aufgaben. Ein Konkursrecht muß her, denn es wird Pleiten geben, daß die Kassen klingeln. Auch Wirtschafts- und Patentanwälten steht der Himmel offen, überhaupt werden Eigentumsfragen das zentrale Thema unzähliger Rechtsstreitigkeiten sein. Für Euch ist also gesorgt. Und wer es lieber ein wenig gemütlicher haben will, den wird die Verbeamtung demnächst von allen unmittelbaren Sorgen des Lebens befreien. Und nicht zuletzt Ihr Ärzte! Nun heißt es abrechnen lernen! Krankheitsbehandlung ist ein Geschäft wie jedes andere. Auge um Auge, Zahn um Zahn. Frei praktizierend werdet Ihr die Kosten im Gesundheitswesen auf westliches Niveau treiben. Man wird Euch hilfreich zur Seite stehen mit Praxiseinrichtungskrediten, die ja im Handumdrehen abbezahlt sind, und dann, bedenkt, die Pharmakonzerne sind auch nur das Volk und wollen, was alle wollen.

Viele ahnen es schon, daß solch ein Umsturz aller Verhältnisse leicht zum Fehlen von Wohlstand, Eigentum und Freiheit führen kann. Diese Angst hat sich vielleicht gerade in den Köpfen der werktätigen Massen eingenistet, die ahnen, wie wenig sie zu bieten haben und daß eine Arbeitsstelle auch nichts ist, worauf man sich verlassen kann. Der immer noch vorherrschende kindliche Glaube, daß das kapitalistische System, nur weil es die sozialen Interessen einschneidend berührt, diese auch berücksichtigen wird, schrumpft nur ganz allmählich und auch nur bei denen, die Unangenehmes zu befürchten haben. Es wird sich eines Tages noch erweisen, daß die aufwendige Durchfütterung von Politbonzen, Machtapparat und Staatssicherheit letzten Endes billig kam im Vergleich dazu, was man den neuen Bonzen und Institutionen nun wird hinblättern müssen; für ein bißchen Tinnef und dafür, daß jeder folgenlos das Maul aufmachen kann.

Eigene, zarte Pflänzchen, die sich die DDR erlaubt hat selbst hervorzubringen, wie Autonomievorschläge, dritte Wege, Bürgerbeteiligung an runden Tischen usw., verschwinden, als hätte es sie nie gegeben. Einheit, Marktwirtschaft, Währungsunion, Investitionsverhandlungen sind das Diktat des Stärkeren, dem sich auch die hierzulande Schwächeren zu beugen haben. Man hat die DDR Kompromißbereitschaft gelehrt, und sie war und ist ein guter Schüler. Wer heute noch gegen die Einheit plädiert, gilt, hüben wie drüben, als kommunistischer Depp, der nicht versteht, daß dieser Zug längst abgefahren ist – wie es so schön heißt.

Das an den östlichen Himmel projizierte Bild vom überquellenden Konsumparadies schwebt wie eine Fata Morgana über den Köpfen und bringt sie vollkommen durcheinander. Mit geballter Macht der Medien, des Kapitals und der Parteien schürt man in der DDR sowohl Panik vor Rückfall als auch Hoffnung auf den Überfluß. Man schüttet alle raffinierten Wechselbäder, die sich nur denken lassen, über dem Land aus, heizt nationalistische Stimmung an und zwingt die noch amtierende Regierung zu übereilten Beschlüssen, die nicht mehr rückgängig gemacht werden können. Um ein Druckmittel zu haben, lockt man die Bürger in den Westen, wo sie ein gutes Kopfgeld erwartet, damit hat man dann zugleich auch Stimmvieh, das man bequem für neun Monate in Turnhallen und Containern unterstellen kann. Gewählt werden wird am Ende jene Partei, zu der man nur sagen kann: »Prost Noske«. Und es ist nicht einmal ein Trost, daß man mit ihr umspringen wird wie mit der Regierung Modrow.

Unterdessen strömen ganze Heerscharen von Herren mittleren Alters, mit langen Mänteln, Seidenkrawatten, Uhren mit Mondphasenanzeige, Aktenköfferchen und Entscheidungsfreude ins Land. Sie knüpfen Geschäftskontakte, halten Tagungen ab, geben Blitzlehrgänge in Management-, Werbe- und Wahlkampffragen, taxieren Mietshäuser und Seegrundstücke, reden von Golfplätzen und Betrieben, die nichts abwerfen. Sie zeichnen sich dadurch aus, daß sie schnell und ohne Denkpausen sprechen, in glattem Jargon und mit unerschütterlicher Sicherheit. Die DDR-Partner, die gerade erst eine neue Digitaluhr am Handgelenk befestigt haben und nicht wissen, wie sehr sie damit hinter dem Berg sind, benehmen sich wie die beflissenen Lehrlinge, beobachten die fremden Moden, Sitten und Worte, um sie dann nachahmen zu können, bleiben aber eingefleischt langsam, nachdenklich, umständlich und meinen im Grunde immer noch etwas ganz anderes, auch wenn sie Marktwirtschaft sagen. Das wiederum übersteigt das Vorstellungsvermögen des Bundesbürgers. Man erwartet, daß die Bedeutung von Normen und Begriffen absolut konvertibel sei. Bemerkenswert ist noch, daß diese großkotzige Vereinnahmung mit allen Anzeichen jener Mißachtung daherkommt, die gewöhnlicherweise Männer Frauen gegenüber an den Tag legen. Unentwegt muß sich drüben alles »öffnen«, vor der »Hochzeit« muß noch einiges geklärt werden, denn: »Die Brautschau fällt vielerorts so katastrophal aus, daß spätere Heirat so gut wie ausgeschlossen ist!«

Auch Linke und Alternative haben sich den Wink zu Herzen genommen, daß, wer zu spät kommt, vom Leben bestraft wird. Eine beachtliche Anzahl von Häusern und Bauernhöfen ist bereits über Strohmänner erworben zu Preisen von 4000 bis 20000 Ostmark. Denn wer will schon im Alter unruhig durch

Alleen wandeln, man ist auch nur ein Mensch und Besitzer von Westmark. DDRler hingegen, in Meißen und Umgebung, haben den beabsichtigten Hauskauf längst aufgegeben, nachdem durch die Nachfrage nun die Preise in unerschwingliche Höhen gestiegen sind. Wenn später dann einmal die Eigentumsverhältnisse auf der Rechtsbasis der Vorkriegszeit neu geregelt werden, dann wird das Wohnen für viele DDRler erstmals zum primären Problem werden.

Es ist wieder einmal geschafft. Noch bevor diese traurige Revolution mit der Verspeisung ihrer Kinder beginnen konnte, haben wir das übernommen und sie durch Korruption erledigt. Zwei Arbeiter hielten unlängst auf einer Montagsdemonstration in Leipzig ein Transparent hoch mit der Aufschrift: *Im vereinigten Deutschland leben wir so wie einst das Politbüro.*

Sie wissen nicht, daß so bei uns jeder bessere Fleischer in der Provinz lebt. Ein schwarz-rot-goldener Alptraum senkt sich über das vereinte Vaterland, der Mief von Wandlitz und Oggersheim, ein deutsch-deutscher Stammtisch, an dem alles einen drauf macht, was dabei war am 9. November; 1938 und 1989! Ausländer und Rote raus! Weg mit der Judensau Gysi und ihrer zur PDS gewendeten SED. Denn, rein soll es sein, das eine wie das andere. Daß hier »zusammenwächst«, was zusammengehörte, ist nur für die Überlebenden unserer Konzentrationslager ein Déjà-vu-Erlebnis.

Voriges Jahr hat uns Heiner Müller im Interview zu seinem sechzigsten Geburtstag den folgenden Spruch im Leipziger Gohlis-Dialekt gesagt: »Ich bin von der Pietät, ich bring das Brett. Die andern Pietäter mit den andern Brettern kommen später. Und morgen kommt noch son Arsch, der bringt dann den Deckel vom Sarg.« Wer konnte ahnen, daß unsere Republik seiner Republik bald darauf dieses passende Epitaph aufs Grabmal meißeln würde?

Amok

Freundliche Nachbarn, treusorgende Familienväter, harmlose Eigenbrötler, Handwerker, Arbeiter, Erwerbslose ebenso wie Beamte beschließen eines Tages aus nichtigem Anlaß, daß sie heute nicht mehr da weitermachen wollen, wo sie gestern aufgehört haben. Zunächst einmal erstechen, zerhacken, erdrosseln oder erschlagen einige ihre Frauen, Kinder und alten Eltern. Normalerweise sind damit derartige Familiendramen beendet. Für den Amokläufer hingegen sind sie nur der erste Schritt. Er wechselt das Tatwerkzeug und überschreitet schwerbewaffnet und endgültig die Schwelle seines Hauses. Als Ziel wählt er sich einen öffentlichen Ort. Dort, auf Universitätsgeländen, in Schulen, U-Bahnen, Supermärkten und Restaurants, schießt er wahllos in die Menschenmenge. Kunden im Supermarkt, vertieft ins Konsumvorhaben, werden jäh aus dem Leben gerissen, Abc-Schützen samt Lehrer mitten im Unterricht erschossen. Die Gäste im Restaurant haben den Bissen noch im Mund, wenn sie, tödlich getroffen, unter die Tische sinken. Ein alter Herr am Zeitungskiosk, der gerade sein Blatt erworben hat, wird ebenso niedergestreckt wie das gutgelaunte Kind mit dem Luftballon.

Man kann sich viel vorstellen. Als Unbeteiligter wählt man vorzugsweise die Perspektive des Amokläufers. Von da aus erinnern die Szenen ans Märchen vom Dornröschen oder an den Schnappschuß: Es wirkt tragisch und komisch zugleich, wenn die menschliche Bewegung mitten in ihrem Ablauf erstarrt, wenn die Gebärde in der Luft hängenbleibt.

Amok, rückwärts gelesen, ergibt das Wort Koma. Aber das ist nur ein Zufall und ohne Bedeutung. Die Betroffenen jedenfalls brechen sterbend zusammen, und nur für die nächsten Angehörigen ist das Unglück grauenvoll. Aus dem Blickwinkel des Amokläufers fällt sowohl der Sterbende als auch das Entsetzen der Zuschauer heraus. Er stürmt vorwärts. Bevor die Kraft erlahmt, die Munition ausgeht oder eine polizeiliche Dienstwaffe in Aktion tritt, gibt es kein Halten. Danach setzt er seinem Leben in der Regel ein Ende.

Amokläufer sind für die Zeitungen das Ereignis schlechthin. Hier verkehrt sich die Hierarchie der Massenmedien. Das Fernsehen ist dem geschriebenen Wort ebenso unterlegen wie der Rundfunk. Das Ereignis läßt sich weder in Bildern noch mittels Tönen präsentieren. Es ist immer schon vorbei, und der leere Schauplatz interessiert niemanden. Im Zeitungsbericht hingegen können die Fakten ausgebreitet und den Erwartungen entsprechend ausgeschmückt werden. Man braucht nicht die Bilder des Blutbades zu zeigen, sie werden in der Phantasie des Lesers erzeugt. Noch an der kleinsten Zeitungsnotiz über einen Amoklauf entzündet sich mehr Vorstellungskraft als vor einem Bildschirm, auf dem man nichts sieht von ihm.

Der Boulevard – und damit ein solch öffentliches Verbrechen – gehört immer noch in den Zuständigkeitsbereich von Zeitung und Revolverblatt gleichermaßen. Besonders leicht hat es das Revolverblatt, es kann den Amok nehmen, wie er kommt: wie eine Naturkatastrophe, bei der es ja auch sinnlos wäre, sie ahnden oder verurteilen zu wollen. Alles wird ausladend geschildert, bis in die Beschaffenheit der tödlichen Wunden hinein soll sich der Leser orientieren können. Zwar wird einleitend der Täter als geistig gestörte Persönlichkeit bezeichnet, die weitere Ausführung aber kümmert sich nicht mehr darum, man vergißt über der Schilderung seiner Lebensumstände, daß man ihn ja nicht als Opfer ungünstiger Umstände, sondern als krankhaftes Ungeheuer vorstellen wollte. So verdeutlichen solche Berichte ganz unfreiwillig, worin eine bedrückende Normalität münden kann.

Daß die Widersprüche da stehenbleiben, wo sie sind, stört den Leser nicht, er kennt das ja. Versorgt mit Klatschgeschichten und Gerüchten, kann er von einer Rolle in die andere schlüpfen – von der des Schaulustigen in die des Amokläufers. Diesem Bedürfnis kommt man in solchen Artikeln dadurch entgegen, daß man mit vorgeblicher Detailtreue aufwartet. Der Leser soll sich beispielsweise durch die Skizze eines Stadtplanes verwöhnt fühlen, weil er sich nun als Ortsunkundiger zurechtfindet auf der Blutspur. Amok erregt seit siebzig Jahren immer wieder die Gemüter. Momentan ist er in aller Munde. Seit Beginn der achtziger Jahre hat die Zahl der Amokläufe zugenommen, der Anteil sehr junger Täter steigt. Bisher lag das Durchschnittsalter zwischen fünfunddreißig und fünfzig Jahren. Laut Statistik ereignen sich Amokläufe in unseren Breitengraden vorwiegend im Herbst und Frühling.

Was ist los mit dem unauffälligen Nachbarn, der scheinbar unvermittelt herausspringt aus seinem Hinterhalt, um sich den Weg freizuschießen ins Nichts? Und was wirkt derart verführerisch an diesem Ausbruch? Mit der Suche nach dem Motiv halten sich nur die Behörden auf, die es, von Amts wegen, nicht besser wissen. Tatsächlich aber ist es so, daß es für die Ursache des Blutbades viele Mitwisser gibt. In jedem, der nichts zu sagen hat, nagt ja der gleiche Kummer, brodelt ein ähnlicher Haß.

Immerfort tatenlos zusehen zu müssen, wie die Maßgeblichen alles durchsetzen und dabei keine Kosten scheuen, während das eigene Wünschen erfolglos, das eigene Tun oder Lassen belanglos bleibt. So etwas stachelt auf. Daß einer seine Kränkung und Verbitterung ernst nimmt und dann ernst macht, erregt allgemein Bewunderung. Es erinnert an die eigenen Wünsche, das Tableau zu verlassen und die Figuren des Spiels zuvor vom Brett zu schleudern.

Der Amokläufer verkörpert das Prinzip einer Rache, die ungeachtet der Personen niedergeht. Er erinnert sehr an jenen Schiffbrüchigen, von dem Brecht sagt, daß er nicht nach der Planke greift, um sich zu retten, sondern um etwas zu haben, das er mit sich in die Tiefe reißen kann. Daß man dieses Glück normalerweise nicht hat, scheint selbst der Volksmund zu bedauern, wenn er sagt: »Man kann ja doch nichts mitnehmen.«

Amok symbolisiert den gesamtgesellschaftlichen Endspurt, und den Belesenen, die es gewohnt sind, aus ihren Nischen heraus alles in Ruhe zu betrachten, ist er vorwiegend von ästhetischem

Reiz. Sie denken an Breton und freuen sich, wenn einer so konsequent den höchsten Akt des Surrealismus in die Tat umsetzt. Sie finden das mehr als überfällig. Beschwingt erkennen sie: Das Leben ist die Pflicht, Amok die Kür. Und ganz listig kann man sich dann fragen, weshalb es nur Solisten und keine Paarläufe gibt, keine Familien oder Volksläufe. Weshalb sie selbst nicht aufbrechen, versteht sich hingegen von selbst: Jemand muß ja die analytische Arbeit leisten.

Für diejenigen, denen härtere Alltagserfahrungen geläufig sind, ist es schwer, ihre Berserkerwut und das vorherrschende Gefühl von Klaustrophobie und Leerlauf loszuwerden. Sie verspüren es unmittelbar und täglich am eigenen Leib, daß letztlich nur ein martialischer Ansturm auf die Grenze des geschlossenen Systems Linderung verschaffen könnte. Einige von ihnen greifen zu diesem Mittel.

Nun drängt sich vielleicht die Frage auf, weshalb der Amokläufer nicht im Parlament des Bundestages oder in den Vorstandsetagen von MBB oder Siemens wirkt. Aber einmal abgesehen davon, daß ihm beim Vollzug seiner Tat alles Hemmende verhaßt ist, hat er vermutlich längst schon resigniert, einen zu finden, der verantwortlich ist. Die Zerbröselung aller Schuld im Mahlwerk von Opportunismus und Macht läßt wenig übrig, an das man sich halten könnte. Keine der repräsentativen Figuren in Politik und Wirtschaft könnte sich im Ernst als Hauptschuldiger legitimieren. Sie geben – schon weil sie so viele sind – keine idealen Opfer ab, sehr wohl aber, durch ihre Funktionsweise, das Tatmotiv.

Amoklauf ist der adäquate Ausdruck fortgeschrittener Entfremdung, in der die Herrschaft abstrakt, die Gewalt schmeichlerisch, die Schuld unnachweisbar und der Feind verallgemeinerbar geworden ist. Insofern hat er – historisch folgerichtig – den nach dem ersten Weltkrieg anachronistisch werdenden Attentäter abgelöst.

Der Amokläufer ist kein Pädagoge, kein glühender Weltverbesserer, kein fanatischer Anarchist, der mit der Bombe unter dem Mantel auf die Herrschaft lauert. Er ist auch kein Don Quichotte, nicht einmal ein Desperado, der Funktionäre aus ihren Funktionen herausschießt. Im juristischen Sinn ist er nicht einmal ein Mörder, denn er tötet nicht aus Mordlust oder Habgier, noch will er an den Opfern seinen Geschlechtstrieb befriedigen. Diese niedrigen Beweggründe interessieren ihn nicht. Er kennt keine Hoffnung mehr, keine Persönlichkeiten, kein Strafrecht; er will nur noch, daß alle Ruhe geben.

Darum schießt er wahllos. Die Opfer sterben einen sinnlosen Tod, so sagt man. Vielleicht aber liegt gerade in dieser scheinbaren Willkür die eigentliche Wahrheit des Amoklaufs. Er ahmt das Spiel des Zufalls nach, der über allen waltet, der konstituierendes Prinzip von Millionen und Abermillionen langweiliger Lebensläufe durch den Spätkapitalismus ist. Ohne daß ein Sinn darin zu finden wäre, sichern und vernichten unbedeutendste Zufälle die Existenzgrundlagen.

Wie sich einmal alles angebahnt hat, ist am Ende nicht mehr zu sehen. Deutlich sind nur die Auswirkungen. Wo und wie die eigentlichen Geschäfte gemacht werden, ist unsichtbar. Heutzutage bildet sich das Kapital, als seis das Ergebnis einer okkulten Beschwörung, auf die sich, außer einer verrückten Gesellschaft von Spiritisten, niemand sonst versteht. Man führe einen der zahllosen Laien nur einmal in die Börse. Es herrscht Kontingenz. Das versinnbildlicht der Amokläufer treffend, wenn er wahllos schießt und das Prinzip verdoppelt, es parodiert.

Er ist eine Gefahr für die Öffentlichkeit. Nicht einmal so sehr seiner lebensgefährlichen Auswirkung wegen, sondern weil er als unbefugter Einzelner Regellosigkeit beansprucht und dann auch noch durchsetzt. Inmitten ihrer Anarchie kann sich die zerrüttete Gesellschaft nur noch durch strikte Einhaltung regulativer Normen im Zaum halten. Mehr als »gesundes Durchsetzungsvermögen« ist dem Zivilisten verboten. Eiskalte Blutrunst ist nur für den organisierten Amoklauf erwünscht: bei Pogrom und Mobilmachung.

Der Amokläufer bricht aus dem Normalvollzug aus. Was er sich anmaßt, ist nichts Geringeres, als Beherrscher und Initiator des Ausnahmezustandes zu sein. Er will den Krieg. Nicht als Mittel. Er glaubt nicht mehr an Mittel. Er will ihn zum reinen Selbstzweck, als Vernichtungsorgie, kollektiven Untergang. Dabei rennt er die edelsten Zivilisationsmerkmale über den Haufen: Anerkennung des Rechtsvertrages und gütliche Einigung im

Konsens. Und je mehr die panische Öffentlichkeit vor seiner Vernichtungswut Gestalt annimmt, um so erbarmungsloser wird sie niedergestreckt. Vielleicht fühlt er noch ein letztes Mal, bevor er sich selbst hinrichtet, daß er zwar das Ziel nicht verfehlt hat, aber die Wirkung.

Auf den ersten Blick sieht es so aus, als könne unter den herrschenden Verhältnissen fast jeder zum Amokläufer werden. Aber neben Vertretern der Oberschicht sind auch Frauen auffallend wenig vertreten, mit weniger als einem Prozent. Rechtsmediziner erklären diesen Mangel an Amoklaufbereitschaft durch eine größere Neigung zur Depression statt zur Aggression. Insgeheim dürfte der Prozentsatz aber etwas höher sein und die Depression etwas weniger verbreitet als propagiert, geht man einmal davon aus, daß die Tat der Amokläuferin in der Regel als »Familientragödie, bei der auch Unbeteiligte verletzt wurden«, dargestellt wird. Der Fall scheint klar auf einen Blick. Das liest sich dann z. B. so in der Presse: »Wie die ersten Ermittlungen ergaben, soll Elise H. wegen Depressionen von drei Ärzten behandelt worden sein.« Die Frauen laufen also deshalb nicht Amok, weil sie zu depressiv dazu sind; und wenn doch, dann weil sie so depressiv waren.

Da scheint etwas nicht zu stimmen. Vielleicht ist es so, daß Frauen aus Geiz nicht so gerne Amok laufen. Wenn nämlich bei ihnen der Wunsch aufkommt, den Gatten, die Kinder und mehrere Kunden im Supermarkt niederzuschießen, dann kommen sie nicht umhin, zuerst einmal den Schaden kaltblütig zu überschlagen. Auch schleicht sich die Vorstellung ein, daß irgend jemand hinterher alles wieder wegmachen muß. Im Gegensatz zu den Männern wissen die Frauen sehr genau, was Dienstleistungen kosten und wie mühsam sie sind, ihr Umgang mit dem sozialen Leben ist nicht abstrakt. Sie müssen alles immer wieder in die Hand nehmen, das tägliche Durcheinander im Haushalt, die Kinder, den Mann. Im Ergebnis nun erweist sich, daß sie es umsonst getan haben, in ideeller und auch finanzieller Hinsicht. Schon deshalb ist bei der Vernichtung eigener Arbeit keine Großzügigkeit zu erwarten.

Es ist ein wenig wie mit dem Werfen von Sahnetorten, beliebtestes Slapstickmotiv im Unterhaltungsfilm der Depressionszeit

in Amerika. Wenn Männer Sahnetorten werfen, die sie nicht ge-
backen haben, so ist das schon deshalb sehr komisch, weil man in
mageren Zeiten keinen Festtagsschmaus sinnlos in anderer Leute
Gesichter wirft. Komisch ist aber vor allem die Verschwendung
der Torte mit all ihren herrlichen Ingredienzen; nicht die der
mühevollen Arbeit. Offensichtlich ist es bei Frauen vielmehr so,
daß sich ihr Mangel an entfremdeter Arbeit dem Amokwunsch
hemmend in den Weg stellt.
Übrig bleibt also tatsächlich der einsame, amoklaufende Mann,
bestenfalls mittlerer Gehaltsgruppe. Diese Figur ist dramatisch
umflort vom Verstoß, den man von ihm erwartet. Aber, ist der
Amoklauf überhaupt ein Verstoß? Eigentlich bleiben Amokläufer und Tat ganz konventionell innerhalb der gesellschaftlichen
Muster. Er geht auf im Ideal männlich-martialischer Härte, im
Vollbild des Kämpfers, der sich ums Niedermähen kümmert.
Und als Mitglied einer industrialisierten Gesellschaft bildet er
seine Tat dem Modell der entfremdeten Arbeit nach. In der Regel
benutzt er automatische Waffen. Er kann Zeit sparen und muß
seine Opfer nicht überwältigen, ja nicht einmal berühren. Zwischen der Betätigung des Abzugs und ihrem Tod liegt nichts als
indolente Sachlichkeit.
Irgendwie scheint es, als sei das Sympathisieren mit dem Amokläufer in Wahrheit eins mit dem Status quo. Daß man in ihm den
Helden und unversöhnlichen Bahnbrecher wittert, unterschlägt,
daß es hier nicht um die Frage von Charakter oder Gesinnung
geht, sondern ums Ergebnis von Deprivation, um akuten Not-
stand. Der Verwechslung liegt sowohl Indifferenz als auch die
lüsterne Vorstellung vom souveränen Einzelkämpfer zugrunde.
Es herrscht Einigkeit darüber, daß Amok nur so und nicht anders vor sich zu gehen hat, wie er ihn absolviert.
Es wäre aber zumindest eine Überlegung wert, ob ein derart er-
schüttertes Subjekt nicht auch anders ausbrechen könnte, beispielsweise in Tränen. Nicht in solche natürlich, wie sie auch
abgebrühte Herren manchmal im stillen Kämmerlein vergießen,
sondern es müßte schon ein lautes Heulen und Schluchzen von
antikem Ausmaß sein. Man stelle sich das vor: Ein Mann, der
öffentlich versagt; ein Amoklauf mit Tränen vollständiger Verzweiflung!

Einmal abgesehen davon, daß der betreffende Mann bald wegge-
bracht würde, wäre der Verstoß an sich wesentlich größer. Insbesondere, was die Überwindung dazu betrifft.

Auch mit der Wut des Amokläufers ist es nicht weit her. Sie
kommt ja nicht in natürlicher Form, als Aggressionstrieb hoch,
der sich lustvoll auslebt, sondern kulturförmig geprägt und ausgedrückt. Davon kann auch der eruptivste Rachefeldzug nichts
unkenntlich machen. Seine Beweggründe sind interpretierbar im
konventionellen Zusammenhang, und er bleibt innerhalb der
Normen für Geschlecht und Klasse.

Auf diesem nicht mehr sehr identifikationsfreundlichen Charak-
terbild haben die Projektionen kaum noch Lust zu frohlocken.
Übrig bleibt die Gewißheit darüber, daß einem, der versucht, aus
der allgemein wirksamen Determiniertheit auszubrechen, der
Sprung mißglückt. Die Grenze scheint unüberschreitbar; er
wird nicht davonkommen. Mitten im falschen Leben kann es
keinen richtigen Amoklauf geben. Das ist wohl sein triftigster
Grund.

Inhalt

Wolfgang Pohrt
Harte Zeiten
Neues vom Dauerzustand

»Schöner und genauer wurde selten beschrieben, was eine
Gesinnung von der Stange wert ist: keinen Pfifferling.«
Wiglaf Droste in *Tageszeitung*

ISBN: 3-923118-93-7

* * *

Gerhard Henschel
Das Blöken der Lämmer
Die Linke und der Kitsch

»Jetzt, wo der Schmerz allmählich nachläßt, können wir
vielleicht endlich auch über den linken Kitsch lachen. Gequält
zwar vielleicht noch, aber auf jeden Fall befreit. Vieles wird
durch das Buch endlich unklar. Bis jetzt war ja alles so klar.«
Hellmuth Karasek im *Spiegel*

ISBN: 3-923118-73-2

* * *

Bittermann/Henschel (Hg.)
Das Wörterbuch des Gutmenschen
Zur Kritik der moralisch korrekten Schaumsprache

»Diese Fibel ist ein Querfeldeinritt durch deutsche Jagdgrün-
de, durch Politik, Geschichte und Kultur, witzig und blendend
geschrieben und im übrigen sowieso sehr wahrhaftig.«
Christian Seiler in *Weltwoche*

ISBN: 3-923118-98-8

Edition TIAMAT
Grimmstr. 26 – 10967 Berlin